森岡正芳・東畑開人〈編〉

臨床心理学 増刊第14号

心の治療を再考する

臨床知と人文知の接続

Ψ 金剛出版

目次

IV 臨床心理学について内部（インサイド）から応答する

［1］社会のなかの臨床心理学

［2］難問（アポリア）に取り組む

［3］臨床心理学と格闘する新世代

Ⅴ　エッセイ

I

総論

はじめに

　臨床心理学の対象と方法は拡張を続けている。そのひとつの柱である心理療法に絞っても，その総体はもはやつかみきれない。本誌増刊号ではこれまでに，治療文化という概念をもとに，隣接諸科学の叡智を借り，心の治癒に関わる歴史文化の背景を探究してきた。そこから現代の人々の生活変動，それに伴う危機に対処する力，回復する手がかりが見えてくることを期してきた。それでは，心理療法とは，いかなる治療文化なのだろうか。

　心理職の専門性が社会との関係をますます意識させられる現状において，臨床心理学が開拓してきた領域は，どのようなものであったのかを，ここでふりかえるのは，無益な作業ではないと思われる。そして，その土地をどのように耕してきたか。この土地の固有性とは何か。開拓してきたエリアには，無意識という未開の地も含まれる。心理療法家たちは，その先をも示し，探求してきた。

　一方，領域を確定すると，テリトリーにこだわりだすのは世の常である。世界はすでに脱植民地化の時代に入って久しい。多様性を尊重する社会意識の浸透は目覚ましい。このような時代背景において，臨床心理学の実践はもとより，その意識を高めるべき領域のひとつである。心の世界，人の生活世界にこの点を投影すると，臨床心理学こそ，人の心と生活の脱植民地化に寄与するものである。だが，そのアプローチには，新たな植民地化，代替の同化政策に陥る落とし穴も潜んでいるようだ。臨床心理学はどのように心を語ってきたのだろうか。社会から見てそれはどのように受け取られてきたのだろうか。私たちはクライエントたちに何をもたらし，一方で，何を囲い込んできたのか。このような観点を導入することによって，臨床心理学を社会論的に転回することが求められている。

　臨床心理学が開いてきた領野は素晴らしく豊かで，まだまだ形成途上で，領域を拡張しているように見える。臨床という場，そこには必ず他者がいる。人が人に影響を与え，影響を被る世界である。そこに非対称の力関係が意図せずに忍び込む。セラピストの専門知が逆に人を抑圧することがある。植民地化の危険性に対しては，セラピストが自らの影響をたえずふりかえり，クライエントの行為と主体性を支えていくことが必要である。

　このように述べつつ，脱植民地化というもっともらしい言葉を使うことにもやや抵抗がある。実践において必要であるのみならず，臨床心理学の歴史を批判的かつ系統的にふりかえるにあたっても，欠かせない作業だが，社会論的転回を進めるときに留意すべきは，使用する言葉がえてして固く，含意するものが大きいことである。長年ニュージーランドで実践を重ねる国重浩一が本増刊号で述べているように，脱植民地化という言葉を連発すること自体が，何か特権的な位置を無自覚に占めようとする動きを感じさせ，居心地が悪い。治療文化を課題とする場合，このような感性をまず大切にしたい。

立命館大学　森岡正芳

歴史から

　これまでに取り組んできた治療文化に関わる増刊第12・13号は，隣接諸科学から，臨床心理学の実践基盤を問うものであった。この第14号は，臨床心理学からの応答を含め，人文社会科学との交差を積極的に作ることを目指すものである。臨床心理学と隣接諸科学とは，豊かな往還がそこにあったとは必ずしも言えない。臨床心理学は本来，応答可能性＝責任（responsibility）を何より大切にする実践知の集合体である。にもかかわらず，えてして領域外との交流はもとより，領域内において数多くの学派が並び立ち，相互に閉ざした状況が長く続いた。

　臨床心理学の方の事情も多分に大きい。いまだ形成途上の学問であり，臨床実践という複雑な現場性を意識しながら，学問基盤を形成してきた。実践トレーニングに時間がかかることも影響している。自らの認識論と方法論を相対的にふりかえる視点は，二の次になる。

　人文社会科学において，心理療法がいかなる営みとして語られてきたのか，そして臨床心理学はどのようにそれに応えてきたのか。社会のなかでの臨床心理学，その歴史的変遷については，本号のもうひとつの総論において東畑開人が健筆をふるっている。筆者がここで付け加えるものはない。筆者自身も，大学院に入った頃，日本臨床心理学会という学会組織が長年維持されながら直接的に関わることはなかった。どういう経緯からそうなっているのか，大学図書室の地下書庫の奥にある資料を調べ回ったこともあった。

　臨床心理学が学として成立する。その歴史をたどるにあたって，サトウタツヤ『臨床心理学史』（サトウ，2021）が出版されるという時宜を得て，本増刊号ではこの書物をもとに鼎談を組んだ。そこから臨床心理学の視野の広がりが見えてくることが期待される。この書物は，臨床心理学の理論形成を行った心理学者群像に焦点を当て，クロノロジカルに跡をたどることを通じて全体像に迫る労作である。隣接諸科学，特に医学，精神病理学，基礎心理学，そして哲学との関係を見事に整理し，科学的な根拠づけ，効果測定に関わって歴史に残る心理学者たちの姿をまとめた力技は他の追随を許さない。心理学者たちの人物像が良く描かれている。心理学の先駆者たちは，それぞれ人生をかけて，臨床に取り組んだ。苦闘の足跡が浮かび上がる。

文学評論とTAT

　歴史に残る心理学者たちの文化的背景を探究するのは面白い。TAT（Thematic Apperception Test）は投映法の古典としてロールシャッハテストにつねに併記される形で紹介される。主題統覚検査法と翻訳されたこともあったTATは，あいまい

図版を被検者に見せて，反応を引き出す方法としてロールシャッハテストとの共通点もあるが，投映法としての成り立ちは，ずいぶん異なる。何よりも，被検者に対して図版を読み解き，ストーリー作りを教示するところが，きわめて特徴的である。マレー（Murray HA）が，この独創的な方法をどのようにして完成させたのかということは興味深い主題である。歴史的資料を綿密に掘り起こす作業がまだ必要であろうが，ここではあるエピソードを紹介したい。

マレーは人を性格特性に切り分けるような方法論ではなく，パーソナリティをトータルにとらえる方法を若いときから

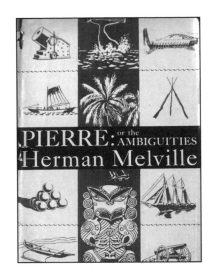

写真　ハーマン・メルヴィル『ピエール』

模索していたようだ。そこで注目したのが伝記的資料である。第2次世界大戦中は極秘裏にヒトラーのパーソナリティ研究を行っていたという。特に注目すべき点は，1920年代から作家メルヴィル（1819-1891）の伝記を書き始め，『モビー・ディック（白鯨）』に関する評論を手がけ，『ピエール』の編集を行ったことである。ただしマレーのメルヴィル研究は友人の作家に酷評され，未完に終わった点は惜しまれる（写真）。

パーソナリティの新しい概念化を行うことがマレーの目標であった。そのために，マレーは伝記心理学をひとつの科学的な原理として創造しようと考えていたようである。心理学は行動データだけでなく，ライフヒストリー全体にも注目する必要がある。もちろん，このような発想は決してマレーに固有のものではない。心理誌（psychobiography）という方法を心理学の歴史のなかで追ってみると，臨床心理学や精神分析の動向と近縁的である。伝記的資料を用いたフロイトの先駆的な研究として，ブリットとの未完の共著『ウッドロー・ウイルソン』（Freud & Bullitt, 1967）がある。フロムによるヒトラーの伝記的分析『破壊——人間性の解剖』（Fromm, 1973）や河合隼雄の『明恵 夢の記』（河合，1987）もこのジャンルに当てはまる。エリクソン（1958, 1969）は，ルター，ガンディなどの傑出した歴史上の人物の伝記資料を通じて，精神分析の視点からのアイデンティティ形成のプロセスを具体的に提示した。歴史資料を通して時代社会の文脈を背景に，人格形成に関わる家族の環境と対人関係を描き，個人の心理社会的現実を再構成する。これをサイコヒストリーという独自の研究方法として定位させた。

マレーは以上の心理誌という方法にもまして，直接的に作家が創造した作品世界に身をおく方法を探っていた。メルヴィルの『ピエール（*Pierre : or the Ambiguities*)』，あいまいさ，どっちつかずという副題がついた小説の編集に携わったマレー

は90頁にわたる序文（Murray, 1949）において，ゲーテの『ヴィルヘルム・マイスター』にも比すべき教養小説とこの作品を評価している。マレーは作中人物の人間形成の道筋を描き出すビルドゥングス・ロマンの方法を，そのまま心理学の方法に使えないか模索していた節がある。また序文では，メルヴィルがユングの心理学に類縁する着想をすでに持っていたことを指摘している。主人公ピエールの心中に影のように浮かぶ女性の姿を追い求め，主人公は後にイザベルという女性に出会う。このイザベルのキャラクターについて分析し，アニマ元型的な意味をマレーはとらえようとしている。

　この編集作業を通じて，マレーはTATの展開形として，パーソナリティ理解に迫るひとつの方法を着想したという推測も成り立つ。マレーは小説に出てくる登場人物たちの発達とプロットの展開に注目し，それを通じて著者メルヴィルのパーソナリティ理解に接近できると考えている。TATの発想の原点に関わる話でもあろう。

文化の実践としての臨床心理学

　マレーのメルヴィルへの傾倒は，心理学研究の余技として文学評論なるものにも着手したという理解では足らない。もっと積極的な意味がある。実践の場で出会う人は個人として，多様でかつ矛盾した側面を持つ。一方で，小説の作中人物は，確固たる姿かたちを備えた像として際立つ。マレーは人間理解に必要な媒介として，このような小説における人物像，キャラクターを活用しようとしたのではないか。

　臨床の場で出会うクライエントの理解において何を根拠にするか。臨床心理学はここで，来談者との間に介在するもの，道具を工夫してきた。心理検査はその典型と見ることもできる。クライエントが述べた言葉が，自身の状態を的確に表現しているかはわからない。クライエントの言葉を傾聴しつつ，それ以外の方法によっても，状態の把握を試みる必要がある。そのため多くの検査類が開発された。そして特定の理論・概念をもとに，クライエントの状態に焦点を定め，把握に努めるだろう。人物像，キャラクターも，その概念道具のひとつである。有力な臨床心理学理論は，心に内在する人物像について，身近な愛着関係を基盤に理論化してきた節がある。たしかに養育者たちとの日々の交流は，子どもたちの心的世界を形作る基盤をなす。身近な他者の姿が内面化され，心の平面を形作る。人の心を発動させるさまざまな形姿（figure）がある。日々私たちは，そういう像を取り込んでいる。

　各時代における集団組織のリーダーの姿も，時によっては生きる支えとして内面化される。

　人が自らの心を賦活させ耕すのに必要な他者の像，キャラクターは当然，文化

歴史的文脈，時代の特殊性に強く影響を受ける。クライエントがセラピストの前に運んでくるものの文化歴史的背景を知っておくことは，実践を豊かにする。異なる背景を持つ語り手と聞き手が関わるのが実践の場である。クライエントに接するとき，異文化に接触するがごとくに，その人の文化的背景，価値観をまずは尊重し，そこに関心を持つ。そういう意味で，サイコセラピーは突きつめると多文化間の交流に基づく心理支援に他ならない。臨床実践は文化の実践でもある。

臨床心理学がはらむ根源的二重性

　サイコセラピーの効果測定に関わっては，科学的手続きによるものがリードしている。理論がそれぞれ固有の概念を作って，体系化し完結させようとする。今から60年も前にまとめられたアーバンとフォードによる心理療法各学派の比較研究『心理療法の体系』（Urban & Ford, 1963）においてすでに，各学派それぞれが独自の枠組みをなしていることがわかる。それぞれの理論が磨きあげてきた概念があり，アセスメントの基本となる。しかし，概念間の関係は緩く，それらの概念の妥当性を科学的に検証するには多義的にすぎる。異なる理論枠組みを持つ体系を相互に比較し対照するのはさらに困難である。したがって，効果の測定は限定された枠組みのなかで，要因をコントロールされたその結果にすぎない。

　臨床心理学が切り開いてきた領域の特徴は，科学的手続きに基づく研究と実践だけでは説明がつかない。どちらかというと，理論化は現場での体験的な工夫を知恵として集積させたものも多い。そしてその背景には，クライエントから聴き取られた膨大な生活史資料が前提となっていることは想像に難くない。心理療法各学派の理論根拠を探るとどうも，現場において生じた変化，結果からさかのぼって推論されたものによって概念形成と理論化が行われた形跡もある。そのような理論は，一般化は困難であり，場面限定の理解にとどまる。

　臨床心理学においては豊かな，過剰ともいえる理論と概念が展開されているようだ。他方でそれらの根拠づけには，事実に基づく科学的検証とは別の論理も必要である。科学的論理とそこからはみ出る領域を内包せざるを得ないからだ。このような二重性を臨床心理学は抱えてきた。臨床心理学には，すっきりしない部分がつねにつきまとう。人はまず生物－心理－社会が織り成す現実世界に生きるが，この世界の事実には，価値的なものがつねに絡んでくる。人は自分にとって意味のある何かに向かう目的志向性を持つ存在であるとすれば，事実には価値的な重みづけが加わり，生活の文脈において，その事実の意味は変わっていく。クライエントにとって，なぜ今のようになったかだけでなく，どうなるのか，どうなりたいかがむしろ重要である。事実に基づく科学的手続きを踏襲した結果に，個別の価値世界が忍び込む。このことは実践上回避できない。私たちは特定の個人として心身に生じる事象を日々体験している。臨床場面は個人が個人に関わり

合う場面であり，疾患や心理的課題に焦点を当てるとしても，それらは生きること，生き方そのものに直結するため，個人が何に価値を置くのかということと切り離せない。

　現場は多様である。ひとつの理論と方法でさばけるほど，個人の人生の問題と現場は単純ではない。特定の個人と個人が応答し合うため，支援の効果には個人要因が絡むのが臨床の現場である。心理療法の効果は理論や学派の隔たりによる差よりも，それを用いる個人の差のほうが大きいという効果研究も出ている（Wampold, 2001）。科学では個人要因としてまっさきに切り捨てられるものが，臨床の現場ではもっとも支配的で，重要な課題となることがある。

　価値の問題は，科学法則の定立とは異なる文脈で扱われるものであり，また実践においては異なる文脈を生み出す。科学的手続きにおいて区別すべき価値や意味がつねに混入する。いいかえると，事実の世界と価値の世界の二元論を乗り越える道筋を探ることが，臨床心理学に当初から組み込まれ要請されている。

他者に出向くことによって開かれる空間

　それでは私たちはこの根源的二重性に，実践でどのように立ち向かい，乗り越えようとしてきたか。臨床心理学が切り開いてきた領野に戻ろう。

　それはやはり実践現場で，他者を目の前にしての工夫が，理論的な二重性や矛盾を突破する。科学的根拠に基づく理論化に価値が絡む問題について，実践的な解決策はまず，現場での言葉の使い方にあろう。現場で使う日常の言葉の働きがカギとなる。科学的言語は，概念が文脈を超えた一義的な意味を持つことを求める。日常言語は多義的であり，一つの言葉は，文脈に依存して，同時に異なる意味を持つことができる。日常語の文脈依存性を自覚すること，それによって生活の多様性を切り離さず伝えうる。

　サイコセラピーの効果に関わる要因分析には包含されにくいが，えてして現場では概念的な把握の手前にあるセラピストとクライエントの相互交流が，その場を活き活きさせる（丸田, 2011）。こういったことは，現場では自覚には上がりにくいものである。サイコセラピーの場面では，随伴的なもの，予期しがたいことが生起する。どちらかというと付随的で，主題に連なる思い付きやそこから引き起こされる情緒を無視せず，大切に扱うのが私たちの仕事の留意点であろう。感覚的に把握できないもの，「あるはずのないもの」，非存在も，臨床心理学の実践においては対象となりうる。このような領野を，臨床心理学は切り開いてきた。以上の，場面に局在的ともいえる事象は，科学的手続きによってはコントロールできないものである。

　このようなことは臨床心理学の実践が，他者と共にあり，そこで生じる言葉と心身の動きを扱うかぎり回避できない。他者のディスコースを臨床心理学は扱う。

セラピストは，他者に出向き，他者を迎え入れる。そこで生じることに細心の注意を払う。クライエントが自分をどのように語るか。その体験のディスコースに焦点を当てる。ディスコースとは，意味連関の通時的な自己表出である。他者が語ることに耳を傾けるとは，事実から意味の次元に移行することである。ディスコースのどこに焦点を当てるかは，理論的立場によって異なるが，クライエントが自分の苦しみをどのように述べるか，それを親身に聞くことは学派の違いを超えて共通する出発点であろう。

　臨床心理学が切り開いてきた領野，それは他者に出向くことによって開かれる空間である。クライエントの自己理解の筋道に沿っていくと，本人も気づいていない予感のようなものが働く。停滞しているように見えながらすでに動いている部分があり，そこを一緒に付き添っていくと，徐々に形をなしてくる。他者の経験とは，未知・未開のものである。それを既知の知識，専門知識に置き換えてしまうのではなく，そのことへの気がかり，疑問，関心を維持しながら，生じてくる意味の動きについていく。他者の言葉，行為，状況が伝えてくることに驚きを感じることも少なくない。

　逆に持ち前の理論や概念に基づいて，個人の行動を跡付けようとすると必ずや壁にぶつかる。理論や知識，経験による先取り的理解，そこに安住すると，人が話そうとしていることが聴けなくなる。一方で理論との照合を気に留めつつ，他方で相手が語っていることの意味を既存の知識に置き換えないこと——このような態度は，臨床現場における工夫から身についてくることであり，臨床心理学の根源的二重性を乗り越えるきっかけとなろう。

　本増刊号の各論考では，新進気鋭の臨床心理学実践者たちが果敢に，自ら切り開いていこうとする領域を示している。この学問の豊かな近未来を約束してくれているようである。同時にそれらは，社会科学と人文知からの根本的問いかけへの応答の試みである。

◉ **文献**

Erikson EH (1958) Young Man Luther. Faber & Faber.

Erikson EH (1969) Gandhi's Truth. Norton.

Freud S & Bullitt WC (1967) Thomas Woodrow Wilson : A Psychological Study. Weidenfeld.

Fromm E (1973) The Anatomy of Human Destructiveness. Holt, Rinehart and Winston.

河合隼雄 (1987) 明恵 夢を生きる. 京都松柏社.

丸田俊彦 (2011) サイコセラピーの進め方. 目白大学心理カウンセリングセンター紀要 9；3-21.

Murray HA (1949) Introduction on Melville H, Pierre : or the Ambiguities (First Edtion, 1852). Hendricks House, pp.1-103.

サトウタツヤ (2021) 臨床心理学史. 東京大学出版会.

Urban HB & Ford DH (Eds) (1963) Systems of Psychotherapy : A Comparative Study. John Wiley.

Wampold BE (2001) The Great Psychotherapy Debate : Models, Methods, and Findings. Lawrence Erlbaum.

反臨床心理学はどこへ消えた？

——社会論的転回序説2

白金高輪
カウンセリングルーム　東畑開人

> 哲学をばかにすることこそ，真に哲学することである。
>
> （パスカル『パンセ』）

2つの心理療法論

　小さな部屋に二人の人間がいて，自己について話し合っている。19世紀の終わりになって出現したこの営みについて，膨大な探求が重ねられてきた。心理療法論のことである。

　一方にインサイダーによる心理療法論の系譜がある。小さな部屋の中で仕事をしている臨床家たちが，自分たちは何をしているのか，いかにすれば善き仕事が可能になるかを考究してきた。それらは心をめぐる巨大な知の体系となって，「臨床心理学」と呼ばれる分野を形成した[註1]。

　もうひとつの系譜がある。自己について語り合う二人を見て，「ふしぎなことだ」と驚いた人たちがいたのだ。人類学者，社会学者，宗教学者，哲学者など，小さな部屋の外にいた学者たちだ。彼らは心理療法が近代社会にとって特異な何かであると直観したから，それが人間をいかように象り，社会の中でいかなる役割を果たすのかを考えることになった。これらは人文知の領域に散らばりながら蓄積されてきた。

　小さな部屋の内側と外側で別々に，心理療法についての知的探求がなされてきたのである。常識的に考えるならば，これらの2つの知が交わると，善きことが起こるはずだ。心理療法を心と社会の両面から立体的に理解することが可能になるからだ。

　しかし，実際には2つの系譜は隔絶されてきた。私たちの臨床心理学には心に関することがなんでも見つかるが，人文知の心理療法論だけは見つからない。学会を見渡しても，大学院のカリキュラムを調べても，あるいはあなたの頭の中を覗いてみても，見つからない。アウトサイダーの知はインサイダーの知に混じることを許されず，排除されてきたのである。

　もちろん，それなりの理由がある。アウトサイダーたちは，少し離れたところから心理療法を見ているから，ステレオタイプ的な単純化や誤解をしばしば引き起こす。すると，日々リアリティにまみれている臨床家には，それらが空疎な絵空事に聞こえてしまう。

　いや，より重要なのは，そこに心理療法への批判が含まれていることであろう。たとえば，心理療法は個人を統治するためのミクロな権力の発動なのだと語られたり，心理療法は個人主義を徹底することで共同体を破壊する営みであると難詰されたりする。これは傷つく。臨床家は善きことをなそうと思って泥臭い仕事に取り組んでいるわけだから，そのような批判を無理解だと思うし，脅威に感じる。不幸なことだ。2つの知はクリエイティブな交わりをもてず，その接触は危険な

事態を招きやすかったのである。

　だから，免疫が必要だ。人文知と接触したときに，臨床心理学が傷つきすぎず，過度な自己否定に至らないようにしてくれる何かが必要だと思うのだ。

　この免疫を臨床心理学の歴史に見出してみようと思う。そう，臨床心理学にはかつて，アウトサイダーの心理療法論に感染した過去がある。ある時期に一群の臨床家たちは，突如として臨床心理学の外側に立たされた。そこからは臨床心理学の有害性がまざまざと見えたから，彼らは自己批判を始め，気づけば自己の全否定へと至ることになった。その結果，彼らの思想は臨床心理学から排除され，そして忘却された。この思想のことを，本論では「反臨床心理学」と呼ぼう[註2]。

　過去に感染した経験は免疫を産み出し，かつて傷ついた記憶は十分に振り返りがなされるならば，学びを生み出す。ならば，臨床心理学と人文知による2つの心理療法論を接触させ続けるために，反臨床心理学のことを振り返ることが役に立つはずだ。それはいかなる思想であったのか，そしていかにして忘却されたのか，十分に吟味することにしよう。次のように問うのがいいはずだ。

　反臨床心理学はどこへ消えた？

臨床心理学の4つの時代

　まずは日本臨床心理学史を概観しておこう。というのも，反臨床心理学の「反」性を理解するためには，それが何に向けられた「反」であったのかを把握しておく必要があるからだ。ここでは，東畑（2020）で示した戦後臨床心理学史の3段階を挙げ，それに若干の修正を加えることとする。

ロジャースの時代

　はじめに1945年から1970年頃までを「ロジャースの時代」と呼ぼう。戦後の民主化を背景に，ロジャースのカウンセリングが日本に導入され，さまざまな場所で心理職が働き始め，研修がなされるようになった時期である。この時期の臨床心理学の特徴は，「関係すること」ばかりが強調され，「心理学すること」が欠如していたことにある（東畑，2017）。つまり，「受容・共感・自己一致」などの臨床家の作法が強調され，それによって善き関係性が築かれることが重視され，クライエントの病理や問題のメカニズム，あるいは転移関係の理解など，問題を心理学的に定式化することが軽視されていた時期である。

河合隼雄の時代

　次に1970年頃から1995年頃までが「河合隼雄の時代」である。日本社会の経

済成長を背景に，この時期に臨床心理学は成長を遂げ，臨床心理士資格やその養成のための大学院制度が整備されていった。この時期の臨床心理学の特徴は「心理学すること」の普及とサイコロジカルトークの欠如であった。つまり，治療者はクライエントの内的世界に対して心理学的理解を行っているわけだが，それについてクライエントと話し合うような臨床的コミュニケーションは行われない。「関係すること」の次元ではロジャースの流儀が引き継がれて，「心理学すること」の次元ではユング心理学や精神分析のような力動的な理解がなされたということである。

多元性の時代

　1995年頃から2020年頃までが「多元性の時代」である。スクールカウンセラー制度が始まるなど，心の臨床が社会の隅々にまで広がっていった時期である。臨床的には「心理学すること」と「関係すること」を連結するサイコロジカルトークの導入が進んだことで，ユング心理学以外の精神分析，認知行動療法，家族療法，トラウマケアなどがそれぞれに自身の心理療法をパッケージとして提示するようになった。そのために訓練の高度化と学派コミュニティの凝集化が生じ，臨床心理学は複数の学派が並列する多元的な学問となった。

　ここまでが前論文で示した図式であるが，本論ではもうひとつ新たな段階を付け加えておきたい。

公認心理師の時代

　公認心理師法が施行された以降の現代を「公認心理師の時代」としたい[註3]。国家資格の成立によって，臨床心理学の編成が激変しつつあるからである。教科書を見れば明らかだ。公認心理師以前の教科書では，臨床心理学についての総論を示した後に，それぞれの学派を並列して解説するのが標準的な構成になっていたが（たとえば，河合（1995）），現在では公認心理師法の条文と養成カリキュラムに則した構成へと変容し，医療・教育・福祉・産業・司法のような領域ごとの記述がメインになっている（たとえば，野島（2019））。この「学派単位の多元性から臨床現場単位の多元性へ」の移行を，学問を司る最終審級が自身の学術的知性ではなく，国家の行政的知性への移行と見ることもできるし，臨床の学としての臨床心理学の成熟と見ることもできる。とはいえ，現在進行形であり全貌をつかみがたいので，ひとまず時代区分として最後の段階に置いておき，本論の終わりでその展望を述べることにしたい。

　以上，臨床心理学が専門性を高め，社会制度に組み込まれていく歴史を見てき

た。この4つの時期を，人間が大人になっていくプロセスになぞらえることができる。社会をよちよちと歩き始めた幼年期としての「ロジャースの時代」があり，アイデンティティを模索すべく内面に目を向けた思春期としての「河合隼雄の時代」があり，社会の現実と格闘しながら自己形成を行った青年期としての「多元性の時代」があり，社会に確たる場所を得た中年期としての「公認心理師の時代」がある。

　もちろん，単純化しすぎた発達のアナロジーではあるのだが，この視座を取ることには価値がある。臨床心理学が思春期の発達課題につまずき，それが現在に影を落としていることが見えてくるからである。

　臨床心理学の思春期に，「河合隼雄の時代」だけではなく「反臨床心理学の時代」もあったことが重要である。その頃，臨床心理学コミュニティは分裂して，2つの系譜が並列していた。一方は「心理学すること」を確立しようとし，もう一方は「心理学すること」の有害性を論じていた。自己を肯定する力と，自己を否定する力が同時に生じて，そして同じ場所に居ることができずに分裂していたのである。

　だから，私の見立ては次のようなものだ。反臨床心理学は「ロジャースの時代」への「反」として発生し，その後は別の系譜をかたちづくっていった。この系譜は「河合隼雄の時代」と激しく対立したし，「多元性の時代」にあっても排除され続けた。だから，臨床心理学はまだ十分に大人になれていない。思春期に失われた半身を，あるいは影を，まだ取り戻していないからである。どういうことだろうか。

反臨床心理学とは何か

　本論で「反臨床心理学」と呼んでいるのは，1970年前後に開始した日本臨床心理学会の改革運動によって生まれた一連の思想のことである。そこにはもちろん，同時期に展開されていた「反精神医学」の影響があり，時代の空気が刻まれている。したがって，まずは歴史的経緯を確認しておこう。このあたりについては，堀智久（2014）の単著と堀智久による本誌掲載論文が障害学の文脈から詳細な記述を行っているのだが，本論ではそれらを参照しながらも，臨床心理学の文脈から記述を行うこととする。

歴史的経緯

　舞台となる日本臨床心理学会が設立されたのは1964年である。大塚（2004）が「1945～1960年に至る戦後15年間は，与えられた民主主義と同様に臨床心理学もまたアメリカ臨床心理学の紹介と吸収に明け暮れた。幼児期から学童期に至る模

倣学習の時代であった」と語るように，当時はアメリカ臨床心理学の輸入を受けて，児童相談所，少年鑑別所，医療，教育などで心理職の職域が広がり始めた時期であった。

　重要なことは，学会設立の背景に心理職の資格をめぐる動向があったことである（下山，2001b；大塚，2004）。日本心理学会などが「心理技術者資格認定機関設立準備委員会」を設置する中で，当事者である心理職たちを組織化するものとして日本臨床心理学会は誕生したのである。

　資格問題とは「心理士とは何者か」を社会の側から問われ，アウトサイダーのまなざしに応答するよう迫られる契機である[註4]。そのとき，臨床心理学には「私とは何か」という自己意識が芽生える。自己を肯定しようとするインサイダーのまなざしと，自己を批判するアウトサイダーのまなざしの両方が生じたときに，思春期が始まるのである。

　着火したのは1969年の名古屋大会であった。日本社会全体で学生運動が過熱していた時期であり，日本精神神経学会などで反精神医学に影響を受けた改革運動が始まった年である。民主化運動が熱を帯びる「政治の季節」に，日本臨床心理学会では制定が進められていた「臨床心理士」資格に批判が集まるようになる。

　論点は大きく分けると，①心理士たちの身分保障と，②クライエントの人権擁護の2つであった（堀，2014）。前者は学会を構成していた大学人と臨床家との齟齬[註5]から発生したものであり，新たに制定しようとしていた臨床心理士資格が，大学に養成コースを設けたい大学人の利益にしかならず，現場の臨床家の待遇改善にはつながらないとの批判がなされた。ここには精神医学における医局制度批判と軌を一にするような，学問内部における権力勾配への批判を見て取ることができる。

　これに対して，後者の方がより本質的な異議申し立てであった。この時期には精神科病院でのさまざまな人権侵害が明るみに出され，批判が加えられていた。日本臨床心理学会でもその現状を踏まえて，資格は専門家の立場を強化するだけで，クライエントに対する権力構造を固定化するものでしかないという批判が集まることになった。

　いずれにせよ，資格の見直しをめぐって，名古屋大会の2日目以降の研究発表がすべて中止になり，代わりに討論集会に当てられることになった。翌年も研究大会は中止となり，全体集会が開かれ，執行部によって提出された「総括と展望」は一蹴される（大塚，2004）。そして1971年の第7回大会で理事会は不信任とされ，新たに学会改革委員会が発足する（下山，2001b）。相当な紛糾があり，熱狂があり，傷つきが生じた。その結果，1971年の大会以降，多くの会員が日本臨床心理学会を脱退し，事実上分裂することになる。

　この時期を大塚（2004）は「冬の時代」と呼んでいる。全国の臨床家たちはコミュニティを失い，研究や研修は停滞することになった。臨床心理学は自己意識に目覚めることで，自己破壊に至ったのである。

ただし，このトラウマ的破滅の跡地で，2つの芽が育っていったことが重要である。ひとつはのちに日本心理臨床学会として結集するメンバーたちの系譜であり，これが「河合隼雄の時代」を形成していくことになった。もうひとつは日本臨床心理学会に残留したメンバーたちが，学会改革運動を通じて深めていった「反臨床心理学」の系譜である。彼らは資格批判を超えて，臨床心理学そのものの自己点検を開始し，その専門性を全否定するに至る。1971年にあった芽を，知的に開花させたのである。

　どのような花が咲いたのか。反臨床心理学の出版物，特に日本臨床心理学会が発刊した2冊の書籍『心理テスト——その虚構と現実』（日本臨床心理学会，1979）『心理治療を問う』（日本臨床心理学会，1985）[註6] を参照しながら，その思想を簡潔に概観する。

反臨床心理学の思想

「する側」と「される側」——認識論的基盤

　反臨床心理学の思想にとって根源的なのは，「する側」と「される側」という認識論である。すなわち，心理テストや心理療法を「する側＝専門家」とそれらを「される側＝クライエント」というポジショナリティを明確にして，「する側」の知とテクノロジーである臨床心理学が「される側」にとってはいかなるものであるのか，と問うのである。

> 　結局「される側」のためにもなるのだと考えて，一生懸命テストや研究に打ち込んでいた時期がある。しかし熱心にやればやるほど，テストの科学性，客観性を支える根拠のいい加減さが眼につき，テストは真実をあばき出すものではなく，「する側」の価値基準で，「される側」を裁く武器であることに気づかざるを得なくなったのである。　（日本臨床心理学会，1979，p.14）

　「する側」が善かれと思ってなしている支援が，「される側」にとっては悪しき暴力になっている。それなのに，「する」「される」という能動－受動の関係の中で，つまり権力関係の中で，その暴力と有害性（harm）が不可視化されている。この認識から，反臨床心理学は「臨床心理学とは何か」を記述し直そうとしたのである。

　ここに現代の当事者運動を先取りする感性を見てとることができる。臨床心理学をアウトサイドから見ているのは，何よりもクライエントであるというこの認識論的発見は，メンタルヘルスケアにおいて当事者の果たす役割が上昇している現代の臨床心理学を考えるうえできわめてアクチュアルなものであるが，これは後述する。話を前に進めよう。

　それでは，その視座からはいかなる風景が見えたのだろうか。反臨床心理学は

最初に「心理テスト」，次に「心理治療」を点検するというステップで，臨床心理学の有害性を浮き彫りにしていった。そこには複雑な理路と含意があるのだが，ここでは3点に絞って提示する。

臨床心理学の規範性

　なによりも臨床心理学に社会的規範が根深く埋め込まれていることを見抜いたのが，反臨床心理学の根源的な洞察である。

　心理テストは中立的で客観的な評価を行っているように見えて，実は現代の資本主義社会における「能力」観を素朴に肯定して，その尺度で人間を序列化するものであることを反臨床心理学は暴露する。わかりやすいのは知能検査や発達検査で，そこでは主に知的能力に基づいた「序列化」がなされ，「正常」と「異常」の区別がつけられる。しかし，一見序列化とは無縁に見えるパーソナリティ検査も同様である。Y-G検査においては「社会的適応」がきわめて重要な測定対象にされているし，ロールシャッハテストにおけるP反応や「FC ≧ CF ＋ C」の重視には，理性で情念を制御する近代的適応の姿勢が刻まれている。

　心理療法に対しても同様の批判がなされる。当事者である吉田おさみが「治療者が一方的に正しいと信じている価値観──それはたいていの場合当該社会で支配的な価値観ですが──そういう価値観を押し付けられるのはたまったものではありません」（日本臨床心理学会，1985，p.181）と述べているように，心理療法に含まれている「健康」や「回復」の概念が「支配的な価値観＝社会規範」への適応を意味していることが看破され，心理療法は「治る」と称して，「される側」であるクライエントに特定の価値観を押し付けるものであることが告発される。

　臨床心理学は無色透明のメンタルヘルスケアを装って，実のところ人間を特定の生き方へと象り，特定の形での「主体化」（北中，2016）を目指すテクノロジーである。これが反臨床心理学の基本的な認識となる。

排除とソフトな管理

　臨床心理学による主体化が，既存の社会規範に合わせて人間を象ろうとするものであるとするならば，臨床心理学は個人よりも社会に奉仕するものであり，社会のために個人を犠牲にするものとなる。これが第2の論点である。

　たとえば，心理テストは選別と排除を行う装置として機能する。知能検査が障害を持つ子どもの選別に用いられ，Y-G検査が就職を左右する。歴史を見れば，心理テストは軍事的目的のために用いられてきたし，キャリア選別のために使われてきた。心理テストに含まれる社会規範は，実際に社会的処遇を左右するように機能してきたし，そのことによって「される側」を社会的に排除することになっているのである。

　あるいは，心理療法もまた社会に奉仕する。「心理治療は患者の生活する場である家庭や，学校そのものが持っている矛盾や葛藤をそのままに保持し温存させる

ことに寄与してしまっている」（日本臨床心理学会，1985，p.46）と指摘されているように，心理療法は社会や環境の側に存在する問題を保全したままに，クライエントだけに変化することを強いる「ソフトな管理」として機能していると告発される。

　臨床心理学は社会に存在する暴力を隠蔽し，そのような社会に適応できない個人を排除したり，矯正したりする。そのことによって，臨床心理学は既存の社会を肯定するための装置となっていることが，反臨床心理学の視座からは見えたのである。

心理学化する社会批判

　したがって，反臨床心理学の第3の論点が，心理療法だけではなく，心理療法を必要とする社会への批判となる。この点では小沢（2000）の批判が徹底している。河合隼雄が「物は豊かになったが，心はどうか」と語ったのに対して，小沢は「これからは心のモノ化の時代なのだ」とパラフレーズし，カウンセリングを「心の商品化」が進んだ時代に登場したサービスだと位置づける。そして，それそのものが自然な人間関係を毀損すると批判し，消費社会や資本主義体制への異議申し立てを行っていくことになる。この論理構成にマルクスの社会理論の影響が色濃く刻まれているわけだが，後の臨床心理学はそれを政治的なものであると単純化し，その知的価値を真剣に受け止めることはなかった[註7]。ここに社会理論と心理学理論の乖離があったことは覚えておく必要がある。

専門性の全否定と社会変革

　以上，反臨床心理学は自己の専門性の暴力とharmを自覚することで，当事者からの「あなたたちは治療者としては死になさい。そして人として生きてください」（日本臨床心理学会，1985，p.422）という言葉を正面から実践することになった。つまり，専門家としてではなく，ひとりの人間としてクライエントと「共に生きること」（日本臨床心理学会，1985，p.344）を目指すようになったのである。

　「する側」と「される側」という非対称な関係性から逃れて，人間としての対等な付き合いを回復することにこそあるべき支援が見出され，そのようなことが可能なように地域や社会を変革していくことが反臨床心理学のひとまずの結論となった[註8]。反臨床心理学を一般向けにまとめた小沢（2002）の著書のタイトルが『「心の専門家」はいらない』であったのは，以上のように，専門家による心のケアではなく，善きコミュニティにおけるピアサポートに価値を置く姿勢の端的な表現だと言えよう[註9]。

「社会すること」と「再考すること」——反臨床心理学の限界と先駆性

　反臨床心理学の思想を見てきた。もちろん，ここにはさまざまな限界があるわ

けだが，斎藤環が行った批判がもっとも包括的なものであろう[註10]。斎藤（2009）は反臨床心理学による自己批判に共感を示しながらも，臨床心理学や心の専門家を廃止すれば問題が解決するという結論は「幻想」であると批判する。つまり，臨床心理学的な知識や技術は，共同体が解体しゆく時代に必要になったものであり，臨床心理学を失くせば，社会や共同体を回復できるわけではないと指摘し，「もう僕たちは，後戻りできないのだ」と表明する。

　問題になっているのは「全否定」である。心理療法や心理テストが有害であること「も」あると「部分否定」するのではなく，臨床心理学のすべてを「全否定」したために，臨床心理学を必要とする社会そのものまで否定することになったところに，反臨床心理学の思想の未熟さと非現実性がある[註11]。

　したがって，反臨床心理学の思想をそのまま現代に復活させることは現実的ではないにしても，実った果実まで川に流してしまうのも，知的に誠実な態度とは言えない。そこにあった思想的達成を評価し，現在においてもアクチュアルな部分を掬い上げる必要がある。その先駆性として，①当事者の視点，②社会モデルの視点，そして③臨床心理学のharmの視点，という3つを挙げることができよう。

　すでに述べたように，「される側」という当事者の視点に立つことによって，臨床心理学の外側に立ち，アウトサイダーの心理療法論を構想できたことには深い意義がある。それは現在の臨床心理学にとって，免疫として機能しうる知的遺産と言えよう。

　その結果として，反臨床心理学が「社会モデル」（熊谷，2020）を臨床心理学の初期において導入していたことが重要である。つまり，問題を個人の内側に見出し，個人が変化することを求めるのではなく，環境や社会の側に問題を見出し，それらが変化することのほうに治療的価値を見出したということである。これを先に述べた「心理学すること」と対比して「社会すること」と呼ぼう。

　もうひとつの功績は，臨床心理学が人間に特定の「主体化＝生き方」を強いることを看破した点にある。これは「臨床心理学の社会論的転回」（東畑，2020）を先取りする視点である。クラインマン（Kleinman, 1988/2012）が『精神医学を再考する』で一見価値中立的に見える精神医学が実は固有の価値観を強く内包していることを描き出したように[註12]，反臨床心理学はカウンセリングや心理療法の目指す「健康」を社会の観点から相対化し，それがときにクライエントをharm（加害）することを認識しようとしたわけで，この点でそれは「臨床心理学を再考する」プロジェクトであったと言えよう。このような知的探求を「心理学すること」そのものに対する「再考すること」と呼ぼう。

　以上に反臨床心理学の知的達成があると私は考えるのだが，問題はそれらがメインストリームの臨床心理学から徹底的に排除されたことである。アレルギー反応が生じたのである。反臨床心理学はどこへ消えたのだろうか？

反臨床心理学はどこへ消えた?

「河合隼雄の時代」の反臨床心理学

　時計の針を巻き戻そう。1971年の日本臨床心理学会の分裂は，一方に残留したメンバーによる反臨床心理学の系譜を，他方に脱退したメンバーたちによる「河合隼雄の時代」の系譜を生むことになった。すなわち，コミュニティ解体後の「冬の時代」（大塚，2004）を経たのち，1982年に日本心理臨床学会が結成され，「心理臨床学」の名のもとに，臨床心理学の再生が図られたのである。これが反臨床心理学の思想を排除するわけであるが，そこにいかなる齟齬が生じたのかを見ていこう。

「心理学すること」と専門性の確立

　「河合隼雄の時代」の特徴が「心理学すること」の生成であったことはすでに述べた。「ロジャースの時代」には欠如していた心理学的な理解をインストールすることによって，当時の臨床心理学は専門性を確立しようとしたのである。

　この時代を「河合隼雄の時代」と呼ぶのは，第一にその「心理学すること」の参照枠としてユング心理学が大いに活用されたからである。ロジャース的なカウンセリングが行き詰まる局面に対し，河合がユング心理学的な理解を提供する『カウンセリングの実際問題』（河合，1971）はその最たる例である。「ユンギアン化したロジェリアン」，これが「平成のありふれた心理療法」であった（東畑，2020）。

　ただし，河合隼雄がより重要なのは，そのような「心理学すること」を可能にする教育・訓練・研究を整備したことにある。京都大学において心理教育相談室を有料の相談機関として整備し，大学院生たちが実際にカウンセリングを行える環境を作ったこと（大塚，2004），スーパーヴィジョンと事例検討会を主要な方法として臨床教育を行ったこと，『臨床心理事例研究』を創刊し事例研究法を方法として確立したこと。ここで範とされているのは，個人が自発的に来談する外来開業の設定であり，そこで生じる現象を心理学的に理解し，心理学的な変化を狙う個人心理療法である。それこそが「心理学すること」に最適化された訓練制度であり，研究法となったのである。これが日本心理臨床学会および臨床心理士養成大学院の雛型となり，その後の臨床心理学を深い部分で規定することになった。

交流の困難

　それでは「河合隼雄の時代」にあって，反臨床心理学はどのように位置づけられたのか。

　スルーである。初期の『心理臨床学研究』では学会成立の経緯や資格認定をめぐる記事やシンポジウムの記録が多く掲載されているが，反臨床心理学の歴史が正面から扱われたことはなく[註13]，その後に出された全書系のテキストにも項目

が作られることはなく，日本心理臨床学会が自らの体系をまとめた『心理臨床大事典』でも，「反精神医学」の項目はあれど，反臨床心理学については「臨床心理学の歴史と展望」で経緯が触れられるにとどまり，その思想の内実には一切触れられていない。

　交流がなかったわけではない。1987年には両学会の合同シンポジウム「臨床現場から専門性を考える」が大正大学にて開催されている。ただし，記録を見る限り（日本臨床心理学会，1987），議論が成立したとは言い難い[註14]。河合は「臨床心理学会でいろいろお考えになっていることがあるし，心理臨床学会でも考えていることがある。それをお互いに全然無関係にいるということは，非常に残念なことなので，この際思い切ってお互いの意見を出して話をしようじゃないか」とシンポジウムを始めるが，議論は錯綜し，混乱する。最終的に「1回目ですから，みんなが本音をだして言い合いをしたということは正直のところ言えなかったと思います」と河合は言い残して，会は締めくくられる。

　2つの知の系譜は交わることができなかったということだ。このとき興味深いのは，心理臨床学が反臨床心理学をスルーする際の身振りである。心理臨床学の歴史を語ろうとするとき，たとえば下山（2001b）や氏原（2009）は以下のように反臨床心理学について記述する。

　　　これ以後，日本臨床心理学会は，臨床心理活動の社会的側面を重視し，学会を社会運動の組織として位置付けていくことになった。それにともない学会は，患者を含めた社会闘争組織としての色合いを濃くしていった。しかし，そのような方針に馴染めない学会員も多く，会員は激減し，学会の規模も活動も限られたものになっていった。　　　　　　　　　　（下山，2001b，p.61）

　　　これがきっかけで学会は瓦解した。新しく若いリーダーが選ばれたが，それとともに学会が政治運動にのめりこみ，個々のクライエントとの関わりについて関心をうしなっていったので，ほとんどの会員が脱会することになった。　　　　　　　　　　　　　　　　　　　　　　　　（氏原，2009，p.47）

　心理臨床学は反臨床心理学を「社会運動」や「政治運動」と名指す。そうすることで，そこにあった知的蓄積を真剣に吟味することなくスルーする。大塚（2004）をパラフレーズするならば，次のように言える。臨床心理学には「政治の冬」があり，その後「心の春」が訪れた，臨床心理学はある時期，社会的になることで壊れたが，心を見るようになって再生した。そう，この歴史意識では，社会と心がsplitしてしまっている。

心と社会

　人類学者Ａ・ヤングが提唱した説明モデルの二種を補助線にすると，反臨床心理学と心理臨床学の分裂が見えやすくなる。Young（1976）では，説明モデルには個人の外部に問題の原因を探し求める「外在化」型と，個人の内部に原因を見出す「内在化」型があると指摘されている。前者はたとえば，先祖の霊や社会構造に原因を見出す説明モデルを考えたらいいし，後者は身体医学を思い浮かべるといい。両者は背反しやすい。霊のせいにすると，身体の不調を見過ごしやすいし，体のケアだけしていると，労働環境の問題を看過することになりやすい。

　「河合隼雄の時代」の「心理学すること」が極端に内在化型であったのが重要である。「ロジャースの時代」の終わりに生じた専門性の危機を，心理臨床学は個人心理療法を範型とすることで乗り越えようとした。面接室の内側で，個人の内面を見る。心に問題を見出し，心の変化を狙う。徹底して内在化型の説明モデルを彫琢することで，専門家としてのアイデンティティを確立しようとしたのである。

　そのことによって排除されたのは反臨床心理学にあった外在化型の説明モデルである。問題を社会構造に見出すこと，環境に暴力を見ること，そして変わるべきは個人の内側ではなく，社会や環境といった外部であること。つまり，「社会すること」。この視点が排除されていたから，心理臨床学では，精神科デイケアのような集団やコミュニティでなされるケア，心の内側ではなく外側に問題を見出すトラウマ理論，あるいは心ではなく環境に介入するソーシャルワークなどが軽視され，傍流に押しやられることになった。「心理学すること」は「社会すること」を見えにくくさせる。問題をあまりに内面へと求めすぎるからである。だから，次のように言うのがいいだろう。

　「河合隼雄の時代」にあって，反臨床心理学はどこへ消えた？　すべてを内面に回収するブラックホールに飲み込まれたのである。

　当時の臨床心理学が脆弱だったからであろう。社会的な認知は低く，国家資格もなく，生業として確立されていない。臨床心理学は思春期で，まだ自分というものの輪郭を把握できずにいたし，実際に輪郭を持っていなかった。だからこそ，自己を極端な形で象る必要があった。その結果，心理臨床学は極端に「心理学すること」を追求し，反臨床心理学は過剰に「社会すること」を追求することになった。そして両者は互いに否定しあうしかないから，交わることができなかったのである。

　しかし，本来，それらは「『も』の思想」（東畑，2022）でつながれるはずであろう。人間の苦悩は心のせいで「も」あり，社会のせいで「も」ある。生物－心理－社会モデルを例に出すまでもなく，その塩梅をケース・バイ・ケースで考えるのが臨床というもののはずだ。だから，歴史を追いかけることにしよう。思春期が終わり，青年期に突入するとき，臨床心理学と反臨床心理学の関係は変化していくことになるからだ。

「多元性の時代」の反臨床心理学

　「河合隼雄の時代」から「多元性の時代」への移行はゆるやかなもので，臨床心理学が社会制度の中に場所を得ていくプロセスと同期している。

　内面性に焦点化しやすい開業モデルの臨床心理学は，社会の中のさまざまな臨床現場に広がることで，内面ばかりではなく，社会のことも考えざるを得なくなり，フェイズを変えていくことになったのである。だとすると，反臨床心理学にとっては好機のように見えるわけだが，実際はどうであったのか。

陳列される心理療法

　「多元性の時代」の特徴は，複数の学派が並列して，互いに自己の価値を競っているところにある。それぞれのブランドが商品（理論・技法・訓練）を開発し，広告し，販売している。学会はショッピングモールのようになった。臨床心理学は市場化したのである。

　たとえば，精神分析の学会があり，認知行動療法の学会[註15]があるように，それぞれの学派は自らの知の体系を蓄積し，伝達するための組織を発展させていった。あるいは，ユング派分析家協会があり，ブリーフセラピー協会があるように，訓練を行い，小さな資格[註16]を付与するコミュニティが整備されていった。

　ここには複数の「心理学すること」が並び立っている。精神分析と認知行動療法には同じクライエントが違うように見えるのであり，その結果，治療戦略も，治療的介入も，そして何を「治癒」とするかも，まるで異なるように見える。それゆえに，学派間で生じるのは議論ではなく，競争となる。彼らは互いのことを批判し，自らの優位性を喧伝する。精神分析を時間がかかりすぎると批判することで，ブリーフセラピーは自らの価値を称揚し，箱庭療法を魔術的だと言うことで，認知行動療法は自身の科学性を強調する。逆に力動学派は，ブリーフセラピーや認知行動療法は浅い介入しかしておらず，真の問題を放置していると脱価値化することで，自分たちは深い問題を扱っているのだと主張する。

　学派たちは「心理学すること」の相互差異化と自己の品質保証を行うようになった。そのようにして，臨床心理学という市場でのシェアを獲得しようと激しい競争を行うのが「多元性の時代」のエートスなのである。それはまるで，独立した教会が乱立して，互いに信徒の獲得数を競い合っているプロテスタンティズムのようであった。

　その意味で，「多元性の時代」には臨床心理学全体にかかわる問いは背景に退いたと言っていい。各論たちの競争こそが問題で，総論や原論は問題にならなかったのである。この原論の困難を象徴するのが下山晴彦の臨床心理学論である。下山（2001a）は河合隼雄の事例研究を中心とした力動的臨床心理学論に対して，エビデンスを生み出すような効果研究をパラダイムとした実証的臨床心理学論を展開した。このことによって，臨床心理学自体が2つ並び立つような複数化が生じた。

下山晴彦の問題提起は学問の正常な進展だと私は思うのだが，問題は2つの臨床心理学の間で共通する原理的な問題を問うことができなかったことである[註17]。その結果，各論のみが問われる多元的でタコツボ的な学術空間が生じ，そこに諸学派が棲むようになったのである。

「社会すること」の回帰

「多元性の時代」に「社会すること」が回帰していたことをここで指摘しておく必要がある。この時代に，臨床心理学は社会へのまなざしをインストールし，それを含みこんだ理論構成が広く普及することになったのである。

たとえば，先の下山晴彦が社会への説明責任を思考の根幹に据えていることを思い出してもいい。河合隼雄の臨床心理学論がいかに心を理解し，変化させるのかという内的な関心に貫かれていたのに対して，下山（2001a）の臨床心理学論は，心を支援する営みを社会的に成立させるにはどうしたらいいのかという行政的関心を抱いていたのである[註18]。

ただし，この時期によりラディカルに「社会すること」を導入したのは信田さよ子の仕事であろう。依存症臨床で早くから自助グループの価値を強調してきた信田の仕事は，当事者の視点を臨床心理学に再導入するものであったし，加害者・被害者臨床を通じてトラウマを主題化することで，個人の内面には還元できない環境側の暴力とソーシャルワークの視点を提起するものであった。なにより，そのような臨床を，フェミニズムや社会学の理論で基礎づけているところにその特徴がある（信田，2021）。

もちろん，ここには信田の個性もあるわけだが，それ以上に重要なのは1995年にスクールカウンセラー制度が始まるなど，臨床心理学がさまざまな社会制度の中に組み入れられるようになったことで，それまでの内面モデルでは対応できないクライエントたちと出会ったことであろう。信田理論における依存症者やDV被害者はその象徴なのである。

それゆえに，認知行動療法が「ストレス」という外部要因を重視し，ブリーフセラピーが家族システムという外的環境を重視するように，この時期の「心理学すること」は内在化型説明モデルだけではなく，外在化型説明モデルを包摂するものへと鍛えられた。暴力を止め，環境を調整し，心理教育を行い，多職種連携に取り組む。すなわち，「社会すること」の実践がなされ，それらを可能にする理論が整備されていったのである。

この意味で，「多元性の時代」の臨床心理学は青年期的な発達を遂げたと言っていい。社会の現実と直面することで，「心理学すること」は複数化し，そこには極端に内在化型の学派から，外在化型が入り混じった学派まで多様なありようが呈示された。そのようにして，「心理学すること」と「社会すること」は相互に排除するものではなくなり，ある程度入り混じり，並列するようになったのである。

ただし，そのような流れの中でも，反臨床心理学の最もコアな部分，臨床心理

学のharmを「再考すること」だけは排除され続けたと言える。臨床心理学は社会に出て，己を鍛えたわけだが，いまだ青年期だったのである。

学派的思考の限界と「再考すること」

「多元性の時代」の限界は，その多元性が学派的多元性であったことである。そこには複数の「心理学すること」があったわけだが，それらはそれぞれの学派のコミュニティによって枠づけられていた。

もちろん「多元性の時代」にはさまざまな心理療法批判が生じたわけで，心理療法の素朴な肯定の時期は終わったように見えるかもしれない。しかし，それはたとえば認知行動療法的な「心理学すること」の枠組みで精神分析を批判したり，ユング心理学的な「心理学すること」の枠組みでトラウマケアを批判したりするものであって，他学派を批判する自学派の「心理学すること」の価値は自明のものとして肯定されていた。

ここに「河合隼雄の時代」から引き続く学派的思考の限界がある。それぞれの学派の「心理学すること」には「健康／病気とは何か」「治るとは何か」「人間はいかに生きるべきか」についての人間観が根深く埋め込まれている。精神分析理論にせよ，認知行動理論にせよ，トラウマ理論にせよ（そしてもちろん生物学的精神医学にも），そこには道徳と価値観が刻印されているのである。したがって，相容れない道徳を備えた学派たちは，互いに自らの道徳的秩序に基づいて，他者を脱価値化し，自己を肯定する。

実際，精神分析の訓練機関をフィールドワークした人類学者のJ・デイビス（Davies, 2009/2018）は，「心理学すること」には道徳が含まれており，それがときにharmをもたらすことを指摘し，その価値を相対化することが，学派に対する離反や攻撃と受け取られてしまうと指摘している。そのとき「疑惑のマネジメント」と呼ばれる学派内の社会的力動が生じ，学派的な価値への疑惑は「訓練が足りないから」「臨床経験が足りないから」「人間性に問題があるから」と批判者個人の問題へと還元され，悪い場合にはメンバーシップを剥奪されてしまう[註19]。学派は理論によって，技法によって，訓練によって，そしてコミュニティ運営によって，自己肯定的に機能する宿命を負った組織なのである。

学派的思考は「再考すること」を排除する。未熟な臨床家による心理療法はharmをもたらすにしても，きちんと訓練を受けた臨床家によってなされるならば，心理療法にharmは起こりえない。このようなロジックで，各学派の心理療法は道徳的善のポジションを確保する。このとき，見失われているのは熟練の治療者による成功した心理療法であってもharmをもたらしうることについての再帰的なまなざしである。

まとめよう。「多元性の時代」にあって，反臨床心理学のうちの「社会すること」は臨床心理学に取り入れられていった。そのようにして「心理学すること」は複数化し，豊かになり，成熟した。しかし，反臨床心理学のもうひとつの柱で

あった「再考すること」は排除され続けた。

　「多元性の時代」にあって，反臨床心理学はどこへ消えた？　学派が自らに向けるまぶしいスポットライトの陰に消えたのである。

展　望──大人の臨床心理学へ

専門知の近眼

　本論では臨床心理学をめぐるインサイダーの知とアウトサイダーの知がいかに交われなかったかについて，歴史を追ってきた。幼年期から青年期に至る日本臨床心理学の発達を辿り直してきた。

　学ぶべきはインサイダーの知である「心理学すること」がいかに排除を働きやすいかである。クラインマン（Kleinman, 1980/2021）が説明モデル理論で鮮やかに描き出したように，専門知はなんでも解釈できる。脳科学はあらゆる人間の事象を脳科学的に説明できるし，精神分析理論はあらゆる苦悩を精神分析的に物語れる。システム論も，行動理論も，トラウマ理論も同じである。専門家になるとは，そのような知の体系を習得し，その知に合わせて目の前の複雑であいまいな現実を，輪郭がクッキリとした「臨床リアリティ」へと加工・成型できるようになることなのである。思春期の臨床心理学はこれに取り組み，「内面」という臨床リアリティに焦点化する専門家として自己を形作ろうとした。

　しかし，なんでも解釈できることと引き換えに，専門知は近眼になる。顔を近づけ，焦点を当てたものしか見えなくなり，背景が全くぼやけてしまう。だから，脳科学が心や社会を見失いやすいのと同じように，「心理学すること」は脳や社会を無視しやすい。いや，それだけならば矯正可能かもしれない。近眼になっている自分に気づいて，メガネをかければ，脳や社会的環境のことも見ながら，「心理学すること」は可能だ。それこそが青年期の臨床心理学で取り組まれたことであった。

　それでも，どうしても見えないのが，そのようにして心理学的にものを見ている自分自身である。どんなメガネをかけても，自分の目を見ることだけはできない。その目に何が見えて，何が見えないのか，そのまなざしが臨床に何をもたらし，何を奪っているのか。そう問うためには，心理療法を外側から見ているもうひとつの目が必要になる。これこそがアウトサイダーの知であり，反臨床心理学の思想であり，「再考すること」であった。

　問題は「心理学すること」が「再考すること」を排除してきたように，専門知がそのような相対化する他者を軽視し，無視しやすいことである。己の存立を脅かすからであろう。懸命にアイデンティティを確立しようとし，社会的立場を確保しようとしているときに，「再考すること」を突きつける他者と対話を続けるには困難がある。

精神医学を見るとよい。かつて反臨床心理学が臨床心理学コミュニティを解体した頃，精神医学もまた反精神医学の苛烈な批判にさらされていた。しかし，精神医学は最終的に分裂しなかった。自己の内側に反精神医学をギリギリ抱え続けることができた。そのことによって，その後の精神医学には反精神医学の影響を受けた臨床家や理論家が育つことになった。それが精神医学の人文的伝統を豊穣にし，実践面でもハームリダクションやハウジングファーストなどの社会的ケアの潮流を取り入れ続けることが可能になった（斎藤・東畑，2021；松本，2022）。

　精神医学にあっては，インサイダーの知とアウトサイダーの知がかろうじて共存することができたということだ。それは精神医学がすでに社会的な居場所を得ている大人の学問であったからであろう。専門知に対する権力批判の声は，実際にその専門知が権力を得ている場合にのみ聞き得るということだ。中世の王は不快なことを言う道化を傍らに侍らせていたというが，それが可能であったのは彼がすでに王になり，権力を確立していたからである。当時の臨床心理学のように社会的に脆弱であったならば，つまり王ではなく身分保障のない食客であったならば，耳に痛いことを言い，見えていないものを指摘する「再考する道化」と語らう余裕はもちえない。

学派から現場へ──公認心理師の時代へ

　しかして，臨床心理学も大人になった。もしかしたら，思春期や青年期に思い描いていたような収入や権限は得られず，さえない大人にしかなれなかったのかもしれない。それでも，先人たちが蓄積してきたものは国家に公認され，制度に取り込まれ，社会の中で一定の場所を得た。言うまでもなく，公認心理師のことだ。

　したがって，今ならば「心理学すること」は「再考すること」に耐えられるのではないか。いや，耐えるべきなのではないか。臨床心理学は社会的権限を得，社会的責任を背負った。すなわち，権力を得た[註20]。それはすなわち，権力批判を引き受け，「再考すること」に取り組む義務を負ったことに他ならない。公認された学は，非公認の声に耳を傾けて，自らをアップデートし続けなくてはならない。

　予兆はある。公認心理師の時代に，臨床心理学は「精神分析・認知行動療法・人間性心理学……」と陳列される学派的多元性から，「医療・教育・福祉……」と陳列される領域的多元性へとその編成を変えつつあるからだ。ここに「心理学すること」を肯定するしかない学派的思考を逃れ出て，臨床現場において「心理学すること」の何が有益で，何が有害であるのかを思索するスペースを見出すことができよう。

　ただし，この「学派から現場へ」を，「学派的理想主義から現場的リアリズムへ」と素朴に受け取り，精緻な「心理学すること」を軽視して，現場の実用性のみを重視するならば「ロジャースの時代」への幼児返りとなる。

　必要なのは断絶ではなく連続性である。青年期までの自分をリセットするので

はなく，その歴史の上に立って，自らを社会の中に位置づけなおす。「心理学すること」をピュアに語ろうとする臨床心理学から，それぞれの臨床現場の社会的力動において「心理学すること」がいかに機能しうるかを問う臨床心理学へ。これが「公認心理師の時代」という中年期を迎えた臨床心理学に要請されているものであろう。

　心と社会を分裂させず，心が社会の中で営まれ，社会が心によって構成されていることを見ねばならない。「心理学すること」が人間をいかに象るものであるのか，そしてそれはそれぞれの社会的環境にあって，何をもたらし，何を奪うものであるのか。そう問うことこそが，「心理学すること」を社会的に「再考すること」であり，反臨床心理学を臨床心理学にインストールすることなのであり，インサイダーの知とアウトサイダーの知を交わらせることである。これを私は「臨床心理学の社会論的転回」と呼んでいるのである（東畑，2020）。

おわりに

　免疫を活性化することはできただろうか。かつて病んだ経験に意味を見出すことができただろうか。私たちはその傷から学びを汲み出し，その痛みを再帰的な知を生み出すためのリソースになしえただろうか。

　十分とは言い難い。それは承知している。歴史的論証をするには紙幅は限られていたし，臨床的議論が欠けていることもある。臨床場面を具体的に記述して，そこにある社会的力動と心理療法による主体化の相関を論じてみせること，つまり「臨床エスノグラフィー」（江口，2019）が免疫獲得のためには不可欠である[註21]。

　いや，それだけじゃない。本当は最後に反臨床心理学をアップデートする必要があった。1970年代のマルクス的な社会理論を背景とした反臨床心理学だけでは，現代の臨床心理学を再考するには十分ではないからだ。私たちの社会もまたこの半世紀で大きな変容を遂げたのだから，反臨床心理学を現代社会的にアップデートする必要がある。そのために現代の人文知を参照しなくてはならない。

　ただし，これらの課題については本増刊号に掲載された論文たちに委ねることにしよう。臨床心理学のインサイダーの知が成熟を遂げたように，アウトサイダーの知もまたこの50年で発展し，深化した。人類学・宗教学・社会学・哲学などの人文知は，心理療法を外から見て，その知を蓄積してきた。現代社会にあって，心理療法とは何かと問い続けてきたのだ。

　ページをめくってほしい。現代におけるアウトサイダーの心理療法論が示されているはずだ。それは臨床心理学のことを脅かすかもしれないが，心配しすぎる必要はない。それらの論文の後には，「社会すること」と「再考すること」を引き受けたインサイダーたちの論文が掲載されている。この増刊号そのものが対話的なありようをしているのである。

　この学問はすでに十分に成熟を遂げ，私たちは臨床経験を重ねてきた。心理療法は批判されたとしても，「そうは言っても，役に立つこと『も』ある」という事実をすでに獲得している。だから，その事実の上に立って，批判に応答し，対話をなし，思索を深めることが，今の私たちにはできるはずだ。

　小さな部屋に二人の人間がいて，自己について話し合っている。そういう営みについて，インサイダーとアウトサイダーが話し合っている。自己について話し合う自己について話し合う。この再帰的な構造が，臨床心理学を万能感と自己卑下から救い出し，健全な社会化を可能にしてくれる。

　　臨床心理学をばかにすることこそ，真に臨床心理学することである。

　エピグラフとして挙げたパスカルの言をもじるまでもない。臨床心理学と反臨床心理学が共に居る。それが大人になったということなのである。

●付記
　本論の執筆にあたっては日本学術振興会の科学研究員補助金の助成を受けた（課題番号JP21H05174）。

▶註
1　もちろん，精神医学分野など各所にも蓄積されている。この領域越境的な性格が心の治療の宿命である。それは心というものが反disciplineの性質を持つからであろう。
2　言うまでもなく「反精神医学」から着想された語彙である。当時ももちろん，その文脈が意識されていたはずだが，「反臨床心理学」という言葉が流通してこなかったのは，その思想が臨床心理学のメインストリームであると自己規定されていたからであろう。「反」と名乗るには「正」が必要なのである。
3　公認心理師法は2017年の施行なので，「多元性の時代」は2017年までとした方がいいのかもしれないが，時代区分というものは本質的に思考を整理するための補助線でしかないので，アバウトで揺らぎのある年代区分だということで勘弁してほしい。
4　公認心理師の資格制定過程でも同様のことが生じたことを思い出すべきである。「心理士とは何か」という問いがやってきて，国や精神医学，基礎心理学などのアウトサイダーからのまなざしが注がれ，臨床心理学は二分された。問題はそこでのハレーションが，学術的議論ではなく，学会政治によって取り組まれたことで，ある世代の臨床家たちに癒しがたい傷を残したことである。一度目も悲劇であったが，二度目も同じように悲劇になったのである。臨床心理学に関して言えば，二度目は喜劇になると言ったマルクスよりも，悲劇は繰り返されると言ったフロイトの方が正しい。
5　アカデミアと臨床家という対立は臨床心理学の宿命である。これは繰り返し表面化してきた集合的葛藤であると同時に，飲み会などのインフォーマルな場でも限りなく語られている個人的葛藤でもある。思うに，臨床心理学は楕円形なのである。大学と臨床現場という2つの中心を持つ図形なのである。中心が一つの円だという自己イメージを抱くと，現実から遊離してしまうから，政治的な紛糾が生じてしまうのだと思う。
6　これらの書物は日本臨床心理学会の総力戦によって作られたものと理解しているので，分担執筆の形式がとられているのだが，引用する際には各著者の名前ではなく，本のページ数を示すことにする。個人主義よりも共同体主義をとる反臨床心理学の姿勢を尊重してのことである。
7　マルクス理論と心理療法の相性の悪さは重要な問題である。ソ連で心理療法が発展しなかっ

たことや，中国では市場開放以降に心理療法が普及していったことを思い出してもいい。この点で反臨床心理学が心理療法を資本主義の装置として批判したのは正しい。ただし，フロムの仕事など，それらが有機的に結合することもありえるわけで，理論的にここには豊かな未開拓地が残されているように思う。

8 実際，反臨床心理学の思想を受け継いだ心理職たちが，地域に事業所を開き，社会福祉の充実にその後のキャリアを注いだことは記憶されるべきことであろう。

9 そしてこれが現代のメンタルヘルスケアのトレンドであることを思い起こす必要がある。小沢の著書を読み，「〈それでも〉心の専門家は必要である」と反論できるようになるのは，心の専門家として不可欠な訓練過程であると同時に，「心の専門家はいらない」のはいかなる局面であるのかを理解し，ピアサポートを充実させるべくソーシャルワーク的な介入をできるようになることも，現代の心の専門家にとって不可欠な資質となる。

10 これが精神科医による仕事であったことが重要である。後述する心理臨床学が反臨床心理学との思想的対決を果たしえなかったことを端的に象徴しているからである。当時の臨床心理学はさまざまな事情があったにせよ，反の思想と対話をなすだけの知的鍛錬に欠けていたと言わざるを得ないだろう。

11 当時の臨床心理学が基本的にロジャース一辺倒であったという事情はある。ロジャースのカウンセリングが有害であると批判したときに，オルタナティブな選択肢がなかったから，反臨床心理学は臨床心理学を全否定せざるをえなかったのである。

12 医療人類学は，医学の急激な発展によって行きすぎた医療化による harm を描くところにその本領がある。

13 ただし，文面の端々に日本臨床心理学会への意識がにじんでいるのも重要である。記憶はあれど，言語化しえないものだったということだ。

14 これは一級資料であり，反臨床心理学と心理臨床学の間にあった摩擦と緊張を生々しく伝えてくれる。詳しくは記録に当たってほしいが，2つの知は少なくとも議論が成立する段階にはなかったのがよくわかる。

15 これは日本では2つもあるわけで，各学派はその内部でさらに多元化していくのを象徴している。

16 それが経済的収入や雇用を必ずしも保証しない資格たちであったのが重要である。それは「個人的な資格」であったのであり，それゆえに強い凝集性を持った。

17 河合隼雄と下山晴彦の真剣な議論が必要であったわけだがそれは起こらず，その後続者たちによる議論も行われなかった。これもまたアウトサイダーの知を遇する作法が臨床心理学に欠けていたことの帰結であろう。

18 この文脈で下山を理解する必要がある。下山は力動的心理療法を否定するためにエビデンスを強調していたのではなく，行政のロジックが従来の福祉国家的なロジックから新自由主義的なそれへと変化していたことを踏まえ，そこで場所を得るためにエビデンスを推していた。この社会的発想がおそらく当時はほとんど理解されていなかった。

19 「疑惑のマネジメント」はアウトサイダーの知に対処するためのインサイダーの知の常套手段である。アウトサイダーによる批判は，その批判のロジックや内実ではなく，批判者の属性に基づいて反駁される。「彼は資格を持っていないから，こんなことを言う」がその好例である。そういうときに「それは疑惑のマネジメントだ」と反論しても切ない結果にしかならない。とはいえ，心の中でそう反論することは，自己の批判の正当性を思い出させ，心を慰めるためには少しは役に立つかもしれない。

20 臨床家自身は実感できないかもしれない。確かに他職種に比べれば脆弱な権力であるからだ。しかし，クライアントから見れば，そこには確かな権力がある。「される側」という反臨床心理学の認識論はいまこそアクチュアルなのである。

21 私自身は『居るのはつらいよ』（東畑，2019）と『なんでも見つかる夜に，こころだけが見つからない』（東畑，2022）という2冊でこれを試みた。前者では精神科デイケアの，後者では開業カウンセリングオフィスの臨床エスノグラフィーが取り組まれている。それぞれの臨床現場が社会の中でいかなる機能を担う場所であるのかを明示し，そこではいかなる主体化が

適応的，不適応的であるのかを再考すること．これが臨床エスノグラフィーであるのだが，その方法についてはまた稿を改めて呈示することにしよう．

◉ 文献

Davies J (2009) The Making of Psychotherapists. An Anthropological Analysis. Routledge. (東畑開人 監訳 (2018) 心理療法家の人類学——こころの専門家はいかにして作られるか．誠信書房)

江口重幸 (2019) 病いは物語である——文化精神医学という問い．金剛出版．

堀智久 (2014) 障害学のアイデンティティ——日本における障碍者運動の歴史から．生活書院．

河合隼雄 (1971) カウンセリングの実際問題．誠信書房．

河合隼雄 監修 (1995) 臨床心理学1——原理・理論．創元社．

北中淳子 (2016) 精神医学による主体化——精神療法とバイオロジーの人類学．In：鈴木晃仁，北中淳子 編：精神医学の歴史と人類学．東京大学出版会，pp.161-193.

Kleinman A (1980) Patients and Healers in the Context of Culture. An Exploration of the Borderland between Anthropology, Medicine, and Psychiatry. University of California Press. (大橋英寿，遠山宜哉，作道信介，川村邦光 訳 (2021) 臨床人類学——文化の中の描写と治療者．河出書房新社)

Kleinman A (1988) Rethinking Psychiatry : From Cultural Category to Personal Experience. Free Press. (江口重幸，下地明友，松澤和正ほか 訳 (2012) 精神医学を再考する——疾患カテゴリーから個人的経験へ．みすず書房)

熊谷晋一郎 (2020) 当事者研究——等身大の〈わたし〉の発見と回復．岩波書店．

松本卓也 (2022) 「ポスト反精神医学」としての現代の臨床——精神病理学の視座．臨床心理学 22-1；20-24.

日本臨床心理学会 (1979) 心理テスト——その虚構と現実．現代書館．

日本臨床心理学会 (1985) 心理治療を問う．現代書館．

日本臨床心理学会 (1987) 臨床現場から専門性を考える．臨床心理学研究 25-2；86-127.

信田さよ子 (2021) 家族と国家は共謀する．角川書店 [角川新書].

野島一彦 監修 (2019) 公認心理師分野別テキスト．創元社．

大塚義孝 (2004) 臨床心理学の成立と展開2——臨床心理学の歴史．In：大塚義孝 編：臨床心理学原論．誠信書房，pp.107-147.

小沢牧子 (2000) カウンセリングの歴史と原理．In：日本社会臨床学会 編：カウンセリング・幻想と現実．現代書館，pp.16-67.

小沢牧子 (2002) 「心の専門家」はいらない．洋泉社 [新書y].

斎藤環 (2009) 心理学化する社会．河出書房新社．

斎藤環，東畑開人 (2021) セルフケア時代の精神医療と臨床心理．現代思想 49-2；8-29.

下山晴彦 (2001a) 臨床心理学とは何か．In：下山晴彦，丹野義彦 編：講座臨床心理学1——臨床心理学とは何か．東京大学出版会，pp.3-26.

下山晴彦 (2001b) 日本の臨床心理学の歴史と展開．In：下山晴彦，丹野義彦 編：講座臨床心理学1——臨床心理学とは何か．東京大学出版会，pp.51-72.

東畑開人 (2017) 日本のありふれた心理療法——ローカルな日常臨床のための心理学と医療人類学．誠信書房．

東畑開人 (2019) 居るのはつらいよ——ケアとセラピーについての覚書．医学書院．

東畑開人 (2020) 平成のありふれた心理療法——社会論的転回序説．In：森岡正芳 編：治療は文化である（臨床心理学増刊第12号）．金剛出版，pp.8-26.

東畑開人 (2022) なんでも見つかる夜に，こころだけが見つからない．新潮社．

氏原寛 (2009) カウンセリング実践史．誠信書房．

Young A (1976) Some implications of medical beliefs and practices for social anthropology. American Anthropologist 78-1；5-24.

好評既刊

Ψ 金剛出版　〒112-0005　東京都文京区水道1-5-16　Tel. 03-3815-6661　Fax. 03-3818-6848
e-mail eigyo@kongoshuppan.co.jp　URL https://www.kongoshuppan.co.jp/

認知行動療法の哲学
ストア派と哲学的治療の系譜

[著]ドナルド・ロバートソン　[監訳]東畑開人　藤井翔太
[訳]小川修平　木甲斐智紀　四方陽裕　船場美佐子

認知行動療法は，古代ストア哲学の末裔である——
霊と呪術から心を解放した近代科学の正嫡・認知行動療法には"知られざる系譜"が存在した……心の正面ドアをノックする「理性のコントロール」か？　はたまた心の裏階段から忍び込む「非理性のカタルシス」か？　アーロン・ベックとアルバート・エリスが愛したストア派の賢者たち——マルクス・アウレリウス，エピクテトス，セネカ——に導かれ，心の治癒の一大精神史を体感する。　　　　　　　　　　　　　　　　　　定価3,960円

精神分析の歩き方

[著]山崎孝明

「難しそう」「敷居が高い」——。とかく近づきがたい印象を与えがちな精神分析。その印象を払拭するため，「観光客」に向けて懇切丁寧に書かれた精神分析ワールドツアーガイド。日本精神分析の100年にわたる歴史の中で，かつてこれほどにやさしく，そしてこれほどに危険な精神分析の書があっただろうか？　精神分析をこれから学ぶ「観光客」に向けて懇切丁寧に書かれたガイドブックでありながら，精神分析を相対化するような痛烈な批判が織り込まれている。さらには現代メンタルヘルスの大きな潮流である当事者概念・エビデンス概念と渡り合いながら，新世代の精神分析的思考を展開。他ならぬ「いま」における精神分析の存在意義を問うた一冊。　　　定価3,740円

アディクション臨床入門
家族支援は終わらない

[著]信田さよ子

アディクション臨床における「当事者」とは誰か？　「抵抗とともに転がる」とは何を意味するのか？　「家族の変化の起動点」はどこにあるのか？　カウンセラーとクライエントの「共謀」とは何か？——DVや児童虐待をも視野に収める逆転の発想でアディクション臨床における心理職の役割を確立し，アダルトチルドレン，治療的共同体，被害者臨床を補完する加害者臨床などのコンセプトと実践を取り込む機動力でアディクション臨床とともに走りつづける臨床家の思想遍歴と臨床美学を一挙公開。藤岡淳子との初対談を収録したアディクション・アプローチの聖典！　　　　定価3,080円

価格は10%税込です。

II

討議

心の学が立ち上がるとき
──心理学と臨床心理学の「発生」と「歴史」

サトウタツヤ＋森岡正芳＋東畑開人

討議

心の学が立ち上がるとき
心理学と臨床心理学の「発生」と「歴史」

立命館大学
サトウタツヤ

立命館大学
森岡正芳

白金高輪カウンセリングルーム
東畑開人

私たちは「正しく」応答してきたか？
—— 応答責任（responsibility）の宛先

森岡 『臨床心理学』増刊号では，第12号「治療は文化である——治癒と臨床の民族誌_{エスノグラフィ}」に次いで，昨年の第13号は「治療文化の考古学_{アルケオロジー}」と題して，隣接諸科学の方々の力を結集しながら心理療法の世界と文化を論じてきました。私は以前から，臨床心理学が開拓してきた領野とは何か，そしてこの土地をどのように耕してきたのか，つまり耕作＝文化（culture）に関心をもってきました。臨床心理学という学問に固有の領域_{テリトリー}を確定することは，同時に，境界侵犯を防ごうとする囲い込みを作ります。事実，歴史のなかで臨床心理学をとらえると，心を囲い込む，いわば植民地化していく隘路に陥りやすい部分もあって，そこからどのように多様性の世界へと開いていくかという課題にも直面してきました。

そこで今回，治療文化論シリーズの第3弾を企画するにあたって，これまでのシリーズと同様，社会学，人類学，哲学，宗教学，そして精神医学など，臨床心理学の近接領域との対話を重視して，各学問領域で蓄積された人の心とその治癒の研究に接近しようと試みることになります。さらに今回の特集では，臨床心理学を専門とする研究者・実践家が，これら近接領域の学知に対してどのように応答するのかということも重視しています。これまで必ずしも豊かな相互交流があったとは言えない隣接諸科学への応答は，responsibilityが「応答」と「責任」を同時に意味する通り，われわれの仕事において重要な責務でもあるはずです。臨床心理学に近接領域との対話を開こうとする精鋭な問題意識は，共同編者である東畑開人さんのそれでもあります。

では，なぜ応答はこれまで微弱なものにとどまってきたのか。ひとつには，臨床心理学

における個人指導中心のトレーニングシステムが影響していたのかもしれません。師の教えを体得しようとする「師資相承」の姿勢は重要ですが，外の世界をかえりみる視点が失なわれるリスクも潜んでいます。そしてもうひとつの理由として，臨床実務のなかで自前の理論を立ち上げ，それを固めていくわれわれの傾向も，ともすれば他者——他の学派や理論——との対話を回避することにつながったのかもしれません。このような現状を踏まえて，臨床心理学をひとつの治療文化として位置づけながら，なめらかな応答関係を構築しようというのがこの特集号の主眼でもあります。

　そして時宜を得て，まさに満を持して，『臨床心理学史』（サトウ，2021）という大著・労作を発表されたサトウタツヤさんを，座談会にお招きすることになりました。臨床心理学が誕生するプロセスとその後の歴史をたどることで，ひとつの学問領域が形づくられていく様相を，この本から教えられました。サトウさんはこの本を慎重にかつ戦略的に書かれていて，出来事が生起した年代が主役の「年代記」という方法を選び，そして心理学者群像から日本人をあえて除いた形で，一人ひとりの記述を正確に積み上げている。サトウさんは元来，世界に広く開かれた研究スタンスをお持ちの方ですが，しかし臨床心理学を専門としないサトウさんがなぜあえて「臨床心理学史」を書こうとしたのか——われわれの関心と重ね合わせながら，まずお話をじっくり伺っていきたいと考えています。

歴史は「時間×物語」である
——『臨床心理学史』前史

サトウ　拙著への過分な評価をありがとうございます。もともと私は学部のときに歴史学に

しようか心理学にしようか迷って心理学を専攻したという経緯があります。卒業論文では質的研究，そして修士論文はそれに基づいた尺度研究をまとめ，量的研究の矛盾に突き当たっていろいろと迷った末に方向転換しました。修士論文は共同研究者と育児ノイローゼの研究をしていました。相関研究でしたが，ある要因がその後の要因の原因として捉えられがちであることの気持ち悪さや，（さまざまな条件が悪いと想定される）ドロップアウトした人たち抜きで，データが揃っている人たちだけのデータを扱うことでいいのか，というような疑問があり，この研究からはフェイドアウトしてしまいました。さらに，相関係数や知能指数や有意性検定の前提となる数値の扱い方が，心理学はちょっと違っているのではないかと感じて，心理学史の研究も始めることになりました。

東畑　それはいつ頃のことですか？

サトウ　1987年に修士論文を書いて，1990年に助手になり，1994年には福島大学に赴任したから，90年代のことですね。ちょうどその頃，『心理学がわかる。』（朝日新聞社アエラ発行室，1994）というムックの刊行計画が立ち上がって，私が編集の多くを手掛けることになりました。日本の心理学史についても書いてもらおうと，大御所の心理学者たちに依頼をしたところ，誰も書けないという事態に陥ってしまった。そこでやむなく後輩と連名で私が執筆したところ，それが編集者の目に留まり，『通史 日本の心理学』（佐藤・溝口，1997）という本につながっていきます。

　『通史 日本の心理学』の共編者だった溝口元さんは，血液型の疑似科学を研究していた生物学者で，90年代に新たに書ける学問分野なんて貴重だと面白がってくれただけでなく，学問史の方法論をゼロから教えてくれました。彼に生物学史・科学史の手法を教えてもらっ

たおかげで学問史の基礎ができた経験は，その後の私にとって大きな意味をもつことになりました。

少し略して（笑），下山晴彦さんから，東京大学出版会から刊行するシリーズのひとつとして「臨床心理学史」を書いてほしいと声を掛けられました。しかし，引き受けたものの，まったく書けなかったんです……その後，同じ東京大学出版会からのリバイバル企画として執筆したのが，この『臨床心理学史』というわけです――ここまでが『臨床心理学史』が生まれるまでの，ちょっと長い前史です。

森岡 まさに，人に歴史あり，ですね。

サトウ 先ほど森岡さんが本書のことを正しく「年代記（クロノロジー）」と評してくださいました。この本を「事典」だという人がいるのですが，この本は事典じゃなくて「年表」なんです（笑）。私は臨床実践をしているわけではないから限界もあるけれど，時間というものにこだわり抜いてこの本を書いたつもりです。私は，歴史とは「時間×物語」であると考えています。とはいえ時間だけでものごとを羅列したら味気ない。この本では愚直に，時間と物語の両軸に足を掛けて，臨床心理学の歴史を記述しようと試みたわけです。

さらに森岡さんは，この本には日本の臨床心理学のことが書かれていないと指摘してくれましたが，それは恩師・故詫摩武俊先生が日本臨床心理士資格認定協会と資格創設に深く関わっていて，批判的な面を論じることは難しいという私自身の限界もあったからです。2022年5月刊の『臨床心理学小史』（サトウ，2022）ではその呪縛から少しだけ解き放たれて日本の臨床心理学史にも言及しました。

それから歴史書としては異例なほど「注」が少ないのも特徴でしょうか。かつて一世を風靡した田中康夫の『なんとなく，クリスタル』は，注釈自体が独立した本文のようになっていましたが，その逆張りをする……どこかでそんなことも意識しつつ，本来なら「注」に書くべきことを本文に書き込んであります。本文を読んでいたと思ったら注になり，注を読んでいたと思ったら本文に戻っている……まあ，メビウスの輪みたいなもので，この本にはそういう楽しみ方もあるのかもしれません。蛇足の蛇足ですが，作家の藤原無雨[註1]の小説は，本文と注釈が一体となった文体でも注目されていることを最近知りました。

「時」を起動する
―― （臨床）心理学の発生 (genesis)

東畑 この本，本当に素晴らしいお仕事だと思いました。いろいろな思想や運動が支流として流れ込みながら，そして社会の変化を受けて，臨床心理学という大河ができあがっていくプロセスがレビューされている本です。僕がこの本を読んで話し合いたいと思っていたのは，この本の最も重要な骨格だと思われる，心理学と臨床心理学の関係についてです。本題に入る前に，いわゆる実験系というか基礎系の心理学史を書くのと，臨床心理学史を書くのとでは，執筆するうえでの苦労や違いはどこにあったのか，伺ってもいいでしょうか？

サトウ 私はこれまで，エドウィン・ボーリングの『実験心理学史』のような偉人伝ではない，歴史叙述（ヒストリオグラフィ）に基づく心理学史を書こうとしてきました。本書にはいろいろな人物が出てきます。また，フロイトから始まる歴史とは異なる臨床心理学史を書こうとしてきました。それが今回の拙著の特徴ではないかと思います。

東畑 サトウさんがこれまでに発表してきた心理学史を読むと，成立の瞬間みたいなところに心理学史のロジックと思想を集約してみようとしていることを感じます（サトウ，2011；サトウ・高砂，2022）。たとえば，どのように

してカントの「不可能宣言」からヴィルヘルム・ヴントに至るのかに焦点を置くことで，心理学史が構想されていますよね[註2]。つまり，サトウさんは心理学史を書くことによって，「心理学とは何か」という問いに答えようとしてきたと思うわけです。だとすると，『臨床心理学史』を書いたときはどうだったのだろうと思っているんです。

サトウ　「発生（genesis）」をどう捉えるか，ということですね。そこは私も意識してきました。何かがたちあがる瞬間を捉えたいのです。ところで，フランスの哲学者ジルベール・シモンドン[註3]をご存じですか？「個体化」を研究している哲学者で，個体化を考えるには個体から始めてはならないと彼は言います。つまり，個体はすでに始まりだから，個体以前から研究しなければ個体化のことは考えられない。同じように，歴史を考えるうえでの重要なポイントは，「時期区分」と「開始」を定めることです。それがなければ単に羅列的な年表になってしまう。だから歴史叙述では，記述者が責任をもって「時期区分」を定め，責任をもって「開始」を記す。そういう意味で発生にはこだわっています。

　これまで私たちが読んできた臨床心理学史は，往々にしてフロイトから始まっていました。今の臨床心理学は学習障害や発達障害などさまざまな領域に広がっていて，それが本当にフロイトから始まる歴史でいいのかという思いもあったし，フロイトから始まる臨床心理学史では，ライトナー・ウィットマーの活動や行動主義から始まる認知行動療法の功績をうまく物語に回収できないという気がしていて，心理学中心の臨床心理学史を書く必要性を強く意識していました。

臨床心理学の（複数の）歴史（histories）

サトウ　この観点からの歴史をようやく書き終えて，今は別のことも視野に入ってきています。『夜と霧』を書いたヴィクトール・フランクルも心理学者を自称しているし[註4]，ユングもモチロン心理学者だと思っていただろうし，さらにフランスにはピエール・ジャネによる心理学的医学の蓄積もあるわけで，ヨーロッパの心理学史を捉え直してみたいと思っているんです。

東畑　ご指摘の点は，興味深いところです。なぜ現象学者のメルロ＝ポンティがコレージュド・フランス[註5]の心理学教授だったのかということが，個人的にとても気になっているんです。

森岡　たしかにフランスにはそういった状況がありますね。フーコーもしばらくは心理学者だったわけですし，シモンドンもポワティエ大学で実験心理学研究所を率いていた心理学者です。そもそもフランスの教育カリキュラムが他国とは違っていますし，フランスはカトリックの伝統が強いことも，独自の心理学の展開を見せたことに影響しているのかもしれません。20世紀の前半までのフランス心理学は，モラルや良心，宗教的回心という高

サトウタツヤ

次の精神性に関する概念を包含しつつ展開しました。カトリックの修練のなかで修道女たちがヒステリーに類似する症状を呈したことにジャネが注目し，宗教的体験の心理学の先駆的研究をまとめたことなど，精神病理学と宗教学，心理学が独自にブレンドされている（ジャネ，2007）。

東畑 たしかにジャネも自分のことを心理学者と言っていますよね。でも，その場合の「心理学」って，いったい何を意味しているのでしょうか？

サトウ ジャネはサルペトリエール病院心理実験室の初代室長だったから，行動や言語を観察することを心理学と捉えていたのではないでしょうか。彼を室長に据えたジャン＝マルタン・シャルコーなど内科から神経科・精神科に移ってきた人たちは，精神症状を神経異常とする仮説を唱えていた。そのためには，精神症状を行為レベルで可視化する必要があると考え，「心理学」が必要になったのではないかと思いますね。

森岡 ジャネの言う「行為（acte）」は，アメリカ心理学の「行動」とは概念が異なり，主体や状況が含まれています。概念体系からして大きく異なっている。

サトウ アメリカ式の「行動」は，機能主義の影響を受け余計なものを剝ぎ取ったような概念だと思います。一方で，ヨーロッパの「行為」はそうではない。

東畑 このあたりの事情について，もう少しお聞きしたいです。ユングの言語連想実験も実験心理学の影響を強く受けています。たとえばエレンベルガーがそうですが，従来のオーソドックスな史観で言うと，アントン・メスメルからシャルコーへ流れていく催眠の系譜があって，心理療法史は心理学とは無関係のものとして描かれてきました。ところが実際には，特にヨーロッパでは心理学や精神分析は混ざり合いながら存在していた。ただしこの場合の心理学は，サトウさんがヴントを起点に描いた実験心理学由来の科学性を掲げる心理学に限定されず，実際にはゆるやかな運動体だったのではないでしょうか？

サトウ ええ，そうだと思います。心理学は実験心理学だけではないし，心理学や精神分析が混ざり合っていたと思います。そして，ヴントは今日の文化心理学にあたる「民族心理学」にも興味をもっていたし，精神性（mentality）の正常／異常を研究していた。フロイトはシャルコーの影響を受けて神経症の治療法の確固たる基礎をつくった人ですが，シャルコー以前のメスメルは治療の方法論を体系化することができずに歴史から退場していった。

今ではフロイトとともに語られる無意識概念だって，ひょっとすると誰かがすでに似たものを唱えていたのかもしれませんが，フロイトは無意識を体系化したうえに，後進の訓練に取り込んだことによって臨床心理学の「発生」に爪痕を残したと言えるわけです。

ヴントも同様に，グスタフ・フェヒナーの提唱した体系的な実験的方法を用いれば精神なるものを切り取れることを実証してみせた。そして各国からドイツのヴントの下に集った研究者たちが学位を取得して帰国した結果，フランスやドイツでは哲学のアカデミックポストが奪われるのではないかという危機感から論争が起こる。現象学者のフッサールが著した『ヨーロッパ諸学の危機と超越論的現象学』（フッサール，1995）は象徴的ですよね[註6]。

魂から心へ
——訓練・制度・知の生成

東畑 サトウさんは，フェヒナーの方法がヴントに継承されたと書いていて，実際彼の方法は実験心理学の祖だと思うのですが，なぜ心

理学史にあってフェヒナーは起源ではなく，前史として語られるのでしょうか？

サトウ それは，フェヒナーの関心が魂，特に死後の霊魂にあって，心理学に関心を持っていたわけではなかったからです。

東畑 なるほど。僕は学部の卒業論文で美の研究をしたのですが，そのときフェヒナーの実験美学論なんかを読んでいて，きわめて心理学的であると思っていました。実際，サトウさんの本を読むと，フェヒナーが心理学史に名を残しているのは，実験データに基づいてある現象を検証する実験心理学の方法論を整備したことにあって，その点がヴントに継承されたと書かれています[註7]。つまりこれは，フェヒナーは方法としては心理学をやっているのに，「まだ心理学ではない」という指摘でもありますよね。僕はいまいちその意味がわからなかったのですが，先ほどのご説明で謎が解けました。つまり，フェヒナーの研究対象が霊魂で，その対象が未だ心ではなかった，ということになりますか？

サトウ ご指摘の通りです。フェヒナーはその精神物理学において，前意識と意識の中間領域である閾値，そして閾値以下にある「魂」を捉えようとしたのですが，それはいわゆる「心」ではなかった。

東畑 もしかすると，ここは読者にとってわかりにくい部分かもしれませんので，もう少し別の角度からお伺いしてみたいです。エドワード・リードは『魂から 心 へ——心理学の誕生』のなかで，「19世紀末の新心理学の勃興に伴い，ソウル（魂）の科学という夢が徹底的に叩きのめされ，魂（ソウル）の科学に代わり，マインド（心）の科学というものが勝利をおさめることになった」（リード，2020，p.337）と述べて，心理学の誕生を論じています。ここでの議論は，その内容と重なる話なのでしょうか？

サトウ そうですね……そもそも魂の問題は，キリスト教文化圏以外では完全に理解しきれないという事情も考慮したほうがいいのかもしれません。魂の存在論について考える必要があるからです。天地創造に始まるキリスト教的世界観が依然として強く，死後は幸せになれると言われていた。ただ，「では，死後の存在はどうなるのか」という存在論の問いも同じくらい根強かった。フェヒナーも「死後の魂」に関する著書を著していました。

東畑 なぜ心理学は「魂の世界」から「心の世界」へ移行できたのでしょうか？

サトウ それはヴントを起点に考えるとわかりやすいと思います。ハイデルベルク大学の私講師として「生理学的心理学」などの講義を担当していたヴントは，不定給の身分で，教科書を書いて生計を立てるほかなかった。1874年に発表した『生理学的心理学綱要』は，版を重ねて読み継がれていく心理学テキストになります。この教科書は，内観心理学に実験生理学の手法を取り入れて，内観という他者にはわからない意識を捉えられるとして，生理学と心理学の「同盟関係」を確立したわけです。ヴントは実験心理学の方法による新たな知の産出と，それによる体系的な訓練を可能にした，いわば「システムの完成」によって近代心理学を成立させた立役者と言えるでしょう。

東畑 心理学が「心の世界」に移行できたのは，ヴントによる知の体系化が完成して以降，ということになるわけですね。

臨床の知・制度の力学

東畑 ここまでの議論を踏まえると，心理学という学問は，自らを根拠づけることにずいぶん苦しんできたことがわかります。そして，臨床心理学となるとなおさらです。僕らの学

問は自らを根拠づけたり，意義づけたりを試み続けてきましたが，その結果分裂が生じ，禍根が残り続けてきたという歴史があります。トレーニングを受けて，臨床実践をしていると，結果として変化や効果が起きるという手応えは確かにあります。でも，それを説明しようとすると，途端に難しくなります。確かに説得力のある理論はあるのですが，それは基本的に後付けであり，予測可能性が確かなものではありません。「結果」が先にあって，過去にさかのぼってその要因を「推論」して，そこからいろんな「概念」をつくって，その概念をふたたび現場に還元していく——そういう往復運動みたいなものから生まれるのが臨床心理学という学問です。プラクティカルなだけに，原理や原論を持つことが非常に難しいんですね。

森岡 臨床において起こったことを理論化する作業は，一見根拠を探っているように見えて，実際にはある理論をもとに現場で確かめ，合わなければ修正するという形で進んでいくところがあります。ですからその理論や根拠は一時点の限定されたものにすぎなくて，一般化が難しいという問題は残されますね。

サトウ 少なくとも臨床現場で起こっていることに，「AがきっかけとなってBを行った」というシンプルな原因−結果の図式は適用できない。「卵を落としたら割れた」みたいな因果関係で臨床心理学実践を考えられるはずがない。だからこそ，結果からでなければ説明できないメカニズムを理論化することはやはり重要で，その理論化の地位向上も必要だと私は思っているんです。

東畑 サトウさんの本が面白いのは，たとえばフロイト理論のような，何らかの理論的発展の歴史を描くのではなく，児童福祉，教育，医療などの臨床現場で心理職や心理の専門知が機能していく歴史を書かれている点です。

つまり何らかの必要性があって臨床心理活動が生まれるプロセスが描かれていく。ただし，この本には，大学というアカデミックな場所でこれらの臨床の知をどう扱っていくのかというもうひとつの焦点があります。この2つの極を行ったり来たりしながら書かれてもいますよね。

サトウ 先ほどの訓練の話にも通じることですが，知というものは制度があるから残ることは否定できなくて，その点で大学というのは，消滅することがほぼない，類まれなる持続可能な機関なんですよね。

東畑 僕はややそれは大学中心史観ではないかと思いました。心理学者の所属はほとんどが大学が中心ですので，心理学史は大学での歴史が書かれるわけですが，臨床心理学の場合は大学と現場が両輪です。たとえば，この本で問題とされているフロイトなんかは，大学の外の臨床現場で学問を構築していった人です。臨床心理学は，大学と現場という2つの中心を持つ楕円形をしているのではないかと思うんです。

サトウ それには同意します。大学でなくても教育機関でもかまわないと思いますし，フロイトの功績は，後進育成システムを作ったところだと思っています。

選別のポリティクス
——心理検査考

サトウ ここで，少し日本の状況も話しておきましょうか。私が関心を持っていた古川竹二の血液型研究（佐藤・渡邊, 1995）は，1932年に『血液型と気質』として刊行されています。大正年間の1920年代はエルンスト・クレッチマーが類型論を提起した時代で，古川の研究はまさに同時期です。その後，1970年代に入っても，古川の影響を受けた能見正比古が

『血液型でわかる相性』（能見，1971）を発表するなど血液型研究は命脈を保っています。

　古川竹二はなぜ血液型を研究したのか。東京大学教育学部を卒業した彼は，当時の女子にとって最高峰の教育機関だった東京女子高等師範学校（現在のお茶の水女子大学）附属高等女学校に勤めていた入試担当教員でした。大正年間の日本は都市化が進んで，都市問題や入試問題も浮上して，受験戦争が過熱していた時代です。そのなかで，純粋に能力を測れる知能検査を求める声が高まっていました。

東畑　個人のポテンシャルで選別しようとしたわけですね。

サトウ　その通りです。そして，知能検査という知的側面の試験と面接試験だけで選別することに反論したのが，古川竹二です。彼によれば，人間には能力だけでなく気質というものがあって，明るい子と物怖じする子がいるから，面接ではどうしても明るい子が有利になってしまう。この主張の背景には，知能だけでなく気質＝性格も科学的に捉えられるという発想があって，古川は血液型研究によって気質＝性格を科学的に解明し，面接という

気質＝性格の選別方法を補正しようとしたわけです。

東畑　心理学と血液型研究は表と裏のような関係になっていたということですね。これに関連しては，1970年代，日本臨床心理学会がYG性格検査（矢田部ギルフォード性格検査）に代表される心理検査を批判しています。なぜかというと，YG性格検査のなかに，近代社会で生きやすい人と生きにくい人を選別してしまう，暗黙の価値観が潜んでいたからなんですね。そう思うと，血液型の方が規範性が少なくて安全な装置だと言えるかもしれない（笑）。

サトウ　それは一周回って真実を衝いていると思います。

　偏見や差別は，人間をカテゴリーで見ることに端を発しています。女子受験者が不当な扱いを受けた医学部不正入試問題が話題になりましたが，女性というカテゴリーで見ることが問題なのであって，成績の良し悪しで個人を選別すること自体は問題視されないし，個性尊重であるとも言える。その点でフランスで知能検査を開発したアルフレッド・ビネも実に人道的だったと言えます。学校の成績

が悪い理由が，知的発達の問題なのか，本人が怠けているだけなのか，あるいは家庭や学校など環境の問題なのかを調べていくうえで，当時は親に質問する方法が主流でした。ところが「うちの子は優秀だから問題ない」と見栄を張る親もいるし，逆に「うちの子は駄目でどうしようもない，預けたい」と言う親もいて，これでは子どもの知能に応じた処遇を与えることは到底できない。そこでビネは，知的レベルの基準として子どもの年齢を使用することにして，平均的な3歳児が行えることを「3歳児レベル」とする基準を設け，目の前の子どもの知的レベルを測定しようとした。

森岡 ビネは，現場感覚に溢れる人物だったわけですね。知能検査を通して個人を見るという視点が現れたのは，そこには現場を大切にする臨床心理学の根があったからとも考えられます。その後の，心理検査は状況と個人を切り離す問題を含むという日本臨床心理学会などの批判は，ビネの功績を踏まえての，ただしコンテクストを異にした新たな問いかけでもあった。

「ウィトマー史観」を問う
——臨床心理学の多元的パラダイム

東畑 実は，ここからもうちょっと突っ込んで議論したいことがあって……それはサトウさんの本を貫く「ウィトマー史観」のことです。臨床心理学の歴史を描こうとするとき，この本ではその起源がライトナー・ウィトマーに置かれていますが，これが僕は納得いってないんですね。

ウィトマーが「臨床心理学」という名を初めて使った人物であることは知っていたし，1896年，ペンシルバニア大学に世界初の「心理学的クリニック（psychological clinic）」を開設したことがこの本で重視されていることも

わかります。ですが基本的に，ウィトマーはこれまでの臨床心理学においてそれほどの重要人物ではなかったですね。語源として引用されるくらいの感じです。実際，サトウさんの本の索引を見ても，フロイトの索引項目が一番多くて，ビネやアイゼンクなども分量が多いけれど，ウィトマーの項目数はそれほど多くないです……「なぜ臨床心理学の起源がウィトマーなのか」という問いについてはどのようにお考えでしょうか？

サトウ 歴史を記述するうえでは「開始」を規定することが大事ですから，「心理学的クリニック」を創設して訓練システムを構築したこと，そして1907年に "Psychological Clinic" という専門誌を創刊したことを評価して，ウィトマーを起点にしたわけです。あと，心理学で博士号を取得していたということを理由に挙げてもいいかもしれません。別のありえたかもしれない起点としては，行動主義心理学者のジョン・ワトソンでしょうね。

東畑 ワトソンはレジェンドですが，しかしウィトマーは，やっぱりレジェンドとは言えないかなと……

僕がこの本を読んで改めて感じたのは，臨床心理学というのは論争を続けてきた学問だということです。複数の潮流が入り混じっていて，それが学問内での正統や覇権を競って，争い続けているんですね。日本の1970年代以降の臨床心理学だって，この論争史を避けては語れないですし，2020年代になっても状況は大きくは変わっていないように見えます。

つまり臨床心理学という学問は，複数の潮流が合流している多元的学問ではないかと僕は考えているんです。フロイトの精神分析の系譜があって，スキナーやワトソンの行動主義の系譜があって，ロジャースの人間性心理学の系譜，そして心理テストを研究してきた人たちの系譜がある。この多元性と「起源」

という発想は相性が悪いと思うんです。つまり，起源となる人物名から出発して歴史を描くと，それを正統として位置づける権力が発動されてしまう。もちろん，すでに天下泰平となっていればそのような歴史を描くこともできるのでしょうが，臨床心理学は今でも論争的な学問としてあり続けているので，やはり複数の起源をもつ多元的な学問であるとするのが現実的ではないかと思ったのですが，いかがでしょうか？

サトウ 歴史叙述はやはりどこかの時点から始めないと，「ただ，いろいろなものが，ある」という羅列に過ぎなくなってしまいますからね……いろんな起源が同時多発的にありえた，というときに「たとえば○○や△△」と例示していくにしても，しゃべる順番がある。それなら起源を仮説として置きたいというのが心理学史的発想ということになりますね。

森岡 同時に歴史記述の方法論として，どこを起点にするかという問題もあって……

東畑 その起点って，やっぱり人物じゃないといけないんでしょうか？

サトウ 私の場合は，人物ではなくクリニック・制度を重視しています。『臨床心理学史』で思いのほかフロイトへの言及が多いのは，スーパーヴィジョンの制度化や概念の理論化を評価しているからであって，精神分析の内容やフロイトの人物像を評価してのことではないんですね。これは何を考えているかと言うと，つまり後世に残した影響を重視しているわけです。1896年のウィトマーによる「心理学的クリニック」開設は違う光を当てられてもいいと感じてます。またこの時期には同時多発的に，いろいろなところでさまざまなことが起こっている。ドイツでクレペリンが『心理学研究』誌を発刊したのは1895年，イギリスで精神科医のモーズレーが『心の病理学』を出版したのは1895年，フランスで『臨床心理

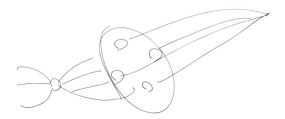

図　複数に分岐するものの収束点

学・心理療法雑誌』誌が発刊されたのは1897年です。そこで「1896年」に起点を置いたらどのような臨床心理学史が見えてくるのか，という問いかけでもあります。

東畑 なるほど。だとすると，余計に起点をウィトマーに置くという図式はやはり成立しがたい気がするんですよね。

サトウ うーん……ちょっと図を描いて説明してみてもいいですか？

東畑 ぜひお願いします！

サトウ つまりこういうことです（図）。この本では，複数に分岐しているものの収束点を描き出そうとしているんですよ。

東畑 これはよくわかります。つまり，ここでは収束点が心理学というディシプリンに置かれていて，そこになだれ込んでいくためには，起点に置く人物はウィトマー以外にいないということです。ウィトマーはヴントの弟子ですから，心理学の系譜に臨床心理学を置くにはそれが適切です。

　ですが，問題は臨床心理学が心理学の応用分野であることについては，常に論争があったことですね。つまり，ウィトマーを経由しない系譜があり，それもまた臨床心理学の豊饒さを支えているものです。この場合，ウィトマーを経由しなかったそれらの系譜はどうなっていくんでしょう？

サトウ これは難しいな。しかし，精神分析などは欧州で不遇だった時期に，アメリカで講演することをきっかけに機能主義や生後環境

森岡正芳

重視主義と合流することになった。その精神分析は，医師だけで運営することもできたのかもしれませんが，それだけでは学範（ディシプリン）を維持できなかった。アメリカで活躍した非医師のエリクソンを排除した精神分析は今では想像できないと思います。

　心理学という学範（ディシプリン＋discipline）──「学問分野」であり「規律＝しつけ」──の根本があって，その起点をウィトマーのペンシルバニア大学におけるクリニック開設に置こうとしたわけです。そうでなければ複線性の収束点という議論にはならなくて，単なる並列化にしかなりませんから。

東畑　臨床心理学のトレーニングを担ってきた大学を重視するということですね。ただ，先ほどもお話ししたように，臨床心理学は大学と現場の2つの中心点を持つ楕円だとも思うんです。

森岡　トレーニングの専門機関や制度の起点をどこに位置づけて歴史を記述するのかという視点を意識されたことは，サトウさんのスタンスがはっきり表明されている。そこには当然，資格の問題も関わってきます。心理職一人ひとりは個人ではあるけれど，同時に制度に係属する存在でもあって，そこに複数の線が収束されているというのがサトウさんの歴史記述の方法と言えるわけですね。

境界からの生成
──拡張するディシプリン

東畑　ここに見られるある種の「混乱」は，心理学に固有のものでもあります。先ほどからヨーロッパの話も交えながら，僕らはずっと，ふわっとした広がりがあるものとしての心理学／臨床心理学の話をしてきています。

　ただ大学教育においては，ディシプリンとしての心理学を凝縮させた形で教えていきますよね。しかし，臨床心理学はふわっとした広がりをもつものであるので，そのあたりの正統性や根拠づけをどうするかという問題が残ります。

サトウ　機能主義や行動主義によって行動の形成と消去の問題を論じられるようになったことは，心理学がひとつのディシプリンとして受け入れられた大きな理由のひとつだったと思います。つまり，心理学ではあるけれど「心」は見ない，「行動」しか見ない，という理念によって心理学を基礎づけ，問題行動の消去なども教えていく。

東畑　これはすごく面白いところですね。行動主義のハードな理論構築はそれとしてしっかり確立されているけれど，それとは別に，心理学というディシプリンのなかにはロジャースの系譜も内包されていて，そのロジャースはアメリカ心理学会（APA）の会長にもなっている。行動主義に比べると，ロジャースはサイエンスとしての心理学を探究してはいないように思えるのですが，なぜ彼のような人物が心理学のなかで場所をもてたのでしょうか？

サトウ　ひとつには，ロジャースが心理学をプロパーで研究していなくて，結果的に心理学に落ち着いたということ，また，そのとき医学など他の学問との討論を辞さなかったことが影響しているかもしれません。そして，効果の研究など実証的な姿勢を強く持っていたことも心理学に親和性があったと言えるかも

しれません。４分しか録音できない蓄音機を２台用意してカウンセリング場面を書き起こした，なんてのはまさに心理学的だったと思います。

森岡 ここまでの議論はおそらくつねに心理学に付きまとってきたものです。たとえば，一度は打ち捨てられたかに見えた「魂」というテーマも，幾度となく心理学のなかに回帰してきます。東畑さんは霊的治療文化と心理学的治療文化の境界領域としてのこの現象を「心未満」と表現していますね[註8]。この「心未満」は，ワトソンのリジッドな行動主義心理学でさえ完全に捨象することはできなくて，心理学というディシプリンにはそれを受け入れる「器」がどこかに用意されているとさえ言えるのかもしれません。

東畑 それって心理学の不思議なところで，懐の広さでもありますよね。先ほどサトウさんは，ロジャースが他の学問との討議をいとわなかったとおっしゃっていましたが，ロジャースの実践が心理学として認められているからこそ，心理学者としての議論が成立するわけですよね。行動主義からみたら心理学に含まれそうにない人間性心理学は，どういうロジックで心理学のディシプリンに内包されると言えるんでしょうか？

森岡 ロジャースの人間性心理学は「第三の勢力」，精神分析でも行動主義でもない新たな潮流として登場してきましたね。

サトウ まさに「第三勢力」という位置取りで，精神分析と行動主義に対するカウンター，そしてまさにアメリカン・スピリッツそのものでもありました。ロジャースは，「生まれる前」ではなく「生まれた後」が大事であるということでは精神分析や行動主義と一致していたけれど，「問題」ではなく「個人の成長」を目指すのが心理療法だと主張したところが斬新だった。母子関係に問題があったとか，

条件づけに問題があったとする既存の他学派に対する「希望の心理学」のようなポジションで，彼の登場はわれわれが考えるよりずっと大きなインパクトをもっていました。

東畑 ロジャースが「第三勢力」として位置づけられたインパクトはよくわかります。ですが，「あれは心理学じゃない」と言われかねない存在が，なぜ心理学のディシプリンに置いておけるのか，その理由がもうひとつよくわからないんですよね……

サトウ それは，頭の切れる「いいかげんな人」がいたからでしょうね（笑）。具体的にはゴードン・オルポート。ハーバード大学で教鞭をとっていたオルポートは，1932年に『キャラクターとパーソナリティ（Character and Personality）』という学術誌の創刊にも参加し，行動主義が興隆してきたタイミングで人間関係学という学問，いわば文学部における心理学を体系化した人物です。今でこそ心はそういうものだと考えられているけれど，彼にはその先見の明があった。頭の良い「いいかげんな人」なんて言ったら怒られますね……「想像力に富む体系的な折衷主義者」でしょうね！

東畑 オルポート……なるほど！

森岡 パーソナリティ特性論で知られるオルポートですが，一方では人間の個別存在への志向性，今で言えばナラティヴ・アプローチに近いことにも関心を持っていた人です。晩年のオルポートは「形態生成的（morphogenetic）」というアイデアを考案して「形態生成的心理学」を提唱しています。ドイツの作家ゲーテに独自の自然科学にも通じる考えで，臨床心理学の伏流水的な基礎にもなりうるものですし，臨床心理学の包容力をよく表している学説だと私は考えています（森岡，2002）。

東畑 非常に面白い話ですね。心理学が「非－心理学」をも生み出していく。

サトウ そして，それをつなぐ人が歴史上のど

こかに存在しているということですよね。それを丁寧に見つけていきたいですね。

歴史を逆なでに読む
——福来友吉と透視・念写実験

東畑 一方で，歴史をひもといてみると，心理学という学問の内部では排他的な議論も起こってきました。それこそ1970年代の日本臨床心理学会における抗争も，病院に勤務する心理士と大学との論争から発展したわけで……この事実をどう考えたらいいでしょうか？

サトウ この東畑さんの問い，私は「福来問題」が大きく影響している気がするんですね。

東畑 ぜひその話を聞かせてください。

サトウ かつて日本に3人しか心理学者がいなかった時代があって，東京帝国大学心理学教授の元良勇次郎，その弟子で京都帝国大学に赴任した松本亦太郎，元良の下で東京帝国大学助教授になった福来友吉，この3人が日本の心理学をリードしていた。つまり，実験，発達，臨床の3本柱だったわけです。このうち福来は催眠術研究もしていて，催眠実験のときに透視ができる人を見つけたと思ってしまい，それが後に大問題に発展します。透視といっても手紙を使った通信実験で，「封筒のなかにある手紙の文字を読んでください」と封筒を送って，封が開けられていないことを確認して透視の成否を判定するという少々怪しげな手続きの実験です。

東畑 僕は仙台と岐阜，両方の福来記念館に行きました。鉛のなかに詰めた紙に書かれたものを透視する実験で，面白いのは，紙に書いてある言葉です。僕らだったら「A」とか「B」と書きますよね。ところが，福来は「神」って書いちゃうんですよ（笑）。つまり福来における透視のイマジネーションには明らかに宗教的ファンタジーが入り込んでいるわけですよね。

サトウ 実験も最初は封筒，次に鉛になって，最終的にはガラスに焼き付けた写真のフィルムに念写をしようとする。実際，感光によって何らかの像が浮かんできたらしく，福来はそこに念写という現象を「発見」した——「福来先生，それはフィルムを開けたからじゃないですか？」と指摘したくなるところですが……

東畑 そのイマジネーションが素晴らしいですよね。

サトウ 徐々にエスカレートして武田信玄や親鸞の像が出てくる。

森岡 たしか空海も出てきましたね。

東畑 ついには月の裏側まで撮ってしまう。素晴らしいですよ。

サトウ 誰も行ったことのない月の裏側を念写してもらえば準備はできない，というロジックでした。一方で正解が誰にもわからないということは置き去りにされ，福来からすれば念写は成功したことになる……当時すでにレントゲンの技術は日本にも導入されていて，レントゲンで骨格が見えるなら，精神の力だって公開実験で検証すればいいという発想だったのですが，実験をすればするほど透視なんてありえないとわかってくる。念写に至っては弟子たちからも疑念の声が上がったらしいのですが，福来本人は真剣だった。

東畑 福来の催眠心理学の本を読んでみると，彼が催眠を使っていた臨床場面が詳しく書かれていて，面白いんです。なかなか催眠が効かない相手には，「両親が悲しんでるぞ」みたいな儒教的道徳に訴えかけたり，「気合い術」という山伏由来の霊術に連なるテクノロジーを使っている記述もあります。つまり霊術の流れと，実証的な実験心理学の流れが，福来の臨床現場において交差している。患者の側が霊術的なものを求めることも大きかっ

たと思います。社会はまだ科学的じゃなかったんですね。ですから，そういう混沌とした状態のなかで，福来は東京大学を追放されてしまう……これは臨床心理学がアカデミアからパージされてしまうことにつながっていきます。

サトウ 福来も恩師の元良勇次郎が生きているときはおとなしくしていたけれど，元良が亡くなった後，『透視と念写』という本を1913年に刊行します——透視は存在することを宣言する前書きと共に（福来，1913）。結果，彼は東京帝国大学を追われてしまう。端から見たら福来は常軌を逸していたと思われたのでしょうね。

東畑 ある意味，明治大正の「研究不正問題」ですよね。

サトウ ええ，まさに。代わりに日本の心理学を託された松本は，失った心理学の威信を取り戻すためには正常な方法による正常な研究が必要だと判断して，知能検査に主戦場を置くことになります。私の恩師の故詫摩武俊先生が東大の学生だった時代には，福来という名前を出すことすらタブーだった雰囲気だったらしいです。

東畑 異常心理学がタブー視されたということでしょうか？

サトウ 異常心理学や福来的な研究がタブーとされたということですね。ただし福来本人は高野山大学で教鞭をとるなど意気軒昂でした。大正年間には，民間の専門誌もいくつかあったし，フロイトに直接会った研究者もいたけれど，心理学を研究する後進が育たなかった。正統な学問として制度内に位置づけられていなかった。

話は飛びますが，戦後，アメリカから研究者が来日して講義を行ったり，フルブライト留学で渡米したりする人も現れるなかで，臨床心理学を学ぶ世代が現れてくる。その彼らが中堅世代になって，国内にも学会や資格をつくろうという制度化の熱が高まっていきます。

アカデミアと野生の知
——制度と臨床の緊張関係

東畑 そして1968年，反精神医学や反臨床心理学の波が押し寄せる……1900年代に生まれた戸川行男という臨床心理学者がいますよね。『臨床心理学論考』（戸川，1971）という臨床心理学の教科書を発表した戸川は，日本臨床心理学会で活躍して，改革運動後も学会に残り続けます。この辺りは苦悩もあったと思うのですが，面白いところです。

つまり，何の話をしているかというと，大学と臨床現場，アカデミアと在野の問題は骨絡みのごとく臨床心理学に付きまとっているということです。福来のエピソードも，臨床心理学がつねにアカデミアとは相容れない在野の部分を持っていて，それが社会のニーズやムードに左右されることを物語っています。1970年代の反臨床心理学の時代には，アカデミアに対する在野の知が一気に噴出することになったし，そのパワーバランスはそのときどきで変わっていきます。

東畑開人

森岡 この問題を考えるうえで大切なのは，クライエント・当事者をどう考えるかということです。限界が差し迫ったクライエントの立場からすると，治るのであれば方法は問わないという心情もありえます。民間信仰でも霊能者にお世話になるのもいとわない。その渦中にあって，いろいろな治癒の形をブリコラージュしながら，自分たちが治る方法，救われる方法を探っていくのは，ある意味自然なことです。そのとき専門家の側の治療方法論や制度のことはもはや問題にさえならない。ここにはきわめて大きな問題が潜んでいます——つまり，クライエントが探究して動かしている治療文化のある部分は，それを野生の知と名づけてよいかもしれませんが，臨床心理学の専門家からは見えていない可能性があるということです。

東畑 これはたしかに大きな問いです。ジャネは『心理学的医学』で信仰治療を心理学的に解釈していますね。日本であれば井上円了もその系譜かもしれません。治りたいという民衆の思いに対し，心理学の側では「それは神様の恩寵ではない」「妖怪の仕業ではない」という解釈を展開して，そのなかから心理学なるものの輪郭が形成されていく。ですが，ふたたびクライエントから「それじゃ治らないじゃないか」という突き上げを喰うこともあって……臨床心理学という学問の内部には，つねに何らかの緊張関係が走っていた。

森岡 それはクライエントが発する言葉の意味にも関わってきます。たとえば，他者の喪失とその悲嘆に関わるグリーフケアでは，クライエントの痛み・苦しみは投薬だけでは治癒に至らない。しかし苦しくて悲しいことは確かですから，それを軽減しようと考えるときに，「この苦しみは神の試練である」と考え，苦しみや悲しみの「意味」を読み替えていく心の作業をひそかに続けている。もちろん，

グリーフケアがスピリチュアリティの問題だけに収斂するわけではありませんが，悲しみをどのように癒すのか，他者の死をどう考えるのか……一人では思考停止してしまう人たちもいるし，苦しみから心を閉ざし，人生のすべてが治療対象に覆いつくされてしまいそうな方もいます。そういう方々が，臨床心理学のどこに一縷の光明を見出していくのか。こういったクライエントの目線から眺めた臨床心理学というものがありうるのでしょう。

サトウ 「臨床心理学クライエント史」は書かれるに値する研究ですね。

東畑 日本臨床心理学会関連の本には当事者の方がたくさん登場していて，当時，とても先駆的な試みだったはずなんですよ。精神医学系の学会ではあそこまではやらなかったという意味でも，臨床心理学はかつてクライエントと極めて近いところにいた。ところが，その後日本心理臨床学会が専門性の確立に力を注ぎ，そちらがメインストリームとなるなかで，当事者的な視点は薄まっていきました。

森岡 当時の日本臨床心理学会には，専門家のトレーニングシステムがなかったことも影響しているのかもしれません。トレーニングシステムが整備されるのは，当事者たちの自助の精神から，小集団の活動を活性化させ，社会的な発言力を高めていくことで，支援者との交流の機会を持つようになってきてからのことです。もしその動きがもっと早かったら，日本臨床心理学会のポジションも大きく変わっていたかもしれない。

サトウ 日本臨床心理学会は社会と当事者の媒介になることもできたかもしれませんが，それは実現できなかった。当時の反臨床心理学運動では「専門性の否定」が語られていたからです。1968年の反臨床心理学運動後，やはり支援者には専門性が必要だと論じられるようになったことは，その後の臨床心理学を大

きく動かす原動力になったとも言えます。

　実際，料理も散髪も資格がなくても技術的にはできるかもしれないし家ではやっている。でも資格を持たない技術者のところに孫を連れて行くだろうか……という話もあります。孫を連れて行くなら最低限の保証がほしい。それが資格だと思います。臨床心理実践が公共サービスと考えればなおのことですよね。現実には「治るのであれば手段は問わない」という考え方もあるなかで，今は，「誰が責任をもって支援を担うのか」ということが問われている。

森岡　公認心理師制度はまさにそこに応えるものですよね。ここにはふたたび冒頭で掲げた問い，「応答と責任（responsibility）」のテーマが迫り出してきているように思います。そして責任をもってクライエントに応答する支援者という存在は，個人的資質もさることながら，制度におけるポジショニングの議論とも切り離すことはできない。

サトウ　日本臨床心理学会が「当事者性」を重視した事実は評価されるべきです。ただ，その後の歴史を丁寧にたどってその帰結を見ていくこと，つまり制度化の方向へ進んで専門性を追究することになった現実を見据えることも大切だと思います。

そして，知は続く——

森岡　「心理学の科学性」に対する「臨床心理学の臨床知」という図式が設けられ，かつて境界の画定が問われた時代があったことは事実です。サトウさんの本では，ハンス・アイゼンクについて，今や捏造問題ばかりが取り上げられ評価は大きく揺れてはいますが，その統計的手法を用いた尺度開発のことも綿密に書かれていますね。「心理学の科学性」と「臨床心理学の臨床知」という図式から考えたと

き，このテーマに対するサトウさんの歴史記述における戦略はどのようなものだったのでしょう？

サトウ　アイゼンクの代名詞とも言える性格研究には深く言及していませんが，精神分析の実証性の瑕疵に痛烈な批判を浴びせ，行動主義によって神経症のメカニズムを解明して治療しようと試みたアイゼンクの試みには注目しています。なぜ彼があそこまで精神分析を嫌悪したのかは，さまざまな個人的事情もあるのでしょうけれど，いずれにしてもイギリスの制度のなかでは，効果の問題を抜きにして先へは進めなかったからだと思います。それにアンナ・フロイトとメラニー・クラインの論争のように，ひとつの理論は反論によって鍛えられるということを考えるなら，アイゼンクによる精神分析の効果に関する批判が後に果たした機能は決して小さくなかったはずです。

森岡　アイゼンクもユダヤ人で，フロイトの精神分析への同族嫌悪もあったのかもしれません。同時にアイゼンクによる内向と外向という概念には精神分析との同時代性も感じられ，そのなかで自らの打ち立てた概念を提唱するには，まったく異なる方法論を提示する必要があったのかもしれません。

　ちなみに，アイゼンクに反論して心理療法の共通要因を抽出しようとしたのが，P-Fスタディ（Picture-Frustration Study：絵画・欲求不満スタディ）を開発したアメリカの精神分析家ソウル・ローゼンツヴァイクです。サトウさんの本を読みながら，アイゼンクに反論しながら心理療法の共通要因に踏み込んでいくローゼンツヴァイクの姿勢が後に臨床心理学に与えた影響については，改めて掘り起こされる価値があると思っています。

サトウ　それこそ先ほどの専門資格の話ではありませんが，心理療法に効果があって初めて

資格の必要性がクローズアップされていきますからね。一方で，たとえば風邪で完治前にドロップアウトしたからといって治療に効き目がなかったわけじゃない——わざわざ「治りました」と病院に言いに来る人なんていないですから。それなのに，「心理療法なんて脱落者ばかりじゃないか」と鬼の首を取ったみたいに批判するのもおかしな話で，先人たちがさまざまな観点から築き上げてきた臨床心理学史の生成プロセスを，この本から学んでもらえたらうれしいです。この本では，年表と引用文献など相当いろんなものを読んでリストにしているから，臨床家のみなさんには，新たな問いに基づく臨床心理学史を書き継いでもらいたいと思っているんです。そして若い研究者には歴史をさらに精緻にたどって，たとえばクライエント史のような独自の観点からの研究も続けてほしいですね。

森岡　サトウさんが跡付けた地点から出発すればいい……これは勇気づけられますね。

東畑　サトウさんの素晴らしい本を，臨床心理学をやっている人はみんな読むべきだと思います。自分たちがどのような過去を背負っているのかを知ることで，社会のなかでの臨床心理学の場所が見えてくるはずです。そして同時に，臨床家はその歴史を臨床心理学者ではなく，心理学者が書いたことの重みを受け止める必要もあります。「臨床心理学とは何か」を臨床心理学者が歴史を踏まえて書く作業が必要です。そのためにも，こうして議論がなされていくことが重要と思います，僕がこの座談会でサトウさんの「ウィトマー史観」に反論させてもらったように。心理学と臨床心理学のあいだ，あるいはアカデミアと在野のあいだには緊張関係があり，それが豊かな成果につながっていくのが臨床心理学のいいところのはずです。臨床心理学だけじゃないですね。議論によって学問は豊かになる。

サトウ　それが学問の使命ですよね。問いがある限り，学問は続いていくわけだから。

［2022年3月31日／立命館大学大阪茨木キャンパス］

▶註

1 藤原無雨（ふじわら・むう）。1987年兵庫県姫路市生まれ。2020年『水と礫』（河出書房新社）で第57回文藝賞受賞。最新作に『その午後，巨匠たちは，』（河出書房新社［2022]）がある。

2 ドイツの哲学者イマニュエル・カント（Immanuel Kant）は『自然科学の形而上学的原理』(1786)において「心理学は科学になれない」と述べ，「カントの不可能宣言」と呼ばれている。その後，「カントの不可能宣言を乗り越える形で心理学は科学化していく」（サトウ，2022, pp.16-17)。

3 ジルベール・シモンドン（Gilbert Simondon）はフランスの哲学者。個体化の理論を提唱したことで知られる。主著に『個体化の哲学——形相と情報の概念を手がかりに』（法政大学出版局［2018]）がある。

4 『夜と霧』の原作の主題と副題を日本語にすれば，「…それでも人生にJaと言う。或る心理学者，強制収容所を体験する」であり，フランクルは心理学者だと自認できるようなドイツの学問的文脈があったということである。

5 コレージュ・ド・フランス（Collège de France）は，フランスの国立特別高等教育機関。「数学・物理・自然科学」「哲学・社会学」「歴史・文献学・考古学」「医学・生物学」など諸部門を擁して，ポール・ヴァレリー，ロラン・バルト，クロード・レヴィ＝ストロース，アンリ・ベルクソンなど，著名な知識人が教鞭を執った。

6 フッサールは『ヨーロッパ諸学の危機と超越論的現象学』において，「心という一定の領域についての一個の科学」にすぎない心理学に代わって，「心理学は超越論的哲学に合流しなければならない」と述べている（フッサール，1995, pp.486-488)。

7 『臨床心理学史』における該当箇所では，以下のように論じられている——「精神物理学を標榜するフェヒナーが心理学史に名を残しているのは，彼が恒常法，極限法，調整法などの実験法を工夫して様々な実験データをもとにこの法則を探求したからである。つまり，実験者が被験者（実験参加者）に対して刺激を制御する方法を整備したことが歓迎されたのであり，心理学が発展するために有効な手立てとなった。カントの『心理学は科学になれない』宣言という呪縛を克服するための武器を心理学者に提供したのは，フェヒナーだったと言えるのである。［…]フェヒナーの実験方法を重く受け止めて使用したのがヴントであるなら，フェヒナーの思想部分を重く受け止めて自らの思想を展開したのが精神分析の創始者フロイトである」（サトウ，2021, p.51)

8 「平成のありふれた心理療法」では，以下のように論じられている——「共同体優位の社会では問題を外部に見出す霊的治療文化が機能していたが，共同体が解体し，個人化が進んだ社会では，問題を内部に見出す心理学的治療文化（すなわち心理療法）が必要とされる。個人が生の参照枠を外部にある共同体ではなく，自己の内面へと求めるようになるとき，心理療法というテクノロジーが成立する。そして，そのテクノロジーによって，社会はますます個人化していく。社会が心理学化することで心理療法が生まれ，心理療法によって社会はさらに心理学化していくということである」（東畑，2020, p.10)

◉文献

朝日新聞社アエラ発行室（1994）心理学がわかる．朝日新聞社出版局．

福来友吉（1913）透視と念写．東京宝文館．

エドムント・フッサール［細谷恒夫 訳］(1995)ヨーロッパ諸学の危機と超越論的現象学．中央公論新社［中公文庫].

ピエール・ジャネ［松本雅彦 訳］（2007)症例マドレーヌ——苦悶から恍惚へ．みすず書房．

森岡正芳（2002)生命・体験・行為——ゲーテを源泉とする心理学．モルフォロギア：ゲーテと自然科学 24；108-120.

能見正比古（1971)血液型でわかる相性——伸ばす相手，こわす相手．青春出版社．

エドワード・S・リード［村田純一ほか 訳］(2020)魂から心へ——心理学の誕生．講談社［講談社学術文庫].

佐藤達哉（1997)知能指数．講談社［講談社現代新書].

サトウタツヤ（2011)方法としての心理学史——心理学を語り直す．新曜社．

サトウタツヤ（2021)臨床心理学史．東京大学出版会．

サトウタツヤ（2022)臨床心理学小史．筑摩書房［ちくま新書].

佐藤達哉，溝口元（1997)通史 日本の心理学．北大路書房．

サトウタツヤ，高砂美樹（2022)流れを読む心理学史［補訂版].有斐閣．

佐藤達哉，渡邊芳之（1995)古川竹二の血液型気質相関説の成立を巡って——大正末期〜昭和初期におけるある気質論の成立背景．性格心理学研究 3-1；51-65.

戸川行男（1971)臨床心理学論考．金子書房．

東畑開人（2020)平成のありふれた心理療法——社会論的転回序説．In：森岡正芳 編：治療は文化である——治癒と臨床の民族誌（臨床心理学 増刊第12号).金剛出版，pp.8-26.

好評既刊

Ψ金剛出版 〒112-0005 東京都文京区水道1-5-16 Tel. 03-3815-6661 Fax. 03-3818-6848
e-mail eigyo@kongoshuppan.co.jp URL https://www.kongoshuppan.co.jp/

病いは物語である
文化精神医学という問い

[著] 江口重幸

精神療法は文化とどこで出会うのか。心的治療の多様性を明らかにし，臨床民族誌という対話的方法を日常臨床に活かす実技として捉えようとする試み——。"専門分化した現代医療は患者を癒すのに必ず失敗する"とA・クラインマンは半世紀前に論じた。そこから出発した臨床人類学や文化精神医学はどこまでたどり着いたのだろうか。治療における物語（ナラティヴ）と対話，臨床民族誌的方法，力動精神医学史や治療文化，ジャネの物語理論，民俗学への架橋，そして今日の精神医療の変容。21の論文とコラムで現代精神科臨床の全体像をたどるライフワークである。　定価5,720円

ヘルマン医療人類学
文化・健康・病い

[著] セシル・G・ヘルマン
[監訳責任] 辻内琢也　[監訳] 牛山美穂　鈴木勝己　濱 雄亮

今日ほど健康と病いへの，そして医療への文化的，社会的要因の影響が注目される時代はない。医療人類学は，現代社会において医療従事者に求められる「文化を理解し対処する能力」の基盤である。「健康・病い・医療・文化」にかかわるあらゆる領域をカバーし，人類学の理論と世界各地の膨大な事例研究が平易な記述でまとめられた本書は，あらゆる臨床における患者理解の手引きとして，現代の医療と文化・社会を考えるための重厚な入り口として参照されるべき大著である。　定価13,200円

恥の烙印
精神的疾病へのスティグマと変化への道標

[著] スティーブン・P・ヒンショー
[監訳] 石垣琢麿　[訳] 柳沢圭子

社会一般からだけでなく，他の当事者や医療者からもスティグマが与えられてしまうという事実，さらに精神医療全体に対する社会からのスティグマは根強いが，2016（平成28）年に「障害者差別解消法」が施行されるなどスティグマ軽減のための法整備は進み，日本におけるアンチ・スティグマ運動は活況を呈している今，本書は精神医療および関連領域の初学者のテキストとなることはもちろんのこと，ベテラン臨床家や研究者が自らのポジションを問い直すうえでも極めて有用といえる。　定価9,020円

価格は10%税込です。

III

臨床心理学を外（アウトサイド）から見る知

ジャネの初期論文を読む

一般財団法人精神医学研究所附属 東京武蔵野病院

江口重幸

はじめに

2005年に，ピエール・ジャネ（Pierre Janet [1859-1947]）の最初期の6つの論文を集めた選集が刊行されている。これらは22歳でル・アーブルのリセの哲学の教職に就いたジャネが，1885年から1888年の期間，つまり20代後半に発表したものであり，博士論文『心理学的自動症』（Janet, 1889）への助走のような視点が散りばめられ興味が尽きない。ジャネは今日，解離や外傷的記憶と結びつけて考えられ，それらの概念の萌芽も盛り込まれているが，一方で動物磁気的部分も多く，やや困惑するような複雑な実験が記されている。

以下の論考では，ジャネの解離や外傷性記憶が発生する原基のようなこれらの論文を，同時代の背景とともにたどりたい。そして今日催眠に限らず，被験者（患者やクライエント）が施術者（治療者やセラピスト）の意図をあらかじめ汲んで，それに沿って期待されるものを実践してしまうという，後に述べる「コンプレザンス」や「ベルネーム＝デルブフ効果」と名づけられる相互行為的現象を再検討したい。

1886年という転回点

私はかつて，シャルコー（Jean-Martin Charcot [1825-1893]）の講義録の面白さに魅せられ，そ

れらと深くかかわる催眠やヒステリーに関心を持った。シャルコーの主著である『神経病学講義』第III巻と，『火曜講義』第1巻はともに1887年に刊行されている。そして"psychotherapie"という用語の出自をたどると，催眠治療に端を発し，1886年前後にすべて立ち上がってくる概念であることに気づかされる（Bulhof, 1981）。これは私一人の思い込みといわれそうだが，W・ジェイムズも『宗教的経験の諸相』の中で，自分が心理学の研究者になって最も重大な前進は「1886年にはじめてなされた発見」（James, 1901-1902［邦訳，1969［上］, p.350]）であると述べていることを指摘したら信じてもらえそうであろうか。簡単に言えば，通常の意識とその周辺といういわゆる意識の場というものがあるが，その周辺の外に確かな根拠を持つものが，さらに「一群の記憶，思想，感情の形で付加的に存在しているという発見」を指している。私はシャルコーの記述した，画然と鑑別可能な催眠の3段階（カタレプシー・嗜眠・夢中遊行[註1]）とヒステリー研究を中心に，この時代のさまざまな心理学派が開花していったと考えている。それは人間の精神活動（心的装置）と神経＝筋（人間機械）をめぐる画期的ともいえる定式化であった。科学的，唯物論的といわれる彼の神経病学や生理学的心理学の視点は，夢中遊行などの支配する未踏の領域を横断する際の道標だったのである。

ジャネの初期論文

ジャネの論文に戻ろう。これらの論文の面白さは，心霊研究や動物磁気とも重なる，透視や夢中遊行を含む多様な現象が吟味され，その残滓を含みながら解離や人格の多重性といった新たな心理学的枠組みへと剪定され，整序されるのを見ることができる点であろう[註2]。

ジャネの初期の数編の論文の中心はB夫人（Mme B）である。この女性は後にリシェ（Charles Richet［1850-1935］）の被験者にもなり，そのときからレオニーと実名で記され，さらに今日では生活史も肖像も明らかになっている本名レオニー・ルブランジェ（Léonie Leboulanger［1832〜没年不詳］）という女性である。ブルターニュの農家に生まれ，結婚して2児をもうけ，ジャネと会ったときは45歳であった（『心理学的自動症』（1889）の主要な事例4名の一人として巻末に紹介がある）。当時B夫人（以下，レオニーと記載する）は，ル・アーブルの高名な医師ジベール（Joseph Gibert［1829-1899］）のみによって催眠状態に至る，いわば彼のお抱えの症例であった。レオニーの波乱に富んだ生活史は素描にとどめるが，その指を握るだけで催眠状態に誘導でき，ヒステリーというよりは，透視能力者（extra-lucide）として地元では有名な女性であった。

ジャネは第1報（Janet, 1885）（同年9〜10月の実験）で，このレオニーに「精神的暗示」[註3]の実験を行っている。催眠状態で例えば「昼の12時に家のドアの鍵をかける」といった特定の暗示を与え，覚醒後それを実行させるのである。言葉は一切使用されない。レオニーの額に術者は自らの額を寄せて特定の観念を送り込んだり，あるいは，次第に距離を置いて別室や数キロ先の場所から特定の時間に暗示を送ったりするのである。こうして他者の思考を読み取り実行に移す実験が繰り返されている。

レオニーという謎

第2報（Janet, 1886b）（同年2〜5月の実験）では，当時心霊研究の最先端にいたリシェやマイヤーズもパリやケンブリッジから加わり，その観察下でさらに実験が行われた。レオニーは特定の術者以外によって幻覚を見ることはない。第三者が触れても何の変化もないが，その第三者に特定の術者が触れてつながると幻覚が生じるのである。あるいは別室で術者が自分の腕や足をつねったり叩いたり，さらには人為的に自ら火傷を形成すると，それを別室のレオニーは感知して痛みに叫び声をあげて泣き，火傷の翌日には自身同じ個所に腫脹と発赤が生じるといった感覚の伝播現象を観察するのである。

ジャネは当初，レオニーを農村出身の健康な女性と紹介したが，実験を経て次第に，幼少期に痙攣発作があり，夢中遊行歴があり，父方家系に精神疾患の者が多く，おそらくは本人もヒステリーの診断がつく人物であることに気が付いてくる。さらには，1850〜60年代に，カーンの医師ペリエ（Alfred Perrier）によって磁気術を施行され，それは大胆にも本人の出産の際にも行われたことが判明する。また，そのすぐれた透視能力を買われて，1864年には，英仏百年戦争（14〜15世紀に戦われ，この地域は英国に占領されていた）で，イギリス軍が埋蔵したという財宝を探すために，雇われてある城塞に赴き，土の中に首まで埋められた状態で，いわばダウジング能力を発揮してその在処を突き止める過酷な作業に携わった過去も明らかになっていく。

ジャネはこうして，第6論文（Janet, 1888）では自分の誤りを訂正し，レオニーの病歴や過去を紹介し，さらに論文の脚註でこのペリエ医師による磁気術の詳細情報を読者から募っている。ジャネはしかし，この女性が，当時シャルコーが定式化していた彼女の知る由もない大催眠の3段階をなぜ忠実に呈示しうるのかに関心を持

ち，動物磁気術の歴史を渉猟し，シャルコー以前からそれら3様態は磁気術師の間では既知の事実であったことを再発見していくのである。

その後もこの女性は数奇な運命をたどり，1886年や1888年，パリでリシェの研究室の近くや自宅に住み込んで被験者として生活を送り，さらに1894年に起こったドレフュス事件の際は，誰よりも最初にドレフュスの無罪を信じたジベール医師に事件の真相を透視すべく依頼されている。ジベールはドレフュスの兄マチューとレオニーを引き合わせ，その後マチュー自身も自己催眠を習得し，レオニーは，1895年から2年間，パリのマチューの姉妹宅にメイドのようにして雇われている（Carroy, 1995 ; Harris, 2010）。

「解離」をめぐって

1887年，コレージュ・ド・フランスに実験・比較心理学講座が新設され，翌年リボー（Théodule Ribot［1839-1916］）が主任教授となった。ジャネの叔父のポールらの支持で開設されたこの講座は，新たな科学的心理学を期待され，ジャネは最有力の後継者と目されていた。ジャネは，心霊研究や動物磁気から距離を置こうとしたが，唯心論者の叔父ポールや，生理学者兼心霊研究家のリシェの影響のもとで，科学的心理学という新たな領域を開拓する。第2論文（Janet, 1886a）では，レオニーの呈する催眠の3段階の移行状態が注目され，リシェが編集主幹をしていた『科学雑誌』に掲載された。

1886〜1888年には，レオニーとは別の（当初はL.とのみ記された）リュシー（Lucie）という19歳の，ヒステリー発作の明確な事例が被験者になる。それは，論集第4・第5論文（Janet, 1886c, 1887）の，邦訳もあるケースである。ここではかつてレオニーの示した透視能力や思考や感覚の伝播というテーマから，レオノール，レオンティーヌという人格の多重性と解離という枠組

みとして描き直されることになる。

「解離」という概念がジャネによって鋳造され，活字になったのは，1887年5月の「系統的感覚麻痺と心理現象の解離」という（第5）論文（Janet, 1887）である。これは前年12月に刊行された（第4）論文「無意識の行為と誘発した夢中遊行下の人格の二重化」（Janet, 1886c）とともに，邦訳もある。多彩なヒステリー症状を示す症例リュシーを中心にさまざまな実験が行われている。しかし催眠や暗示を取り入れた複雑な実験の詳細を追うことは難しい。ジャネの著作は一般に，症例の描写より，さまざまな症状や現象に焦点を当てた断片的記述が多いので，その人物像を思い描きにくい。しかも論文のタイトル「系統的感覚麻痺」自体，今日素直に理解できる読者は少ないと思う。これは，ナンシー学派のベルネーム（後述）が「陰性幻覚」と名づけた現象をパリ学派のビネとフェレが批判的に言い換えたものである[註4]。

このような実験の末に，リュシー本人がアドリエンヌと名づける別の人格が出現し，しかもアドリエンヌのみが知るかつての外傷体験をジャネは聞き出すことになる。この事実からジャネは「解離」や「下意識的行為」という概念を導き出すのである。ジャネは，感覚麻痺とは解離なのだと断言した。こうした歴史的文脈で産み出されたのが「解離」概念なのである。それは，後にハーバードでの講義などで示される図式よりも，『心理学的自動症』で示される多層構造の図式のほうが適合する現象であっただろう（松本訳『解離の病歴』「訳者解題」の図2［p.225］と図3［p.229］参照）。解離とは，こうして19世紀末の暗示や催眠やヒステリーと緊密に絡み合う背景の中で産み落とされたものなのである[註5]。

「13日間」問題

1880年代の後半，医師や心理学者に限らず数多くの研究者がこうした催眠・暗示問題に熱い関心を寄せた。当時の専門誌『催眠研究（*Revue de l'hypnotisme*）』が高名な研究者の寄稿で溢れているのを見ると，その活況の一端をうかがうことができる。なかでもナンシー学派の代表格であるベルネーム（Hippolyte Bernheim［1840-1919]）が行った数多くの催眠の実験は広く注目され，大きな議論を呼んだ。

以下，ルブラン（LeBlanc, 2004）の，刺激的論文「13日間」を追いながら見ていきたい。それは1883年9月に行われた後催眠暗示で，ベルネームはS氏という男性患者に，催眠下で「13日後の午前10時に戻って来て受診する」と約束させている。S氏は催眠から覚めると暗示を与えられたことを何も覚えていないまま，13日後の10時に病院にやってくる。当日朝まで鉄工場で働き，朝6時に寝て9時に起き，3キロ離れた病院に来たのである。前日までそんな考えはなかったが，気が付くと来ていたと述べる（Bernheim, 1884/2004, p.69）。

この事例に対して，1884年ジャネの叔父のポール・ジャネ（Paul Janet［1823-1899]）（高名な哲学者の彼は催眠に関心を示し関連論文を残しているが）は，ベルネームによって暗示を与えられたという記憶がなかったならば，どうしてS氏は適切な時間にそれを実行できたのか，それと知らないまま13日間をどうやって数えられるのか，と疑問を呈した。

これに対し，デルブフとベルネーム，そしてピエール・ジャネが回答を与えている。ベルギーの博物学者であり哲学者であったデルブフ（Joseph Delboeuf［1831-1896]）（彼もまたこの時期催眠研究に傾倒していた）は1885年に，またベルネームは翌年に，それぞれ似た解決策を考えた。それは事例が，時間の流れに従って時折催眠や夢の状態に移行し，そこでそのつど暗示や実行までの残りの時間を思い出すのだ，という説明であった。

一方ジャネは，同じく1886年に，主要な意識が気づいていなくても，暗示を記憶し，時間経過を計測している解離された意識が存在するのだと説明した。そしてこれが私たちの知るジャネの「解離」概念のはじまりにあたる。どちらの説明も二重意識をもとにした理論であるが，前者の意識は交替的（alternate），後者は同時発生的（concurrent）であるところが大きく異なる，とルブランはまとめている。なおジャネはこの「13日間」問題を論文（Janet, 1886c［邦訳，2011, p.126以降]）でも，『心理学的自動症』（Janet, 1889［邦訳，2013, p.248以降]）でも，詳しく論じている。

ベルネーム＝デルブフ効果

ところで20世紀末のフランスで，100年前に戦わされたこれら催眠や暗示をめぐる議論が再度大きく注目された時があった。それは先にも紹介したデルブフ（Delboeuf, 1890/1993）やベルネーム（Bernheim, 1995）の著作が相次いで復刊され，さらにこの2人を中心とする雑誌特集が組まれ（『Corpus』no.32 (1997)），関連書（Duyckaerts, 1992）も多く刊行された時である。『Corpus』の特集は，先の復刊書の編者らが執筆陣となる画期的な内容であり，なかでも編者の一人カーロイ（Carroy, 1997）の論文「デルブフ効果」と，ボルク＝ヤコブセン（Borch-Jacobsen, 1997）の論文「ベルネーム効果」は，ともに呼応しながら100年前の催眠・暗示をめぐる議論をさらに深化させようとしている。

デルブフは，先に紹介したように，晩年に催眠や暗示に深く関心を抱き，当初彼が影響を受けたナンシー学派や，それに対抗するサルペトリエール病院を訪れ，興味深い探訪記を残して

いる（Delboeuf, 1890/1993）。パリではシャルコーのもと有名なヒステリー症例を被験者にして実験をし，また自宅で雇用していたJ嬢とM嬢という2人のメイドを被験者に，麻痺側と健側に焼きごてを当て火傷を作って比較するといった，苛烈な実験を行っている。

デルブフは，しかし次第に親密であったナンシー学派の視点からも離れていった。それは先に記したベルネームによる陰性幻覚と，ナンシーの法学者リエジョワ（Jules Liégeois［1833-1908]）が唱えた後催眠暗示による犯罪に対する疑念からであった。デルブフは，自らも詳細な観察を重ね，これらの実験にきわめて冷静な解釈を示している。前者でいえば，実際に感覚麻痺（陰性幻覚）があるわけではなく，「被験者はモノがみえないと装っているだけである」と結論を下した。「もし我々が彼女の側の，コンプレザンス〔ここでデルブフはcomplaisance [註6] という彼のキータームを使用している〕という完全な気持ちを認めるならば」すべてが説明可能である，とした。陰性幻覚とはつまり，一種の術者と被験者の間の「見せかけ（comédie)」，役割演技（role play）だというのである。

さらにデルブフはリエジョワの提示した催眠暗示下の犯罪の実験にも強く反対した。リエジョワは催眠下で被験者が自動人形と化し，与えられた暗示のままに母親に対し至近距離から拳銃を発射させたりする実験を行った。これに対しデルブフは，もともと夢中遊行者の幻覚や暗示は，入眠時や覚醒時の幻覚と類似のもので，彼らは周囲のほとんどすべてのものに気づいている，と考えた。彼によれば，催眠や夢中遊行とは夢のようなものなのである。もちろん犯罪につながる危険性がないわけでないが，夢の中のことを我々がすぐ実行に移すわけではない。彼自身，同様の実験を行っており，J嬢という女性にデルブフの娘らが泥棒であると暗示を与え銃で撃つことを命じているが，彼女はし

かし銃撃を断わって拳銃を置き，その場から立ち去っている。こうしてデルブフはリエジョワの説に真正面から反対し，1890年代に入ると有名な「催眠というものはない（Comme quoi il n'y a pas d'hypnotisme)」という結論を主張するに至る。その後ベルネームの主張するように，「催眠ではなく，あるのは暗示である」という議論が主流と化していく。

1890年に刊行された『模倣の法則』の中で，デルブフの友人でもあった社会学者のタルド（Gabriel Tarde［1843-1904]）は，社会的紐帯の基礎に模倣行為を据え，「社会とは模倣であり，模倣とは一種の催眠である」（Tarde, 1890［邦訳，2007, p.138]）という有名な言葉を残した。時代や社会そのものが，催眠下にあるような時代だったのだろう。1893年シャルコーの旅先での突然の死によって，大ヒステリー＝大催眠理論は急速に消褪していった。

さらに，その主著の中でベルネームはこう記していた。「私は，サルペトリエールが古典的とする，ヒステリーのロザリオのように明瞭で正確な段階を経て起こる大ヒステリーの発作は，文化のヒステリーであると考える」（Bernheim, 1995, p.253)。果たしてそうだったのだろうか。本当にそれだけのものだったのか。ベルネームの「暗示」療法も，こののち，短期のうちに次のパラダイムであるデュボワ（Paul Dubois［1848-1918]）の「説得（persuasion)」療法に席を譲っていく。

さいごに

「13日間」の論考の著者ルブランは，その結論部分で，ジャネとデルブフの視点の相違に言及し，今日の催眠研究にまで影響を及ぼしていると指摘する。ジャネの系譜の者（新解離論者）は，催眠を，解離された意識のユニットとの関係で説明し，一方デルブフの系譜の者（役割演

技論者）は，文化的に定義された催眠者の役割を演じているにすぎないという説明に至る。

ボルク＝ヤコブセンやカーロイの述べた「ベルネーム＝デルブフ効果」では，被験者と実験者の間に無意識的なコミュニケーションが存在し，被験者が実験者の意図を察知してふさわしい行動をとるという一種の「実験者期待効果」が生じうると指摘される。デルブフは「催眠をかけられた人は覚えている，忘れてしまうのは訓練の結果である」とも述べた。被験者は「自動人形」でないばかりか，さらに進んで，催眠術者が被験者によって催眠をかけられる要素，つまり通常とは逆方向の相互行為的側面があることを明らかにしている（Carroy, 1997, p.94）。

ハッキング（Hacking, 1988）がその論文「テレパシー」で教えるように，心霊研究から人為的な夾雑物を取り除くために無作為化の研究デザインが派生していったもうひとつの歴史をみることができる。レオニーは，人格の多重性を示すヒステリー症例だったのだろうか，あるいはリシェが，動物にはあるが人間は失ってしまった「第六感」や「潜在感覚（cryptesthésie）」と名づけた現象に含めた透視能力が突出した人物だったのだろうか。

レオニーによる実験から4半世紀を経て，リシェは1913年に，アナフィラキシーの研究でノーベル賞を受賞した。そしてその後自らの30年に及ぶ心霊研究の歩みをまとめた800頁を超える大著を1922年に上梓し，翌年には英語版が刊行された。そこには「潜在感覚」に秀でたさまざまな事例が紹介されている。レオニーについても記され，自分の研究室が燃えてしまった光景をル・アーブルから透視したエピソードなどを書き留めている（Richet, 1922, p.125ff.）。ジャネもまた主著（Janet, 1919）でレオニーについて再論し，その後の著作でも折に触れて思い出している。さらにジャネの80歳を祝う記念誌では，弟のジュール（Janet, 1939）が，半世紀以

上前のル・アーブルでの思い出を，レオニーの強烈なインパクトを中心に生き生きと書き残している。

確かにレオニーだけではなく，リシェやジャネや，弟ジュールもまた催眠をかけられたということなのであろう。催眠や暗示や透視を含む，こうした時代の混沌の中で，解離や外傷性記憶や下意識という概念が見出されてきたことを，ジャネの最初期の論文は教えてくれるのである。

▶註

1　なお文中 "somnambulisme" は，「夢遊病」ではなく「夢中遊行」と記した。

2　夢中遊行の際の遠隔暗示を扱った2編（論集でいえば第1と3論文）には英訳（Kopell, 1968）があり，また他の2編（第4と5論文（Janet, 1886c, 1887））は松本 訳『解離の病理』「第3章 リュシー」として一つの論文のように邦訳されている。

3　この "suggestion mentale" はテレパシーと同義であるとする辞書もあるが，テレパシーという用語が広く使用されたのは1882年のマイヤーズの使用以降であるとされている（Hacking, 1988）。

4　一般の「幻覚」が対象なき知覚だとすれば，「陰性幻覚」とは，対象はあるがそれを知覚しないというものである。例えば，特定の人物を見ることができないという暗示を与えられると，覚醒した被験者は他のすべてを十分に知覚するが，その特定の人物や行動を見ることができない。その人物に針を刺されても，角膜を刺激されても，まったくその感覚がない。

5　なお，ジャネがキーワードである「解離の法則 (loi de dissociation)」として記した個所（Janet, 2005, p.103）は邦訳『解離の病歴』（p.167）では残念ながら訳されていない。

6　"complaisance" は訳しにくい言葉だが，ルブラン（LeBlanc, 2004, p.135）は "willingness to please and accommodate（快く満足させ，順応すること）" と英訳している。

◉文献

Bernheim H (1884/2004) De la suggestion dans l'état hypnotique et dans l'état de veille : Avec une introduction par S Nicolas. Paris : L'Harmattan.

Bernheim H (1995) Hypnotisme, suggestion, psychothérapie. Texte revu par P-H Castel. Paris : Fayard.

Borch-Jacobsen M (1997) L'effet Bernheim (fragments d'une théorie de l'artefact généralisé). Corpus revue de philosophique 32 ; 147-173.

Bulhof L (1981) From psychotherapy to psychoanalysis. Journal of the History of the Behavioral Sciences 17 ; 209-221.

Carroy J (1995) Une somnambule dans l'affaire Dreyfus : La vérité en marche et la vérité dans le puits. In : B Besnaude-Vincent et C Blondel (dir) Des savants face à l'occulte 1870-1940. Paris : Éditions la Découverte, pp.125-141.

Carroy J (1997) L'effet Delboeuf, ou les jeux et les mots de l'hypnotisme. Corpus revue de philosophique 32 ; 89-117.

Carroy J et Plas R (2000) La genèse de la notion de dissociation chez Pierre Janet et ses enjeux. Évolution psychiatrique 65 ; 9-18.

Charcot JM (1887) Leçons du mardi à la Salpêtrière : Policlinique 1887-1888. Paris : Bureaux du Progrès Médical. (佐藤恒丸 訳 (1906, 1907, 1911) 沙禄可博士神経病臨床講義 [前篇上下・後篇＝全3巻]．東京医事新誌局)

Charcot JM (1887) Leçons sur les Maladies du Système Nerveux. In : Oeuvres complètes tome III. Paris : Bureaux du Progrès Médical.

Delboeuf J (1885/1993) Le sommeil et les rêves. In : Le sommeil et les rêves et autres textes. Texte revu par J Carroy et F Duyckaerts. Paris : Fayard, pp.7-248.

Delboeuf J (1890/1993) Le magnétisme animal. In : Le sommeil et les rêves et autres textes. Paris : Fayard, pp.253-401.

Dubois P (1904) Les psychonévroses et leur traitement moral. Paris : Masson.

Duyckaerts F (1992) Joseph Delboeuf philosophe et hypnotiseur. Paris : Les empêcheurs de penser en rond.

江口重幸 (2007) シャルコー——力動精神医学と神経病学の歴史を遡る．勉誠出版．

Gauld A (1997) Joseph Delboeuf (1831-1896) : A fore-runner of modern ideas of hypnosis. Contemporary Hypnosis 14-4 ; 216-225.

Hacking I (1988) Telepathy : Origins of randomization in experimental design. ISIS 79 ; 427-451.

Harris R (2010) Dreyfus : Politics, Emotion, and the Scandal of the Century. New York : Picador.

James W (1901-1902) The Variations of Religious Experience. London : Longmans, Green, and Co. (桝田啓三郎 訳 (1969) 宗教的経験の諸相 [上]．岩波書店)

Janet J (1939) Souvenirs et problèmes. In : Mélanges offerts à Monsieur Pierre Janet. Paris : Editions D'Artrey, pp.113-121.

Janet P (1885) Note sur quelques phénomènes de somnambulisme. Bulletins de la société de psychologie physiologique 1 ; 24-32. (Janet (2005) pp.19-29. 〔第1論文〕)

Janet P (1886a) Les phases intermédiaires de l'hypno-tisme. Revue scientifique 37-19 ; 577-587. (Janet (2005) pp.31-53. 〔第2論文〕)

Janet P (1886b) Deuxième note sur le sommeil provoqué à distance et la suggestion mentale pendant l'état somnambulique. Bulletins de la société de psychologie physiologique 2 ; 70-80. (Janet (2005) pp.56-68. 〔第3論文〕)

Janet P (1886c) Les actes inconscients et le dédoublement de la personnalité pendant le somnambulisme provoqué. Revue philosophique de la France et de l'Étranger 22 ; 577-592. (Janet (2005) pp.69-85. 〔第4論文〕)(松本雅彦 訳 (2011) 解離の病歴 [第3章 症例リュシー]．みすず書房, pp.119-143)

Janet P (1887) L'anésthesie systématisée et la disso-ciation des phénomènes psychologiques. Revue philosophique de la France et de l'Étranger 23 : 449-472. (Janet (2005) pp.87-112. 〔第5論文〕)(松本雅彦 訳 (2011) 前掲書, pp.143-180)

Janet P (1888) Les actes inconscients et la mémoire pendant le somnambulisme. Revue philosophique de la France et de l'Étranger 25 ; 238-279. (Janet (2005) pp.113-156. 〔第6論文〕)

Janet P (1889) L'automatisme psychologique. Paris : Félix Alcan. (松本雅彦 訳 (2013) 心理学的自動症．みすず書房)

Janet P (1919) Les médications psychologiques Tome I. Paris : Félix Alcan, pp.171-174.

Janet P (2005) Premiers écrits psychologiques (1885-1888). Paris : L'Harmattan.

Kopell B (1968) Pierre Janet's description of hypnotic sleep provoked from a distance. Journal of the History of the Behavioral Science 4 ; 119-131.

LeBlanc A (2004) Thirteen days : Joseph Delboeuf versus Pierre Janet on the nature of hypnotic sugges-tion. Journal of the History of the Behavioral Sciences 40-2 ; 123-147.

Nicolas S (2005) Introduction. In : P Janet : Pre-miers écrits psychologiques (1885-1888). Paris : L'Harmattan, pp.5-18.

Richet Ch (1922) Traité de métapsychique. Paris : Félix Alcan. (de Brath trans. (1923) Thirty Years of Psychical Research. New York : Macmillan)

Tarde G (1890) Les lois de l'imitation. Paris : Félix Alcan. (池田祥英, 村澤真保呂 訳 (2007) 模倣の法則．河出書房新社)

心理療法の医療人類学

文献レビュー

慶應義塾大学大学院社会学研究科

狩野祐人

心理療法の人類学

医療人類学者は，心理療法を含む世界中の治療実践が，なぜ精神的な病いを「癒す」ことができるのかを比較文化的に探究してきた (Kirmayer, 2004)。その中で，象徴による癒しの可能性を提示したのが，人類学者C・レヴィ＝ストロース（C Lévi-Strauss）の論文「象徴的効果」（1949年）である。この論文はシャーマンの治療と精神分析を比較し，両者が，象徴を用いて患者が新たに生きるべき神話を再構成して癒しを引き起こす共通のメカニズムに基づくことを論じている。ここから導かれるのは，西洋の心理療法とは「ある地域に固有の象徴的癒しの形態，つまり，言葉，神話，そしてシンボルの儀礼的使用に基づく治療の一つにすぎない」（Kleinman, 1988［邦訳，2012, p.114］）という視点だ。

医療人類学者は同時に，西洋の心理療法の文化的特殊性も検討してきた。とりわけ注目されたのは，心理療法の個人主義である。人類学者M・モース（M Mauss）の記念碑的著作「人というカテゴリー」（1950年）は，氏族社会の人物役割から，ローマのペルソナの概念を経て，現代の西洋における自我の概念の成立までを記述し，人格の概念の文化的歴史的な多様性を示した。この観点からすれば，西洋の個人主義の前提にある，自律し一貫性をもった存在としての人格の概念は，特殊な歴史的産物である。しかし多くの心理療法は，何らかの個人主義を暗黙の前提として成立してきた（Kirmayer, 2007）。

ただし現在，これらの古典的議論が心理療法の世界で受容された結果，かえって歪みが生じていることも指摘されている（Martin, 2019）。近年多くの心理療法のトレーニングコースで，異文化を理解する能力（cultural competence）を養い，西洋の文化的バイアスを相対化し，人々の文化的差異に配慮した臨床を実現することが目指されている。しかしこの際，心理療法家と人類学者の想定する「文化」概念には大きな差異がある。心理療法ではしばしば文化は，境界のある集団で成員全体に共有された歴史・慣習・信念・価値観として提示される。しかし人類学ではとりわけ1980年代以降，このような古典的な文化概念は，例えばアジア人であれば集団主義的であるといった形で，差異を過度に本質化するリスクをもつと忌避されてきた。

よって現在必要とされるのは，単純化された個人主義批判や，個々人の文化的差異への考察以上に，心理療法の実践が，その都度いかなる特有の「文化」や状況に条件づけられているかについての分析だろう。本論では以下，近年の研究を中心に医療人類学の著作群を概観し，心理療法の実践がいかなる癒しを可能とし，いかなる状況で歪みを生じさせるのかを検討する。

心理療法の専門性

医療人類学の代表者の一人A・クラインマン（A Kleinman）は『精神医学を再考する』において，精神医学の特徴が，生物医学の中にあって「象徴的癒し」を正当なものとして位置づけることにあると論じている（Kleinman, 1988）。クラインマンはヘルスケアシステムを，組織化された治療専門職が形成する専門職セクター，個人・家族・地域のネットワークが形成する民間セクター，伝統医療の担い手等が形成する民族セクターという3つの部分から形成されるものとして分析する。この際，精神医学の特異性は，医療セクターの外部に存在する民間・民族セクターから象徴を用いる癒しの形態を生物医学に取り込み，正当化する点にある。これにより，人々が生きる意味的な世界を踏まえた豊かな治療実践が可能となる。このことこそ，精神医療の内部で，心理療法が担ってきた重要な役割だろう。

生物医学との比較のもと，精神医療において心理療法がもつ力を描き出すのが，T・ラーマン（T Luhrmann）の著作 Of Two Minds である（Luhrmann, 2000）。ラーマンは，1980年代末から精神科臨床・教育の現場で行ったフィールドワークに基づき，生物医学的精神医学と精神力動的心理療法が，それぞれ異なる「レンズ」として，精神科医の認識・実践を創り出していることを記述する。両者は異なる形で患者に対する共感を可能とする。生物医学的モデルは精神障害を患者の人生において偶発的に生じたものとして扱う傾向にある。それにより，患者を精神障害の被害者として免責し，治療による救済を提示する「単純な共感」を可能とする。しかし単純な共感は，精神障害の治療が困難な場合には，当事者を偶発的にであれ人格そのものが病んだ存在として扱いスティグマを付与し得るなど，いくつもの困難に突き当たる。

これに対し精神力動的モデルは精神障害を，患者の特有の個人史に根差し何らかの必然性をもったものと捉える。ここで精神障害は，無意識に起因するものとされ，患者に一定の免責がもたらされる。しかし同時に医療者は精神障害を，無意識に起因するにせよ何らかの意味で患者の人生や主体性に深く関わるものであると捉える。これにより，患者は医療者自身にも近い存在，特有の悩みや責任をもって日々を生きる倫理的な存在として，「複雑な共感」の対象になる。

また，ラーマンが注意深く記述するのは，医療者が精神分析の訓練を通じ，その眼差しを習得する過程である。訓練を受ける中で医療者は，自己が常に部分的に盲目であり，無意識の期待に動かされていること，そこから生じる齟齬が，大きく患者を傷つける可能性があることを学ぶ。時に患者が示す激烈な感情に巻き込まれそうになる中で，患者と安全に話す方法を学ぶことは，若いセラピストにとって大きな試練となる[註1]。

生物医学の隆盛と心理療法の衰退

このように心理療法は，生物医学と踵を接しつつも同化しない異他性をもつ。しかし心理療法はそれゆえに，ヘルスケアシステムにおいて不安定な位置に置かれ，存続の努力を余儀なくされる（東畑, 2017）。事実，ラーマンが調査を開始した1980年代はアメリカでも，20世紀半ばに隆盛を極めた精神分析の影響力が陰りを見せ，生物医学の潮流に押し流されつつあった。

この特有の歴史的・制度的状況において精神分析の実践が，患者を抑圧し精神分析的な「事実」を再生産するダイナミズムを論じた医療人類学的研究の名著が，A・ヤング（A Young）『PTSDの医療人類学』だ（Young, 1997）。歴史的に外傷性記憶の概念はフロイトらによって，病原性秘密，すなわち抑圧され本人も知らぬ間に病因となる記憶の一種として論じられてきた。外傷性記

憶がとりわけ高い関心を集め，心的外傷後ストレス障害（PTSD）として新たに概念化されるのは1980年のDSM-IIIにおいてである。DSM-IIIは，病因論を廃しクレペリン流の症状記述に基づく操作的診断の思想を打ち立てた革命的診断体系であり，病原性秘密の病因論を基礎にもつ精神分析と真っ向から対立する。この際，外傷性記憶そしてPTSDの概念は，病因論を排除し得ない精神疾患として，精神分析学派が生き残りをかける対象となった。PTSD概念を，金銭的保障・社会的名誉の獲得のために必要とするベトナム戦争後の退役軍人らとも利害が一致する中，PTSDの治療・研究が試行された。

こうした状況を背景にヤングは1986～1987年にかけて，PTSDの治療・研究に特化した復員軍人局治療施設での民族誌的調査を行う。そこからヤングが記述するのは，精神分析的指向をもつ医療者たちが，病原性記憶の病因論に基づき，施設の規則や医療者の解釈に疑義を呈する患者の振る舞いを，「抵抗」「行動化」として解釈することによって，PTSDについての精神分析的「事実」を生産する過程だ。施設で患者は，回復のために自らの外傷性記憶を想起し，開示・検討することを要求される。ベトナムでの過酷な経験やその後の複雑な個人史を，「一回性の特異的事件から生じるPTSD」という図式に還元する医療者の振る舞いは，患者にとって時に耐えがたく，治療者・患者間の軋轢や，開示の拒否は稀ではない。しかしその拒否自体もがPTSDの証拠とみなされ無効化されていく。それに加え多くの患者はPTSDの診断を受け金銭的補償を得る必要をもつため，最終的にはその語りを施設の公式の姿勢と合致させざるを得ない。

こうしてヤングが描き出すのは，一方では精神医療内部での覇権争いに揺れ，戦争などの社会的状況にも影響され動揺する心理療法の脆弱性であり，他方では，特有の推論様式と，制度的なリソースの配分権に基づき，精神分析的「事実」を再生産し続ける心理療法の自己承認的な性質である。ラーマンが論じるように心理療法は，精神障害当事者に対する複雑な共感を可能とする積極的可能性を有しているが，ここではその無意識にまで及ぶ推論のために患者が無責任な病者とされる皮肉な状況が描かれている。

精神医療の地域移行と心理療法

DSM-IIIに象徴される生物医学の台頭とも並び，20世紀後半の精神医療を規定する大きな変化は，欧米を中心に生じた脱施設化と地域移行の動向である。ここでは，地域に暮らし，しばしば孤立し困窮する患者たちが，いかに日々を生き，いかなる治療を必要とするのかが重視された。E・コリン（E Corin）らは生物医学の台頭による患者の主観への関心の減退に警鐘を鳴らし，脱施設化後のカナダにおいて統合失調症の発症・入院を経験したのち地域社会に生きる人々が，いかに自らと世界の意味的なつながりを作り出すかを検討した(Corin & Lauzon, 1992)。

コリンらは調査から，再入院せず地域に定着した患者たちが，再発した患者たちと比べ，社会的世界の外側に自らを位置づける「ポジティブな引きこもり」の傾向を強くもつことを発見する。彼らは社会的交流に個人的にコミットすることなく，ファストフード店の利用などの習慣的な公共空間への出入りを主要な社会的活動とする。このひきこもり状態は，外からは消極的で病状の悪化を意味するようにすら見える。しかし当事者はこれを肯定的に語る。あるケースでは当事者は，社会で周縁的な位置にある宗教や陰謀論から，さまざまな概念・思想を借用し，「ひきこもり」を正当化する意味的な世界をブリコラージュ的に作り上げていた。密な人間関係からの距離を取ってこそ，自らを疎外する外界や社会的関係性を相対化し，意味的な世界を豊かなものとして再構築できる。この意味で

ポジティブな引きこもりとは，象徴的な自己治癒の実践でもある。その後精神分析家になったコリンは，治療者が無自覚に有する規範的な健康像に批判的な眼差しを向け，個々人が精神障害を経験する意味的な世界に対応したケアを行い，オルタナティブ健康像を描き出す。

　逆に，個々人の生活世界の文脈を見失い，患者の自立や回復を促す制度的な仕組みに取り込まれると，心理療法は抑圧的な効果をも発揮し得る。この点を，アメリカでの依存症をもつホームレス女性の治療プログラムでの調査から描き出すのが，S・カー（S Carr）の著作 *Scripting Addiction* である（Carr, 2010）。ここでは依存症は正確な自己認識が不可能となる「洞察の病」と見なされていた。そのため薬物使用を否定するクライエントの「否認」を克服し，グループセラピーなどを通じ「完全に無媒介な言語，つまり，話し手の内面的な思考，感情，記憶を透明に参照し，明らかにするような言語」（pp.4-5）で自己について語ることを可能とすることこそが，治療の目標とされた。しかし重要なのはこの際，心理療法が，専門家が人々を評価する手段でもあることだ。この評価に応じて，家やシェルター，衣服，食事，移動手段，就職，子どもとの接触といった資源の利用が許可され，分配される。そのためクライエントは時に，プログラムで求められる語りのスクリプトに精通し，薬物使用を続けながらも，「回復したクライエント」として理想的な語りを臨床家に聴かせる。カーが強調するのは，心理療法の実践を支える言語的なイデオロギーと，それを利用し生き抜こうとするクライエントの駆け引きである。

　このように心理療法の濫用の可能性を示す一方で人類学者は，心理療法が，社会的状況それ自体を視野に含めた批判的実践へと拡張される，積極的可能性をも論じてきた。C・ジョルダーノ（C Giordano）の著作 *Migrants in Translation* はイタリアを舞台に，移民についての社会的認識が，民族精神医学，移民局，警察，保護施設，裁判所などの相互作用からどのように形成されるかを探求する（Giordano, 2014）。移民を支援し管理する国家機関やNGOは多くの場合，移民を，「精神障害者」「人身売買の犠牲者」といった既知のカテゴリー，消化しやすいものへと翻訳することで，治療・支援に繋げる。これに対しジョルダーノの主要な調査地である民族精神医学の専門相談機関で見出されるのは，固定的なカテゴリーや言説を相対化する，異なる形での承認と翻訳の政治である。医療者は患者の経験を精神医学的診断に結びつけることに慎重である。ここで目指されるのはむしろ，患者の出自に関連する文化的資料――儀式，祈り，魔法，憑依や宗教的信仰など――を参照し，対話する中で，患者が残した世界と，現在生きている世界という2つの世界を繋ぎ合わせることだ。

　例えば30代半ばのアルバニア人のクライアントのケースで問題となったのは，彼女が子どもの面倒を見られないという理由で，未成年者裁判所に通報されたことだ。裁判所をはじめとした諸機関は，裁判官の前で泣き出すなど不安定な彼女を，うつ病などの精神障害のためにトラブルを引き起こす，親である資格を失った存在と捉え，その治療を親権のために要求する。これに対しセンターの医療者らは，その行動を，トラウマを抱え故郷を離れ，イタリアの制度的文化的文脈に即して自己を「健康で良い母親」として提示する困難を示すものとして解釈し，語りを提供する。ここで心理療法は，患者を分類し治療するのでなく，その存在を承認しケアを施す，対抗的な技術として活用されている。

精神医学の神経発達的転回と心理療法

　ここまで論じてきたように精神医学では，生物医学と心理療法が，異なった潮流として存在・

拮抗してきた。特に生物学的精神医学が力を増す中で，神経化学的人間観が，精神医学内外において影響力を増しつつある。介入対象としての人間の概念自体が，古典的な心理療法の想定から変質する中で，心理療法における治療の意味と実践はいかに変化するだろうか。ここではとりわけ自閉症に焦点化し考察したい。

自閉症は1943年に，他者からの孤立や反復的な行動を特徴とする精神疾患として概念化されて後，学説の転回を経験し，その都度目指されるべき治療とはいかなるものかという問いを誘発してきた。とりわけ治療行為そのものの是非をめぐり論争が生じたのは，自閉症当事者による発信が始まって後のことだ。特に1990年代以降力を得た自閉症の当事者運動は，「ニューロダイバーシティ」の概念を提起し，自閉症を含む神経や発達の差異，多様性を，人間集団の中に存在する自然なバリエーションとして扱うことを提唱した。神経的差異の肯定的な可能性に着目するこの概念は，自閉症に関する医学的治療や特殊な教育的介入への批判にもつながりうるものとして，活発な議論を呼んだ。

D・フェイン（D Fein）が著書 *Living on the Spectrum* において論じるところによれば，このような治療をめぐる対立の重要な背景を成すのが，精神医学診断の神経発達的転回である（Fein, 2020）。古典的な精神医学は自閉症を，当事者本人とは独立した治療されるべき「病原体」のように捉えてきた。これに対し近年，RDoCを代表に，精神医学診断を神経科学や遺伝学のデータに基づくディメンジョナルなものへとシフトさせる動向が生じている。これにより自閉症の概念は，病理よりもむしろ，周囲の意味世界と深く結びついた個々人の基本的特性を描き出す「パッケージ」のようなものへと変化してきた。フェインが自閉症当事者の若者に対する調査から描き出すのは，彼らがこの2つの自閉症モデルを調和させるのに苦労していることだ。彼らは

自閉症を自己から切り離し病理と捉えるのでもなければ，自己そのものとして肯定するのでもない。強調されるのは，自己の一部であると同時に異他的な要素である自閉症が生み出す，分裂と不連続性の経験だ。例えばある当事者は，感覚的入力に圧倒され感情のコントロールを失い暴力を振るうのではないかと恐れ，内なる悪意ある力と共生する存在として自らを語る。

フェインは当事者が自らの経験を語り有意味なものとするために，精神医学の言語ではなく，ファンタジー文学，漫画，アニメ，ゲームなどにみられる「ミュータントのアンチヒーローの神話」を活用することに着目する。例えばフェインが出会ったある当事者の少年が熱中していた漫画『NARUTO』は，九尾の力に取りつかれ忍者の里から疎外された少年が，九尾の力を使うことを学び，里の長になるまでを描く。当事者はこうした文化的リソースを，個人的な創作や，集団的なロールプレイングゲームの実践を通じ活用し，自閉症がもたらす贈り物と代償，連帯と疎外を表現する。単に自閉症を肯定するでも否定するでもなく，困難の経験を象徴や物語によって秩序づけ癒す実践の重要性は，神経発達的転回の余波における心理療法の役割のひとつを示すものかもしれない。

またウルフ＝マイヤー（Wolf-Meyer, 2020）が著書 *Unraveling* において提案するのは，治療実践を，個人の脳や能力を変化させることによって規定するのではなく，人，環境，テクノロジー，コミュニケーション・インフラストラクチャーの間のつながりから主体を絶えず賦活（animate）する実践として捉えることだ。この背後にあるのは人類学者G・ベイトソン（G Bateson）の思想である。ベイトソンは人間の自己や精神をサイバネティックな相互作用のシステムに内在するものとして捉える。例えば杖をついた盲人にとって，杖は情報の伝達を支える経路として，その運動能力を決定するシステムの一部である

（Bateson, 1972）。この観点からは，世界を知り，社会をナビゲートすることを可能とする環境全てが，自閉症者の自己や精神の内在する「神経系」であると捉えられる。ここにおいて自閉症の「治療」とは，自閉症者と周囲の関係性を新たに形成し直すこととして捉えられる。ウルフ＝マイヤーが論じる例は，ある当事者とその家族が，ディズニー映画の場面やセリフを模倣することを通じて，あらたな相互作用のパターンを作り出していく過程だ。こうして象徴のみならずある人が存在する環境全体との関係性から相互作用を組み直すことも，心理療法の実践のひとつの可能な方向性として検討可能だろう。

*

　以上本論は，近年に至るまでの心理療法の医療人類学の文献を概観してきた。精神医学において心理療法は，患者の生きる意味的な世界に迫り，それを再構築する実践として，常に固有の価値を有してきた。同時に心理療法がそれゆえにもつ加害のリスクや，よりよい発展の可能性を広い社会的文脈との関係において捉えることも重要であり，人類学的洞察はその一助となりうる。心理療法は高度なプライバシーを必要とするため，精神科領域でも特に人類学的調査の困難な領域のひとつだ。英語圏においても心理療法の医療人類学の少なからぬ著者は，何らかの臨床的なキャリアを背景に論文の執筆を行っている。今後臨床家による論考をも含め，心理療法の実践についてのより詳細な人類学的分析が発展することが期待される[註2]。

▶註

1　臨床心理士の社会化のプロセスについてより詳しくは，Davies（2009）を参照できる。
2　本論で扱い切れなかった医療人類学の学説史や研究蓄積に関しては，鈴木・北中（2016）に詳しい。

●謝辞

　本稿は，科研費・学術変革領域研究「当事者化」人間行動科学（代表：笠井清登）JP21H05174の助成を受けて執筆された。

◉文献

Bateson G (1972) Steps to an Ecology of Mind : Collected Essays in Anthropology, Psychiatry, Evolution, and Epistemology. Chandler Publishing Company.（佐藤良明 訳（2000）精神の生態学［改訂第2版］．新思索社）

Carr ES (2010) Scripting Addiction. Princeton University Press.

Corin E & Lauzon G (1992) Positive withdrawal and the quest for meaning : The reconstruction of experience among schizophrenics. Psychiatry 55-3 ; 266-278.

Davies J (2009) The Making of Psychotherapists : An Anthropological Analysis. Routledge.（東畑開人 監訳（2019）心理療法家の人類学——こころの専門家はいかにして作られるか．誠信書房）

Fein D (2020) Living on the Spectrum. NYU Press.

Giordano C (2014) Migrants in Translation. University of California Press.

Kirmayer LJ (2004) The cultural diversity of healing : Meaning, metaphor and mechanism. British Medical Bulletin 69-1 ; 33-48.

Kirmayer LJ (2007) Psychotherapy and the cultural concept of the person. Transcultural Psychiatry 44-2 ; 232-257.

Kleinman A (1988) Rethinking Psychiatry : From Cultural Category to Personal Experience. Free Press. （江口重幸ほか訳（2012）精神医学を再考する——疾患カテゴリーから個人的経験へ．みすず書房）

Lévi-Strauss C (1958) Anthropologie structurale. Plon. （荒川幾男ほか訳（1972）構造人類学．みすず書房）

Luhrmann TM (2000) Of Two Minds : The Growing Disorder in American Psychiatry. Alfred A Knopf.

Martin K (Ed) (2019) Psychotherapy, Anthropology and the Work of Culture. Routledge.

Mauss M (1985) The Category of the Person : Anthropology, Philosophy, History. Cambridge University Press.（厚東洋輔ほか訳（1995）人というカテゴリー．紀伊國屋書店）

鈴木晃仁, 北中淳子 編 (2016) 精神医学の歴史と人類学．東京大学出版会.

東畑開人 (2017) 日本のありふれた心理療法——ローカルな日常臨床のための心理学と医療人類学．誠信書房.

Wolf-Meyer MJ (2020) Unraveling : Remaking Personhood in a Neurodiverse Age. University of Minnesota Press.

Young A (1997) The Harmony of Illusions. Princeton University Press.（中井久夫ほか訳（2001）PTSDの医療人類学．みすず書房）

臨床心理学以前
明治・大正期における「心理療法」の軌跡

横浜国立大学教育学部
一柳廣孝

はじめに

　日本における臨床心理学の成立は，欧米に比して半世紀の遅れをともなったとされている。しかしそれは，近代日本にいわゆる心理療法が存在しなかったことを意味しない。本稿では明治以降，アカデミズムとは異なる場で発展してきた「心理療法」の流れをたどり，各時代において「心理療法」がいかなる意味を有していたのか，そのとき何が要請されていたのか，考えてみたい。

催眠術から始まる

　近代日本において心理療法の萌芽となったのは，1887年前後から知られはじめた催眠術である。当時欧米で医学，および心理学分野から注目を集めていた催眠術の研究成果が日本にもたらされたのである。そのなかには，催眠術を利用したヒステリー治療の研究も含まれていた。シャルコーらの試みである。

　こうした動きに刺激され，医師の馬島東伯は1885年頃から催眠術を治療に用いたと述べている。その後の3年間で約60人の患者に効果があったと，彼は言う。とはいえ，診断に時間がかからず，薬物も必要としないにもかかわらず，通常の医療と同じか，それ以上の効果をもたらすこの不思議な治療法をどう考えたらいいのか，

馬島は戸惑っていた。結局彼は生理学ではなく，哲学（心理学）からその原理を解明しようと試みているものの，催眠術が自覚神経を休止させ「不覚神経」を連動させる点に治療の効果があるのではないかと推測するにとどまっている（馬島，1888）。

　馬島の用いた催眠術による治療法を「心理療法」と命名したのは，井上円了である。中村（1922）は，生理学的な立場を意識しつつ催眠術による治療法に言及した最初の人物として円了を評価している。円了は，生理学にもとづく医学療法を「生理的療法」（生理療法）とし，それに対して心理学にもとづく催眠術治療法を「心理的治療法」，略して「心理療法」と命名した（井上，1888）。

　後に円了は，あらためて心理療法の定義を試みている。円了によれば，生理療法は心理療法と併用して，初めて治療の目的を達する。また心理療法は主として精神作用にもとづくので，応用哲学，あるいは応用心理学の一種である。全ての療法は生理療法と心理療法に大別できる。生理療法は，内科と外科から成る。また心理療法は自療法と他療法から成る。自療法は自身の力で治療するもので，他療法は他人の力で治療する。「近年流行の催眠術治療法の如きは所謂他療法の一種」である。この治療法が有効なのは「本人自ら此法によれば必ず病気の平癒を来すべしと深く信じて疑わざる故」であると

円了は述べている（井上，1904）。

　円了にあって，催眠術治療法は心理療法における「他療法の一種」に過ぎない。しかし1904年時点の心理療法は，応用心理学の対象というよりも，催眠術治療法の別名と捉えられていた。それは催眠術が，1903年頃から未曾有のブームを迎えていたからである。では，なぜこの時期に催眠術が流行したのか。

　日露戦争前夜となる1903年，当時第一高等学校の学生だった藤村操の日光華厳の滝投身自殺を契機に，いわゆる「煩悶の時代」が始まった。藤村の残した遺書「巌頭之感」には，万有の真相が不可解であるゆえに「煩悶終に死を決するに至る」とあった。藤村の思想的，宗教的な「煩悶」は，知的青年層に深甚な影響を与えた。自己の内なる欲求に従って人生の目的を探求し，存在の意味を見出そうとする眼差しは立身出世主義への疑問を喚起し，近代化を推し進めた，近代科学合理主義への疑念を呼び起こした。現実主義，実利主義に対峙する，精神至上主義の浮上である。催眠術の流行は，こうした風潮と無縁ではない。

　そもそも催眠術はメスメルの時代を経て，19世紀にはオカルティズムと結びつき，その後に医学や心理学における最先端の研究対象となった。しかし日本における催眠術は，西洋における歴史的推移を無視した形で導入されたため，魔術であると同時に科学であるというダブルイメージを纏って流布した。魔術としての催眠術は，内面に秘められた無限の力を開放する鍵とみなされた。この流れは後に，霊術と呼ばれる民間精神療法の登場を促すこととなる。しかし，あまりに神秘の側に寄った催眠術の流行は，アカデミズムの反発を招いた。

　当時，催眠術研究の第一人者と称された心理学者の福来友吉は，1903年前後の催眠術の流行について次のように述べている。「当時における催眠術の流行は主として教育の低き人間に限ら

れ，有名なる学者は冷淡に之を看過するにあらざれば，学者の触手すべきものにあらずとして之を拒斥したり」（福来，1906）。

　しかし1903年に始まる催眠術の流行は，アカデミズムの動きを活性化させた。『国家医学会雑誌』が200号特集として1904年に刊行した『催眠術及ズッゲスチオン論集』には，大沢謙二「魔睡の常態に就て」，福来友吉「催眠術の心理学的研究」，呉秀三「催眠術の治療上の価値」など10篇の論文が収録されている。また，個人の手になる最も早い学術書である福来友吉『催眠心理学概論』（成美堂）の刊行は1905年，その増補版にあたる『催眠心理学』（成美堂）の刊行は，翌1906年である。なお福来は『催眠心理学』において，催眠術の治療的効果については医学者が研究するにせよ，催眠術そのものの研究は心理学者が行うべきだと主張していた。

　このようにアカデミズムによる本格的な催眠術研究が開始されたものの，民間での催眠術の流行は種々の問題を生み出していた。福来は言う。「我が国の催眠術家は，商売にあらざれば娯楽を目的とす。之を商売にするものは神経不可思議の秘術にして万病を治療し，未来を予言し，運命を卜知するものとして催眠術を吹聴し，臆面もなく荒唐無稽の妖言を放縦にして，伝授料の多からんことを是れ努む。之を娯楽にするものは，之を濫用妄施し，馬鹿気たる暗示を与えて被術者を翻弄し，愚婦昧童に之を供覧して其の賞賛を得んことを努め，各他を軽蔑して自家の技倆を誇唱す。現今の催眠術家大抵此の如し」（福来，1906）。乱脈な催眠術の流行がもたらした弊害は，催眠術の法律的な規制をめぐる論議を呼んだ。

　例えば医学者の大沢謙二は，医者以外の者が治療目的で催眠術を用いることを禁止すべきであると言う。催眠術は犯罪に利用される危険があり，それゆえに，早急に催眠術に関する法整備が必要であるとする（大沢，1904）。一方で大

審院判事の古賀廉三は，非医者が催眠術を用いて患者の疾病を治療した場合には，刑法256条の規定（官許ヲ得ズシテ医業ヲ為シタル者ハ，十円以上百円以下ノ罰金ニ処ス）を適用すべきだが，催眠術の適用範囲はきわめて広く，疾病の治療はその一部に過ぎないと催眠術家に主張された場合，すぐさま「医業ヲ為シタル者」と判断するのは難しいと言う（古賀，1904）。医学が身体の治療を行うとすれば，催眠術は精神の領域に作用する治療であるから，医学が対象とする範囲の埒外にあるという主張にどう対応するのか，という問題である。

　しかしこの後，催眠術をめぐる動きは急速に進んだ。1904年，国家医学会会長・片山国嘉が催眠術の取り締まりに関する建議書を提出した。また1906年には医師法が施行され，医療関係者の身分が確立した。医者と非医者との弁別である。そして1908年，警察犯処罰令が施行され「濫ニ催眠術ヲ施シタル者」は「三十日以下ノ拘留又ハ二十円以下ノ科料」と定められた。これらの法令によって，非医者による催眠術を用いた治療行為は厳しい制限を受けることとなった。だが催眠術家たちは看板を書き換えることで，この規制から逃れることに成功した。催眠術から霊術への移行である。

催眠術から霊術へ

　では，福来が進めていた催眠術の心理学的な研究はどうなったのか。彼は『催眠心理学』のなかで「催眠現象の大部分は，依然として科学的説明の範囲外にあり」と述べ，だからこそ科学的研究の埒外に置かれた「催眠現象に合理的新説明を加え，以て斯術をして堅実なる科学的基礎の上に立たしめん」と，今後の展望を示していた（福来，1906）。その福来が選んだ研究対象は，催眠術によって顕在化したという透視（千里眼）能力だった。透視，または念写といった

超常現象の有無をめぐって世間では激しい議論が生まれた。1910年から1911年の，いわゆる「千里眼事件」である。

　福来が研究対象とした能力者が相次いで世を去ったことで，結論は曖昧なまま論争は終結した。だが，千里眼に対する否定的な見解が大勢を占めた。それから2年後の1913年，福来は『透視と念写』（宝文館）を刊行，ふたたび超常能力の実在を訴えたものの，東京帝国大学から福来に休職の辞令が下りたことで，アカデミックな場での学際的な議論は打ち切られた。また，東京帝国大学で福来が担当していた変態心理学の講座も閉じられた。催眠術の使用も含めた心理療法の探究と実践は，変態心理学の研究対象と深く関わっていたが，アカデミズムの立場から心理療法の有効性を主張できる立場にあった福来の失脚は，事実上，心理療法に関する議論が封印されることを意味した。

　こうした動きを意識したとき，同時期の大槻快尊の言説は興味深い。大槻（1913）は世に蔓延する民間の精神療法（霊術）を激しく批判し，あくまで「科学的合理的の精神療法」に依る必要を訴え，それを「精神の病患を，主として精神作用により治療する事」と定義する。また，精神療法の基礎的な学問として「実験的結果と一致する科学的心理学」たる「生理的心理学」を据える。さらに「精神療法はただ機能性疾患を治療し得るだけであり，この限界を犯してはならない」とし「精神療法は暗示作用を主とするが，しかし肉体的な治療を捨ててはならない」と，医学との併用を勧める。

　また大槻は，当時の民間精神療法による「心霊万能」「精神万能」といった主張に注意を促し，あるべき精神療法家の条件を示す。いわく，温情に富み，高い人格を有し，技術に秀でて，心理学，医学全般，教育学などに関する一般的な知識を有すること。さらに彼は，精神療法を施すために必要な専門知識のほとんどが医学であ

る以上，医師が精神療法を行うべきであるという意見に対して，次のように反論する。精神療法を行う際には，治療者と患者の間に意思の疎通が必要である。患者の心理生活を十全に理解したうえで治療を施さなければ効果がない。したがって，心理生活に関する知識が豊富な心理学者こそ，精神療法に適切なのである，と（大槻，1913）。

　心理学領域からの精神療法の必要性を，大槻は訴える。しかし福来の失脚によって，異常心理の研究，さらには心理学領域からの治療をめぐる研究は，アカデミズムでは困難となった。ただしこうした状況は，必ずしも全てが福来に起因するものではない。海外において，すでに催眠術の研究は退潮しつつあった。フロイト精神分析による自由連想法の登場は，ヒステリー治療に用いられてきた催眠療法を時代遅れのものにした。また生理主義的，生化学的な治療法の発展によって，新たな治療法が次々に登場していた。

　その後，中村古峡や小熊虎之助が心理療法を試みているものの（安齋，2001；竹内ほか，2016），もはやアカデミズムにおいて，心理療法を扱う意味は急速に失われつつあった。しかしそれは，あくまでアカデミズム内部の問題にとどまる。大正期，民間にあっては催眠術治療に端を発した精神療法（霊術）が，一気に勢力を拡大していた。

霊術の時代

　霊術にその基本理念を提供したのは，桑原俊郎（天然）である。桑原は肉体と精神が相互に影響を与えるという心身相関説を採用し，肉体に対する精神の優位を主張する。精神こそが物質を規定するのであり，催眠術によって精神のありようを変えることで肉体の患部も全治するとした（桑原，1904）。桑原の主張は西洋至上主義，

唯物論的な実証主義に対抗する理論として，反西洋医学を標榜する霊術家たちの指標となった。

　このように当時の民間精神療法（霊術）は，現代における心理療法とは異なる。それは，暗示によって精神に働きかけ，機能的な疾患から器質的疾病まで，あらゆる身体の治療を可能にする特異な技術の総称だった。その背景には，すでに指摘した通り，人間の内面に入り込んで精神の無限の可能性を開くといった催眠術イメージが存在している。大正期には『心理研究』や『変態心理』といった専門誌でも批判的に取り上げられるほど，霊術は大きな勢力を有していた。彼らはそれぞれ独自の理論を唱え，団体を設立し，機関誌を通じて会員を募り，通信教育や講習会を行って後進を育成すると同時に，たびたび地方へ出張して臨時の治療所を設け，多くの患者に治療を施した。

　例えば田中守平が主宰した太霊道は，新聞の一面を使用した大々的な宣伝を行うなど，数ある霊術団体でも際立った存在だった。田中は太霊を，宇宙に遍在する第一の本義とし，太霊から生命の実体たる霊子が生じ，この霊子が発動することで肉体が構成され，有機的な精神が発現すると主張した。この霊子を発現させることで，患部の細胞を刺激して治療を速やかにするだけではなく，身体全体の活力を増殖することができるという（田中，1916）。また渡辺藤交が率いた日本心霊学会は「所謂念力を基としたる呼吸式感応的治療法」にもとづく，実践的な心霊治療を標榜した（渡辺，1913）。同学会は研究部，出版部，新聞部，治療部などを備え，心霊治療法の宣伝と伝授を中心事業としていた。

　こうした霊術団体は全国各地に存在し，それぞれの理論と治療法を競い合っていた。彼らの活動は，正統医学に対する代替的な役割を果たしていたと言える（田邊ほか，1999）。また大正期の民間精神療法は，医学と宗教の間に第三の領域を形成していたという評価もある（栗田ほ

か, 2019）。しかし1930年の「療術行為ニ関スル取締規則」（警察庁令第四三号）の発令以降, 規制が厳格化するにともなって, 霊術は徐々に姿を消していった。

おわりに

　催眠術の流行から派生したいわゆる暗示療法は, 大正期には霊術へと形を変え, 民間において隆盛を誇り, 社会において一定の役割を果たしていた。その一部は, 現代にまで継続している。現代の心理療法とは異なるものの, その歴史的経緯には, 検討すべき課題が数多く残されている。

◉ **文献**

安齋順子（2001）日本の「変態心理」と小熊虎之助──ユング著作の翻訳と開業心理療法活動の紹介. 心理学史・心理学論 3；29-36.

福来友吉（1906）催眠心理学. 成美堂.

一柳廣孝（1997）催眠術の日本近代. 青弓社.

一柳廣孝（2014）無意識という物語──近代日本と「心」の行方. 名古屋大学出版会.

一柳廣孝（2020）怪異の表象空間──メディア・オカルト・サブカルチャー. 国書刊行会.

一柳廣孝（2021）〈こっくりさん〉と〈千里眼〉［増補版］──日本近代と心霊学. 青弓社.

井上円了（1888）治療法ノ新発明. In：松本源太郎ほか：心理学. 哲学館.

井上円了（1904）心理療法. 南江堂.

古賀廉三（1904）催眠術と医業の区別を論ず. In：催眠術及ズッゲスチオン論集. 南江堂.

栗田英彦, 塚田穂高, 吉永進一 編（2019）近現代日本の民間精神療法──不可視なエネルギーの諸相. 国書刊行会.

桑原天然（1904）精神霊動 第二編──精神論. 開発社.

馬島東白［原文ママ］講演, 田中政吉 筆記（1888）催眠術治療法. In：松本源太郎ほか：心理学. 哲学館.

中村古峡（1922）催眠術講義. 日本変態心理学会.

大沢謙二（1904）催眠術と国家医学の関係. In：催眠術及ズッゲスチオン論集. 南江堂.

大槻快尊（1913）精神療法の話. 心理研究 3-13；44-73.

竹内瑞穂＋「メタモ研究会」編（2016）〈変態〉二十面相──もうひとつの近代日本精神史. 六花出版.

田邊信太郎, 島薗進, 弓山達也 編（1999）癒しに生きた人々──近代知のオルタナティブ. 専修大学出版局.

田中守平（1916）太霊道及霊子術講授録. 太霊道本院出版局.

渡辺藤交（1913）心霊治療秘書. 日本心霊学会出版部.

セラピー文化論・アメリカ・現代日本

エサレン研究所とロジャーズ

立教大学社会学部

小池 靖

セラピー文化とは何か

近現代の，いわゆる先進国を中心に広がる，カウンセリングやセラピー（心理療法，癒し）をめぐる発想や実践の広がりを，特に英語圏では「セラピー文化」（Therapeutic Culture または Therapy Culture）と呼ぶことがある。そのセラピー文化を，社会学，人類学といった立場から調査・研究・分析することを「セラピー文化論」と呼ぶこともできるだろう。

セラピー文化は実に多様な広がりを見せてきた。学校や企業におけるカウンセリングをはじめとして，グループ・セラピーなどの技法や，人生論を説いたハウトゥものの本＝自己啓発書（セルフヘルプ本）や，そこで説かれるポジティブ・シンキング，さらには嗜癖などに対処するためのさまざまな自助グループなども，セラピー文化を構成している。最も広義にとらえれば，大学における心理学専攻の人気や，精神医療の世界の動向なども，セラピー文化の広がりを示すものと言える。

近年，学問の世界においてセラピー文化論が隆盛したのは，1990年代の後半に，セラピー＝カウンセリング的な発想が，司法，福祉などにも活用されてきているという「セラピー国家論」の議論がアメリカで盛んになったこともひとつのきっかけであった（Nolan, 1998）。

筆者は，2007年に刊行した『セラピー文化の社会学』のなかで，サイコセラピーを「人工的・契約的な空間において，カウンセラーや悩みを共有する他者との，言語的・非言語的コミュニケーションを通じて，自己の向上や成長をめざす営み」と暫定的に定義した。また，セラピー文化における理想的な人間像を「肯定的な人生観をもち，自分のことが好きであるがゆえに他者も愛することができ，何でも包み隠さずオープンに話して，他者と調和的なコミュニケーションを取れる人物」と位置づけた（小池，2007, pp.7, 9）。そう考えれば，世に広がる自己実現論や自分探しも，セラピー文化における決定的に重要な要素ということになる。

この小論では，セラピー文化における2つのルーツ，アメリカのエサレン研究所と，臨床心理学者カール・ロジャーズという事例を通して，日本のセラピー文化の今を考察してみたい。

エサレン研究所

エサレン研究所（以下，エサレン）は，アメリカ・カリフォルニア州ビッグ・サーに所在する，1962年に設立された，いわゆる「グロース（成長）・センター」のひとつである（丸山，2003）。

エサレンは，2人のスタンフォード大学卒業生，リチャード・プライスとマイケル・マーフィーによって作られた。2人は，サンフランシスコの瞑想センターで知り合ったという。「エサ

レン」とはその地のネイティブ・アメリカンの部族の名前に由来する。ヒッピーやカウンターカルチャーといった時代精神のもとで，東洋の宗教性にも関心のあった2人は，当時の心理療法や瞑想など，自己成長のためのセンターとして，マーフィーの祖母が持っていた土地に，プライスの父の資金援助でエサレン研究所を建設した。

筆者も1999年にエサレンを訪れ"Experiencing Esalen"という入門コースを受講したことがある。ひとことで言えば，セミナー室，宿泊施設，食堂，露天風呂を兼ね備えた保養地のような場所だ。太平洋を見下ろす崖の上に位置し，セラピーや広義のスピリチュアリティに関心のある比較的若い人たちが，主に週末などに有料でさまざまな自己成長のためのコースを受けていた。

その入門コースは泊まりの講座として3日間続き，参加者とペアになっての対話，ゲシュタルト療法，絵を描く，自然のなかでのダンス，自然食の食事などを体験した。エサレンマッサージと呼ばれる施術を別料金で体験している参加者もいた。

かつてエサレンの3つの柱は，エンカウンター，ゲシュタルト療法，ボディワークであると言われた。数日間，他者とぶっ通しで対話を続けるのがエンカウンターグループ（出会いのグループ）である。またフリッツ・パールズに由来し，セラピストのガイドのもと，「エンプティ・チェア」（空(から)の椅子）に座る仮想の存在（重要な他者，もうひとりの自己，自分の身体の部位など，何でもあり）と模擬的に対話したりするのがゲシュタルト療法だ。ロルフィングなど，自分の身体性に気づくさまざまなワークがボディ・ワークである。また，アメリカ人が独自に理解した禅もエサレンに影響を与えたと言われている。

エサレンは，特にその草創期に，多くの知識人たちも集う，セラピー的実験のメッカとなっ

ていった。人類学者グレゴリー・ベイトソン，禅の紹介者アラン・ワッツ，「センサリー・アウェアネス」のシャーロット・セルヴァーなどもその代表的人物だ。そして，アブラハム・マズロー，カール・ロジャーズといった，人間性心理学の論客も，時にエサレンを訪れ，エサレンの支持者となっていったという。人間性心理学における，「自己実現」してゆく性善説的な人生観こそは，1960〜70年代アメリカのセラピーの精神を特徴づけていた。

また，エサレンに関わる人物として，自己啓発セミナーの先駆け「エアハード・セミナーズ・トレーニング」（通称est）を創設した元セールスマン，ワーナー・エアハードもいた。エアハードは，ホテルの会議室で，数百人規模の受講者を前に，スーツを着て登場し，時には故意に受講者を罵倒するようなスタイルのトレーニングによって，数日間で自己が変えられると主張した。エアハードは，エサレン周辺のセラピー技法に，『思考は現実化する』といった自己啓発書，セールスマンのトレーニングなどを接ぎ木し，自己啓発セミナーという商業的セラピー・イベントのパッケージを考案した。人間性心理学の大衆普及版がヒューマン・ポテンシャル運動（Human Potential Movement）だと言われるが，ヒューマン・ポテンシャル運動が生んだもののひとつは自己啓発セミナーであった。のちにその操作性などから，自己啓発セミナーはエサレン周辺からも批判されてゆくのであるが。

自己啓発セミナーは，1980年代後半から1990年代前半に，日本でも都市部を中心に多くの受講生を獲得し，その時点では，日本において集団心理療法の技法を普及させた最大のムーブメントとなった。

丸山智恵子は，エサレンを取り巻く時代精神の影響をとらえ，次のように述べている。「『今・ここの体験』という禅の本質が特に50年代のビート・ジェネレーションをとらえ，60年代

のヒッピーのライフスタイルに浸透し70年代のニューエイジにも受け継がれていく」（丸山，2003，p.45）。実験的空間で，人々の相互作用によって自己変容を促す試みは，アメリカ文化の一部分を確かに形成した。

しかし，早くも1970年前後には，エサレン的なセラピーへの耽溺は，反知性主義的で，享楽的なナルシシズムへの没頭なのではないのか，という批判も生まれていった。代表的なものに，クリストファー・ラッシュの『ナルシシズムの時代』（Lasch, 1979）などがある。また「1968年『ネーション』誌の書評者ロバート・クレイボーンは，ヒューマン・ポテンシャル運動は政治に無関心，あるいは潜在的に保守的であると［…］エサレンを激しく批判した」という（丸山，2003，p.53）。

エサレンやセラピーは，時にポップカルチャーの題材にもなってきた。2015年に放映されたアメリカンドラマ「MAD MEN（マッドメン）」の最終回では，1960年代ニューヨークの挫折しかけた広告マンが，失意のなかで西海岸にたどりつき，エサレンによく似た施設を訪れて，瞑想のなかで新しい広告のアイディアを思いつく，というシーンがある。エサレンは一部のアメリカ人にとって，人里離れた場所で，スピリチュアルなリトリート（合宿）をする際の，一種の原風景となっているようだ。

ロジャーズと日本

エサレンにも関わったカール・ロジャーズ（1902-1987）は，日本のカウンセリングにとっての最重要人物でもあった。ロジャーズは，キリスト教の聖職者を志した時期もあったものの，やがてコロンビア大学で心理学の博士号を取得した。1942年に「非指示的カウンセリング」という言葉を使うようになり，1951年にはそれが「来談者中心療法（またはクライエント中心療法）」として確立した（東山・森田，1983）。来談者中心療法では，「一致」（self-congruence）「受容」（acceptance）「共感」（empathic understanding）をモットーとした。つまり，自己アイデンティティが安定（「一致」）したカウンセラーが，あたたかい「受容」的な雰囲気のなかで，クライエントのあり方を肯定し，「共感」的に対話を促せば，クライエントの問題は自ずと解決してゆくだろうと考えられた。「何の脅威も感じさせない安全かつ受容的な雰囲気のもとでクライエントの主体性・自発性を尊重することが，カウンセリングにおいて［…］最も有効な援助である」とされた（金原，2015，p.2）。

欲求5段階説で有名なアブラハム・マズローが「自己実現（Self Actualization）した人間」という用語で提唱した人間のあり方は，カール・ロジャーズにおいては「充分に機能する人間」（A Fully Functioning Person）であった。心理学の第1勢力を精神分析とし，第2勢力を行動主義心理学だとするなら，マズローやロジャーズの人間性心理学は，第3の勢力であると言われた。人間性心理学は，運命決定論を廃し，前向きで明るい人間観を持ち，産業界，出版界，教育界にも大きな影響を与えた。

ロジャーズはさらに，1970年以降はベーシック・エンカウンターグループを推進した。エンカウンターグループは，同時代の感受性訓練，Tグループなどと共に，教会，企業，大学などでのセラピー的実践として，1970年代以降，アメリカや日本のみならず，世界でも広がっていった。

ロジャーズは，エンカウンターグループを，世界の紛争解決にも役立てたいと考えていたようである。「心理療法のみならず，世界平和に取り組んだ，偉大なヒューマニスト」だったとの日本人研究者による評も存在する（池見，2002，p.37）。

ロジャーズの来談者中心療法は，日本で，時に本国アメリカ以上に受け入れられ，支持され

た。「わが国でカウンセリングという言葉はロジャーズ派の精神療法とほぼ同義」（野村, 2015, p.452），「カウンセラーはロジェリアンと同義語でさえあった」（東山・森田, 1983, p.32）といった評価もある。また世界で，ロジャーズ全集が刊行されている唯一の言語は日本語であるという。確かに，日本でカウンセリングを受けると，カウンセラーが「なるほど，そういう問題でお困りだったんですね」というようなかたちで，オウム返しにこちらの発言を肯定，支持することが多い。

ロジャーズ理論がそこまで日本で受け入れられた最大の要因のひとつは，他の心理療法の技法・思想と比べても，簡易であり，かつ誰でも「共感」しやすい療法であった，ということにあるだろう。

体験的学習を通じて，生徒ひとりひとりが個性を育んでいくべきであるという考え方は，ジョン・デューイらの「進歩主義教育」（Progressive Education）に由来するが，人間性心理学は，広い意味ではアメリカの進歩主義教育の系譜にも連なるものである。進歩主義教育は，日本の戦後の公教育にも影響を与えた。戦後民主主義に基づく日本の教育の文脈に，ロジャーズの思想が結びつきやすかったのも当然であるかもしれない。

國場幸雄によれば，1987年に宮崎県内で教育研修を受けた教員の62%が「カウンセリングにはいろんな理論があるが，ロージャズ［原文ママ］の理論が一番良いと思う」という問いに「はい」と答えたという（國場, 1995）。また，1970年代の大学，高専，短大の学生相談所においては，その80.2%が「来談者中心カウンセリング」を，その理論の中心に据えていたという（國場, 1995）。なお，次点は精神分析であった。

1980年代以降，日本の教育の文脈では「カウンセリング・マインド」も提唱されるようになっていった。一時期，各都道府県の教員採用試験

の頻出用語にさえなったという。カウンセリング・マインドは，ロジャーズが提唱した概念ではないが，「人があたかもカウンセラーであるかのように他者に温かく接することをさす」と考えられ（金原, 2015, p.3），来談者中心療法と地続きの精神でもあった。

しかし，カウンセリング心理学者の金原俊輔によれば，1996年に，息子に暴力を振るわれていた父親がその息子を金属バットで殴り殺した「東京湯島・金属バット事件」が起き，その父親が，カウンセリングの心得があったほか，「医師から『息子の暴力を受容すべき』というクライエント中心療法的なアドバイスを受けていた」ことから，この事件が，受容的カウンセリングの限界を指し示すきっかけとなっていったという（金原, 2015, p.5）。2001年には，埼玉県の中学校でスクール・カウンセリングにも通っていた2人の生徒がビルから飛び降り自殺する事件も起きている。

こうした事件を契機に，来談者中心療法は精神論中心でエビデンスが軽視されているといった批判や，「受容」的な指導によって不登校が増加しているといった指摘もされるようになった。金原は，2010年代には教育におけるカウンセリング・マインド的な言説は下火になったと解釈している（金原, 2015）。

現代日本へ

翻って，エサレンのセラピーの精神，そして同時代のカール・ロジャーズ的な来談者中心療法の考え方は，現代日本において，どの程度生き残ったのか。個々の成長センターはアメリカでも衰退し，日本におけるロジャーズ理論も，認知行動療法など多種多様な技法が推進される昨今では，その相対的地位は低下した。セラピー文化は，社会に拡散することで，広く薄く定着はしつつも，だからこそ，はっきりした姿は見

えにくくなった……そんな状況にあるのではないか。

「ヒューマン・ポテンシャル運動がもつ同時代の他の運動と異なる特徴は［…］そこで生まれた学びの新しい手法が『ワークショップ』と呼ばれるかたちで一般化したということ」だと丸山は述べている（丸山，2003，p.44）。確かに2020年代のいま，「ワークショップ」形式の学びや「アクティブラーニング」は花盛りである。「自己実現」といった考え方も，女性誌にまで登場するようになって久しい。

後期近代社会において，個人の参照点として「自己の感情」が重視されるようになることを「再帰性（の高まり）」と呼ぶが，セラピー文化は，再帰性を先導したムーブメントであったとも言える。人工的な対話の機会を学びやコミュニケーションに役立てようとするセラピーの姿勢は，確かにアクティブラーニングなどにも生き残ってはいるが，それを説明する際に「エサレン」「ロジャーズ」といった語は，もはや必ずしも必要ではないだろう。

自己啓発セミナー的な技法も，広く薄く社会に一般化したからこそ，高額の自己啓発セミナー自体は衰退していったと考えられるが，これは，セラピー文化一般にも共通していると言えよう。エンカウンターグループが，大学や企業でおこなわれることもほぼなくなった。

マズローは，自己実現を果たした人間はいずれスピリチュアリティへの関心を高めると考えていたようであるが，こうしたスピリチュアリティの側面については，スクール・カウンセリングなども含めた現在のセラピー文化の総体から見れば，特段人気があるとは言えない。心理療法で最もスピリチュアリティを強調する一派，トランスパーソナル心理学は，現在人気のある流派とはとても呼べず，世界でも，トランスパーソナル心理学を学べる大学院は非常に限られている。

海外のアカデミズムにおけるセラピー文化論（心理主義研究と言っても良い）では，セラピー文化「批判」が主流ですらある。これは，欧米のインテリが，自己啓発書に代表されるような，資本主義的なセラピー文化を暗に批判的に見ていることにも拠っている。

セラピー文化論もスピリチュアリティ・ムーブメントの研究も，カウンターカルチャー的なものに期望を託せば一種の「ロマン主義」的称賛となるが，巷にあふれる自己啓発言説などへの批判が目的となれば「ポピュラー文化批判」となる。学校・産業カウンセリングがここまで一般化し，アクティブラーニングに現場からの批判の声もあまり聞こえてこない現在の状況にあっては，セラピー文化やそれに端を発するさまざまな技法についても，むしろその賢い活用法を具体的に考えるほうが建設的なのではないか，と筆者は考えている。

むしろ現在，インターネットという空間それ自体が，セラピーや癒しの役割を担うようになってきている。コロナ禍で拡大したオンライン・カウンセリングはもちろん，自助グループ的，人生相談的な役割を「Yahoo! 知恵袋」や「発言小町」などの掲示板が代替している部分もあるだろう。マインドフルネス瞑想やフィットネス，さらにはセルフ認知行動療法などのためのスマートフォン用アプリも，少しずつ広がっているようだ。

2000年代にセラピー文化論を論じていた立場だからこそ，2020年代の今では「セラピー文化の終焉」という可能性も考慮しなくてはならないと思う瞬間さえある。21世紀のいま，あるセラピー技法が真に一般化するためには，スマートフォンのアプリなどで誰もが使える程度に簡略化し，あいまいな「スピリチュアリティ」といった要素は適度に抑制する必要があるようだ。現代日本の就職活動における「自己分析」のための各種ツールなどは，その条件を満たしてい

るものが少なくない。

　用語としての「エサレン」に至っては，日本語のカタカナでグーグル検索すると，そのほとんどは「エサレンマッサージ」に関するものであるという状況だ。これも，形而上を廃したわかりやすい身体感覚への集中こそが，ポピュラー文化で生きのびるための要素である，ということの実例のようにも思われる。

　セラピー，スピリチュアリティ，そしてインターネットの三者を見据えた文化の盛衰を分析してゆくことは，今後も社会学や関連諸科学の課題であろう。

◉**文献**

東山紘久，森田善治 (1983) 来談者中心療法の現状と展望——Person-centered approach workshop に参加して．大阪教育大学障害児教育研究紀要 6 ; 25-36.

池見陽 (2002) カール・ロジャーズ再考——ロジャーズ生誕百年にあたって．産業訓練 11 ; 32-37.

金原俊輔 (2015) カウンセリングマインドという概念および態度が日本の生徒指導や教育相談へ与えた影響——主に問題点に関して．地域総研紀要 3-1 ; 1-12.

小池靖 (2007) セラピー文化の社会学——ネットワークビジネス・自己啓発・トラウマ．勁草書房．

國場幸雄 (1995) 学校におけるカウンセリングの普及について——ロージャズ理論の普及．宮崎産業経営大学研究紀要 7-1 ; 27-37.

Lasch C (1979) The Culture of Narcissism : American Life in An Age of Diminishing Expectations. New York : W.W. Norton & Company. (石川弘義 訳 (1981) ナルシシズムの時代．ナツメ社)

丸山智恵子 (2003) ヒューマンポテンシャル運動に見る〈自己認識〉と〈共感の場〉に関する一考察——1960年代のカリフォルニア・エサレン研究所を事例に．Sociology Today 13 ; 43-59.

Nolan J Jr (1998) The Therapeutic State : Justifying Government at Century's End. New York : New York University Press.

野村俊明 (2015) ロジャーズ派の精神療法およびカウンセリングの副作用．精神神経学雑誌 117-6 ; 452-456.

モダニティ・親密性・セラピー
アンソニー・ギデンズ

立教大学21世紀社会デザイン研究科
中森弘樹

はじめに

　人間関係，特に親密な関係と，現代社会との関連性を知るために，基本となる社会学の古典とは何だろうか。このような問いかけを，人の心を扱う研究者や治療者に尋ねられたときに，アンソニー・ギデンズの著作を候補に挙げる者は多いだろう。ギデンズが，親密性について論ずるうえで最も重要な社会学者の一人であることに，疑いの余地はない。そもそも親密性（intimacy）という用語が社会学において普及したこと自体，ギデンズの功績に拠る部分が大きいからだ（桶川，2011）。

　実際に，日本の親密性の議論に対するギデンズの影響力は，現代においても絶大である。たとえば，雑誌『現代思想』2021年9月号の特集テーマは「〈恋愛〉の現在」だったのだが，同テーマに対して多分野から寄稿された論考のうち，おおよそ半数にあたる9本（筆者自身の論考も含む）において，ギデンズの著作がそれと分かる形で引用・参照されている。ギデンズが，恋愛学や恋愛の社会学の専門家であるという看板を掲げているわけではないにもかかわらず，だ。

　このような，ある意味では極端ともいえる状況に対して，むしろ違和感を覚える者もいるかもしれない。なぜ**いまだに**ギデンズの親密性論が，日本でこれほど高頻度に参照され続けるのだろうか，と。こと恋愛に関しては，ロマンティッ

ク・ラブからコンフルエント・ラブへ，という基本図式を定着させたのもまたギデンズであるので，起源として参照され続けるのは当然といえば当然だろう。だが，そのような恋愛の理念の変遷も含めた，親密性の変容について参照されるギデンズの著作は，1990年代前半に出版されたものがほとんどである。しかも，後述するように，それらの（1990年頃時点での）「現代」の特徴を説明する際に，ギデンズがしばしば事例として取り上げるのは，英米圏の1990年前後あるいはそれ以前のセラピーや自己啓発文化なのだ。もちろん，ギデンズの親密性論がどのように参照されているのか——現代の，最前線として紹介するのか，起源として取り上げるのか，あるいは批判的検討の対象とするのか——によって，その意味も変わってくるところではあろうが，それにしても，このある種の時代的な「ギャップ」それ自体が興味深い現象だといえる。

　いずれにせよ，ギデンズの著作を通して現代社会（あるいはその起源）を語ろうとするとき，私たちはギデンズの研究というレンズを通して，少なくとも30年以上前の「現代」のセラピーや自己啓発文化を観ている——だとすれば，人の心を扱う研究者や治療者が現代社会を理解するにあたって，**かつての**ギデンズの議論を知ることには，冒頭で述べたような親密性論の起原を知る**以上の**意義があるといえよう。そこで以下

では，当時のギデンズの議論を改めて整理しつつ，そのなかで，当時のセラピーや自己啓発文化がどのように参照されていたのかを確認してみることにしたい。

再帰性としてのセラピー

モダニティと再帰性

ギデンズの理論では，「現代」の社会は，ハイ（もしくは後期）・モダニティ（high (or late) modernity）の段階に位置付けられている。ギデンズによれば，ハイ・モダニティは，「モダニティの基本的特徴の徹底化とグローバル化によって特徴付けられる，近代制度の現在の段階」（Giddens, 1991/2021, p.405）だという。よって，「現代」すなわち後期モダニティの特性を理解するためには，まずはその元となったモダニティの基本的特徴をごく簡単に整理しておく必要がある。

ギデンズは，モダニティのダイナミズムを，「時間と空間の分離」「脱埋め込みメカニズム」「再帰性」の3つの特徴から説明している（Giddens, 1990/1993, 1991/2021）。「時間と空間の分離」と「脱埋め込みメカニズム」は，人々の行為をローカルな「いま・ここ」の特殊性から切り離すことで，広大な時空を横断する社会活動を可能にする。このようなメカニズムの例としては，貨幣や，各分野の専門家たちの知識を挙げることができる。近代以降を生きる人々は，「いま・ここ」を括弧に入れて，貨幣や専門知を「信頼」している。そうすることで，目の前にいない相手との時空間を越えた取引や，自身の直接の経験やローカルな伝統には基づかない判断——たとえば新しい薬が安全かどうか，など——を，日常的に営むことが可能になっている。モダニティにおいては，ごく身近な人間関係や伝統的な知のみに依拠して生きてゆくのは困難なので，人々は否応なくそのようなダイナミズムに取り込まれてゆく。

こうしたメカニズムと作用し合うことで生じるのが，本稿で主に取り上げるモダニティの第3の特徴，すなわちモダニティの「再帰性（reflexivity）」である。

再帰性は多義的な概念であるため，ここではギデンズの議論における，モダニティを特徴づける「再帰性」に絞った紹介にとどめておこう。ギデンズによれば，近代社会の再帰性は，「社会の実際の営みが，まさしくその営みに関して新たに得た情報によってつねに吟味，改善され，その結果，その営み自体の特性を本質的に変えてゆくという事実に見いだすことができる」（Giddens, 1990/1993, p.55）という。もう少し分かりやすくいえば，伝統やしきたりといったものも含めた，人々の知全般が，たえず修正の可能性にさらされているのが，近代社会だということになろうか。ゆえに，モダニティと物事への「懐疑」との間には，切っても切れない関係が存在するようになってくる（Giddens, 1991/2021）。こうした再帰性のダイナミズムが，近代的制度そのもの——自然科学や法など——を構成する原理となっていることから，「制度的再帰性（intuitional reflexivity）」という言葉もしばしば用いられる。

さて，以上のモダニティの性質を踏まえると，それがより徹底化された帰結としてのハイ・モダニティの輪郭も自ずと見えてくる。ギデンズは，ハイ・モダニティの特徴を，「進歩的理性への広くいきわたった懐疑」（Giddens, 1991/2021, p.52）という言葉で，端的に表現する。たとえば，科学技術の発展は，人類に有益な可能性をもたらす一方で，自然破壊などの新たなリスクも生むものとみなされる。

ハイ・モダニティの極端な再帰性のもとでは，知識は，知識自身が形成された環境へと持続的に還流されることで，不確実性をもたらすことになる（Giddens, 1991/2021）。こうした図式は，たとえば，Covid-19に対して専門家が提起した

さまざまな対策がとられることで，感染状況が変化し，それに応じて新たな予測が生じ，また対策が行われて……という過程を経ることで，対策に一貫性が見られないという不信を招いてしまう，という最新の状況を踏まえると，現在においても一定の説得力を持つといえそうだ。

伝統によって確立された道標がもはや存在せず，代わりに不確実性，不安，リスク，移ろいやすさで満たされた世界のなかで，個人や集団は無限の選択肢にさらされ続けることになる――こうしたハイ・モダニティでの生活を，ギデンズはしばしば「ジャガーノートに乗っているよう」とたとえている（Giddens, 1990/1993, 1991/2021）。もっとも，ギデンズはこのようなモダニティの帰結を悲観的に捉えるだけではなく，モダニティが達成した「解放」が，人々に何をもたらし，それによって何が新たな課題となるのかも論じようとする。ライフ・ポリティクスのプレゼンスの高まりは，そのような文脈でギデンズが「予見」したことのひとつである。

ハイ・モダニティにおける自己とセラピー

ハイ・モダニティの再帰性は，マクロな制度のみならず，自己の核心部にまで影響を及ぼすことになる。

　　何をすべきか？　どう振る舞うべきか？誰になるべきか？　これらは後期モダニティの環境に生きる者すべてにとっての中心的な問題である――そしてこの疑問に私たちのすべてが，何らかのレベルにおいて，言葉で，あるいは日々の社会行動を通して，答えている。　　（Giddens, 1991/2021, p.119）

ハイ・モダニティを生きる人々のアイデンティティは，このような自己にまつわるモニタリングとナラティブによって，再帰的に構成される。こうした過程を，ギデンズは「自己の再帰的プロジェクト」と呼んでいる（Giddens, 1991/2021）。興味深いのは，ギデンズがこれらの自己のあり方を説明するための事例として，当時のセラピーや自己啓発書を取り上げていることだ。

たとえば，ジャネット・レインウォーターの『セルフ・セラピー』では，生活のあらゆる機会において継続的な自己観察を行い，過去・現在・未来について自伝的に思考し続けることで，自分で自身の人生の一貫した意味を作り上げるという営みが，自己実現のために推奨される（Rainwater, 1989）。ギデンズによれば，このレインウォーターの指南の内容には，「再帰的プロジェクト」としての自己のあり方を示す，多くの要素が含まれている（Giddens, 1991/2021）。私たち自身が自らの人生を作り上げる責任者であること，ナラティブ（物語）としての自伝を作ること，自己実現は機会とリスクのバランスによって理解されなければならないこと，自らに誠実であること（信実性），ライフコースは移行の「連なり（passage）」とみなされること，そして，自己発達のラインは内的に準拠していて，唯一の重要なつなぎの糸は人生の軌跡それ自体であること……これらの，ギデンズがレインウォーターの著作から抽出した要素は，現在の日本で流通する自己啓発書の内容とも，多くの点で類似しているように見える。

また，ハイ・モダニティにおいては，外観も振る舞いも，所与のものとして組織することができない。よって，身体もまた，自己と同様に，再帰的にデザインされる必要があるという（Giddens, 1991/2021）。ここでギデンズが取り上げる事例は，やはり「セルフ・ヘルプ的」な著作である。ギデンズは，ヴァーノン・コールマンの『身体感覚』（Coleman, 1990）という著作において，食事習慣や健康管理といった「身体ケア」が重要視されていることに着目する。ハイ・モダニティを生きる人々は，自身の身体からのシグナルに注意深く耳を傾け，健康状態を

維持することで，さまざまな病気のリスクを自ら管理しなければならない。さらに，こうした営みは，外観を維持し，向上させる──「肌は若々しく，体はスリムでありつづける」（Giddens, 1991/2021, p.174）──ことにもつながる。ちなみにギデンズは，ある種の摂食障害を，こうした身体への再帰的モニタリングが強迫的な統制にまで及んでしまった帰結のひとつとして位置づけている（Giddens, 1991/2021）。

以上のような，自己や身体の再帰性を説明する際の，ギデンズの自己セラピー的営みへのこだわりは，セラピーや自己啓発が自己の再帰的プロジェクトの事例のひとつであるというよりも，むしろハイ・モダニティの再帰的な自己がそもそもセラピー的な性質を持っていることを示しているのではないだろうか。ここでいうところのセラピーとは，医学の専門家から受ける医療的処置というよりも，セラピストの助けや何らかのツールを「きっかけ」として，自らの生き方を反省的に問う営みを意味している。このような意味での「セラピー的な営み」は，何もセミナーやカウンセリングに通う者だけに当てはまるものではなく，ハイ・モダニティを生きる人々に多かれ少なかれ見られる特徴であると，ギデンズは捉えているように見える。

純粋な関係性と，親密性の自律／苦悩

自己が，再帰的な捉え直しを迫られる際の，よくあるきっかけのひとつは，人間関係をめぐる移行や悩みだろう。言うまでもなく，再帰的プロジェクトとしての自己と，いわゆる親密性の変容の議論は，切っても切れない関係にある。ハイ・モダニティの人間関係を特徴づけるのが，「純粋な関係性（pure relationship）」という形式である。

純粋な関係性とは，コミュニティや経済条件，社会生活といった外的基準が，そのなかでは解消してしまう関係性のことを指している。ギデンズによれば，性愛や婚姻，友人といった親密な関係は，後期近代社会では，純粋な関係性へと近づいてゆく傾向にある（Giddens, 1991/2021）。

純粋な関係性では，前近代において人間関係が依拠していた外的基準に代わって，コミットメントが中心的な働きをする。コミットメントは，「自己投入」や「自発的な関わり合い」の意味で用いられる概念であり，純粋な関係性は，当人たちが関係を継続しようと決断する──「コミットする」──かぎりにおいて維持される（Giddens, 1991/2021）。

こうした純粋な関係性の出現の背景には，パートナーを（いま・ここを飛び越えて）多様な可能性から自発的に選ぶことができるようになったという人間関係の変化がある。もっとも，この議論の含意は，単に「ハイ・モダニティにおいては人間関係が自由になった」ということだけにとどまらない。

この点に関して，示唆的であるのは，野口裕二の議論である。野口によれば，欧米圏において親密性という用語は，男女間の望ましい関係性という意味合いをもって普及していった。このような文脈で，ギデンズは，かつてのジェンダー規範とそれに伴う不平等が解消された──関係が「民主化」した──親密性の規範的な状態として見出されたのが，「純粋な関係性」という概念だという。こうしてギデンズは，純粋な関係性という概念を用いることで，それまで家族やコミュニティに埋め込まれていた親密性が「脱埋め込み化」され，それ自体，単独で追求できる／すべきものとなったという，20世紀後半の「親密性の変容」を描くことに成功する（野口，2018）。

実際にギデンズは，ロマンティック・ラブからコンフルエント・ラブへ，という恋愛の理念の変化を論じる際に，「永遠」で「唯一無二」な恋愛を志向するロマンティック・ラブがモダニティを駆動してきた一方で，特に女性を婚姻関

係や家庭生活のなかに抑圧してきたことを指摘する（Giddens, 1992/1995）。また，ギデンズは，コンフルエント・ラブが，異性愛に限定されるものではなく，同性愛など多様なセクシュアリティのもとで営まれるものであることを強調する（Giddens, 1992/1995）。これもまた，再帰性がモダニティの人間関係それ自体にまで及んだことで，親密性が，共同体の事情や社会制度から自律した形で追求されるようになった――純粋な関係性へと接近した――ことの，帰結とみなすことができよう。ギデンズの「親密性の変容」の議論が，日本の恋愛をめぐる議論で参照され続けるのは，親密性の自律と拡張をハイ・モダニティの帰結として規範的に肯定するという，ギデンズの切り開いた地平が，現在もいっそう多様化する性愛のあり方と相性が良いという理由もあるのかもしれない。

　一方で，ギデンズはハイ・モダニティにおける親密性の変容に関しても，やはり両価的に捉えている。ギデンズは，シア・ハイトの研究『女性と愛』（Hite, 1988）に収録されている，あるアメリカ人女性の恋愛についての語りが，「私」や「彼」が本当に大丈夫なのか（愛しているのか），という再帰的な問いかけをモチーフとしていることに注目する。ギデンズはこの語りを通して，純粋な関係性は当該関係が与える見返りのためだけに存在し，互いのコミットメントによってのみ維持されること，そしてそれゆえに，関係の解消のリスクを孕んだ不安定なものとならざるをえない点も描出している（Giddens, 1991/2021）。こうした純粋な関係性のリスク――このような性質は，ギデンズも述べるように恋愛関係にかぎったものではない――が招く不安という観点から，ギデンズの議論を参照し，現代の人間関係を分析する議論も，2000年代以降の日本では多く蓄積されている。

おわりに
――2つの仮説

　本稿ではこれまで，ギデンズのモダニティや自己，親密性にかかわる議論を概観しつつ，ギデンズが，1990年前後の「セラピー的な営み」を事例として頻繁に取り上げていることを確認してきた。それは，いみじくもギデンズ自身が述べているように，心理療法の研究書やセルフヘルプ・マニュアルは，「それらが立案し，手助けして作り上げようとしている再帰的自己自覚的過程の現れ」（Giddens, 1992/1995, p.98）であることを示唆しよう。

　とはいえ，上述のセラピー的な営みも，それらに依拠したギデンズの議論も，今から30年以上前の「現代」についてのものである。1990年前後から現在に至る過程で，社会は，とりわけ情報環境やコミュニケーションメディアの発達の側面で，大きく変化してきた。1990年頃の時点では，いずれの社会においても，SNSやスマートフォンはおろか，インターネットさえも一般には普及していなかったはずだ。

　ここで，冒頭の疑問に立ち返ってみることにしたい。このような「時代的制約」があるにもかかわらず，なぜ日本においてギデンズの親密性論はいまだ頻繁に参照され続けるのか。そして，私たちは**そのような営みそれ自体**から，どのような示唆を得ることができるのだろうか。この再帰的な問いに答えるためには，野口が指摘する，日本の親密性／親密圏をめぐる議論の独特の文脈（野口, 2018）など，多くの点を考慮しなければならず，筆者の力量と紙幅を大幅に超えてしまう。よって，本稿では以下の2つの「仮説」を提示するにとどめたい。

　まず，直ちに想起されるのは，現在を生きる私たちの自己や人間関係のあり方は，30年前にギデンズが照準した「再帰的自己自覚的過程」と，実はそれほど変わっていないのではないか，と

いう解釈だろう。たとえば，ほんの一事例にす
ぎないが，2010年代半ばに日本で小規模な流行
を見せた「卒婚」という概念の火付け役となっ
た，熟年離婚に代わる新たな夫婦のあり方を志
向する杉山由美子のエッセイ（杉山，2014）の
内容は，ギデンズがレインウォーターの『セル
フ・セラピー』から抽出したハイ・モダニティ
における生き方の理念と，多くの点で一致して
いる（中森，2019）。また，私たちが親密な関係
を築く際に使用する，SNSやショートメッセー
ジアプリなどのコミュニケーションツールは，
互いの意思で繋がり，また切断（ブロック）す
ることが可能だという点では，「純粋な関係性」
の理念がそのままプラットフォーム化されたも
のに見えなくもない。

　一方で，「最新」の現在に対応しうるような，
社会と個人（の心理）の関係を示す理論枠組み
が，ギデンズ以降，大幅に更新されていない，
あるいは日本に十分に導入されていない，とい
う解釈も可能かもしれない。上述したインター
ネットを介して形成される親密な関係には，そ
れがビジネスとして収益化されており，かつ，
人々も商品を選ぶように相手の選別を繰り返す
という，二重の意味で市場の原理が深く浸透し
ている。こうした社会において，自己が，心が
どうなってゆくのかを捉えるためには，たとえ
ばエヴァ・イルーズの「冷たい親密性」（Illouz,
2007）のような資本主義と親密性の相互嵌入性
を巡る議論が，さらに多く日本にも紹介され，

検討が深められる必要があるだろう。そうする
ことで，現代の親密性に傷ついた者を癒す方法
も，再帰的にアップデートされてゆくように思
われる。

◉**文献**

Coleman V (1990) Bodysense. London : Sheldon Press.

Giddens A (1990) The Consequences of Modernity. Cambridge : Polity Press.（松尾精文，小幡正敏 訳（1993）近代とはいかなる時代か？――モダニティの帰結. 而立書房）

Giddens A (1991) Modernity and Self-identity : Self and Society in the Late Modern Age. Cambridge : Polity Press.（秋吉美都，安藤太郎，筒井淳也 訳（2021）モダニティと自己アイデンティティ――後期近代における自己と社会. 筑摩書房）

Giddens A (1992) The Transformation of Intimacy : Sexuality, Love and Eroticism in Modern Societies. Cambridge : Polity Press.（松尾精文，松川昭子 訳（1995）親密性の変容――近代社会におけるセクシュアリティ，愛情，エロティシズム. 而立書房）

Hite S (1988) Women and Love. London : Viking.

Illouz E (2007) Cold Intimacies : The Making of Emotional Capitalism. Cambridge : Polity.

中森弘樹（2019）親密な関係と卒業とを往還する――「卒婚」の言説を媒介として. 現代思想 47-2 ; 158-168.

野口裕二（2018）ナラティブと共同性――自助グループ・当事者研究・オープンダイアローグ. 青土社.

桶川泰（2011）親密性・親密圏をめぐる定義の検討――無定義用語としての親密性・親密圏の可能性. 鶴山論叢 11 ; 23-34.

Rainwater J (1989) Self-Therapy : A Guide to Becoming Your Own Therapist. London : Crucible.

杉山由美子（2014）卒婚のススメ――人生を変える新しい夫婦のカタチ. 静山社.

資本主義と感情
感情の消費，愛さないこと，「ネガティブな関係性」

大阪大学
山田陽子

イスラエル＝フランスの社会学者エヴァ・イルーズによれば，近代資本主義は感情を操作し，道具化するが，具体的にどのようにそうするかは複雑な問題である。資本主義は現在，特に西側諸国の文化や価値観，労働，社会的活動のほぼ全域を覆っており，その影響は地球全体に及んでいる。利潤最大化が経済活動のみならず社会的活動の中心に据えられ，それ自体が自己目的化する。資本主義は，国家，組織，社会制度，一介の労働者に至るまでのあらゆるものを利潤最大化に向けた道具とみなすが，このことは現代人が社会や人間関係へコミットメントする仕方に重大な影響を及ぼしている (Illouz, 2022)。

モダニティと感情をテーマとするイルーズの仕事は多岐にわたる。本稿では，資本主義と感情に関するいくつかの論点——感情資本主義，感情の消費，愛さないこと (Unloving) ——について，そのエッセンスを概略的に示す。

感情資本主義

感情資本主義 (emotional capitalism) とは，感情に関する言説や実践と経済的な言説や実践が結びつき，互いが互いを形成し合う文化である。資本主義は単に経済体制のみを意味するのではなく，文化であり，社会全体を規定している。その結果，感情が経済的行動の本質的な特徴となる一方で，感情生活 (emotional life) ——特に中産階級のそれ——が経済的関係と交換の論理に従うようになるが，この過程は現代社会の広範囲に及んで観察される。イルーズによれば，特に20世紀以降の資本主義の発達は感情とともにあり，エモーショナルであることと合理性や効率性を追求することは表裏一体のプロセスとして進行してきた (Illouz, 2007, p.5)。

これをふまえて昨今の経済や労働の領域を見てみれば，共感や相互尊重，アンガーマネジメントと心理的安全，レジリエンス，「ファンベース」などに見られるように，人びとの共感と愛着と信頼を活用するビジネスモデルやマーケティングの手法，もしくはセルフコントロールと感情コントロールの技法を活用した人的資源管理や職場のリスク管理が顕著である。一方，家庭や親密な領域では，パートナー間での「公正」で「公平な」家事育児の分担や，時短レシピや時短家電に見られる効率的な時間の使い方の追求，アンペイドなシャドウ・ワークの可視化と「正当な」支払い要求，子どもへの教育投資とそのリターンの計算など，私的で情緒的なつながりや愛情の範疇とみなされてきた事柄が，合理性や効率性もしくは公平性や正当性という基準によって測られ，査定されるようになっている。

このように，「経済的行為の感情化 (emotionalization of economic conduct)」と「親密性の合理化 (rationalization of intimacy)」が同時進行する動的なプロセスが「感情資本主義」である (Illouz,

2008, p.60）。

　このような事象を考察するにあたり，合理化（rationalization）や商品化（commodification）は避けがたいテーマであるが，イルーズはマルキストとウェーバリアンいずれの立場にも与しない。というのも，経済と感情は分けることできる，あるいは分けられるはずだという前提にひとまずは立たないからである（Illouz, 2007, p.5）。実際，イルーズの感情資本主義論は，合理性と感情という自由主義的な二項対立図式や理性的な責任主体の像に疑問を投げかけ，公私の二分法にもとづき，前者に理性を，後者に非理性的でエモーショナルなものを割り振ってきた社会学の基本的な図式に再考を迫るものである。

　実際，企業内部の合理化はむしろ「感情生活（emotional life）」の強化と並行して生じた。20世紀初頭，F・テイラーは動作研究を行ったが，その科学的管理法は資本家の利益にのみ資する，非人間的なマネジメントシステムの元凶だと批判されることが多い。だが，イルーズによれば，テイラーは19世紀の労働者のイメージ——身体的・知的に劣る存在，徳とマナーを習得すべき無能者——を，科学的精査の対象，適性や態度が試験によって測られる存在へと変貌させ，その後のE・メイヨーらによるホーソン実験の素地を整えた点で重要である。

　1920〜30年代，メイヨーらは職場のインフォーマルグループの存在が生産性を上昇させることを発見した。それは道徳的な言語ではなく心理学的な専門用語を用いて自己を考えること，それ以前の合理性のレトリックに「人間関係（human relations）」という新たな語彙を投入した点で画期的であった。職場でのコンフリクトについて，乏しいリソースをめぐる争いではなく，感情と人格の心理学的な葛藤の絡み合いとみなすことを通して，メイヨーは経済的効率性を志向する言語の中心に心理学的なものを置いた。良い経営者の権威もそれまでのトートロジックなもの（経営者は経営者だから偉い）から，熱心で人柄がよく，職場の対人関係と従業員の感情について把握し，共感的に耳を傾けつつも冷静な判断を下すことができる人物であるか否かによって測られるもの，証明されるべき能力となっていく（Illouz, 2007, pp.14-15 ; Illouz, 2008, pp.64-66）。

　「コミュニケーション」は，現代の職場で最も重視されるものの一つであるが，それは認知的——リフレクシブに自己を振り返る——，感情的——自他の感情をモニターしマネジメントする——，言語的——自他を尊重した自己主張——なものから構成される。このような「コミュニケーション」モデルは，職場での相反する命令，たとえば，「自己主張・自己表現／他者との協働」「他者を理解すること／目標のために自分と他者を操作すること」「冷静沈着／熱くなること」を調和させるような感情コントロールや言語的スキルを必要とする（Illouz, 2008, p.89）。それゆえ，感情資本主義社会では，感情について感情的にならずに吟味し，その場の感情規則にしたがって感情をマネジメントできる能力，あるいは相手の話を丁寧に聴き，共感的に理解しながらアサーティブな自己主張もできるような「感情力（emotional competence）」が，競合する他者との差別化・卓越化を可能にし，人脈拡大や昇進，収益に直結する「資本（capital）」となりうる（Illouz, 2007, pp.62-67 ; Illouz, 2008, p.214）

　アダム・スミスが描いたような他者と共感はするが基本的に利己主義で自己利益を追求する「ホモ・エコノミクス」は，セラピー的な「ホモ・コミュニカンス（Homo communicans）」に取って代わられた。合理的かつエモーショナルな主体は，単に経済的利益や功利主義的な動機に突き動かされているのではなく，共感したいだけでもない。近年の人的資源管理では，感情を手なづけつつ豊かに表現すること，自己イメージを操作する一方で他者の動機を解読し，協働

するような複雑な人格モデルが主流になっている（Illouz, 2008, p.94）。

　ただし，職場における合理的かつエモーショナルな人間像とそれに付随するセルフコントロールや感情コントロールの出現は，近代化と感情統制というより広い文脈に位置付けて考察する必要がある。N・エリアスが『文明化の過程』（Elias, 1969=2019）において中世の「礼節」，ルネッサンス時代の「礼儀」，近代の「文明化」の過程における恥や自意識を追うことで明らかにしたのは，感情統制の高度化であり，それは禁止抑制だけでなく，肯定的な感情産出のモメントを含むものであった（Elias, 1969=2019；岡原，2010）。

　また，A・R・ホックシールドが「20世紀にとっての療法書は，19世紀にとっての礼儀作法書のようである。なぜなら，礼儀作法それ自体が感情生活の中に深く入りこんだからである」（Hochschild, 1983=2000, p.220）と述べるように，生活技術としてのセルフコントロールや感情コントロールは，自制，冷静沈着，道徳的自律，適切に訓練された自己などの拡張メタファーとして道徳的語彙のなかに立ち現れた。拡大し続ける多様な他者との相互行為のネットワークのなかで，自己を予測可能で計算可能でコントロール可能なものとして自己規制する力，ふるまいや感情に関するコードをその都度解読し，それに合わせて自己呈示していく力は近代市民としての基礎的な社会的能力としても生じている。

　さらに，20世紀後半の消費社会化において第三次産業従事者が増加し，私的領域における感情マネジメントが商業的場面で賃労働として提供されるとき，それが感情労働となるが，私的領域における感情マネジメントと公的領域における感情労働の相乗効果によって私的にも公的にも「管理された心」が現代人を取り囲むことになった。そして，「管理されない心」や「本来性の探求」を志向する際に参照されるのもまた

セラピー的な言説である。

感情の消費

　資本主義が人々の感情を巻き込んで拡大してきた例のひとつに，「エモディティ（emodity），感情商品」が挙げられる。エモディティとは，emotion と commodity を組み合わせた概念である（Illouz, 2019b）。

　大衆消費社会の変遷を図式的に述べれば，モノがもつ本来の性能や機能の消費・大量生産大量消費の時代から，他者との差異や個性を求める記号的な消費・多品種少量生産の時代，さらにはモノではないコトや経験の消費とハイブリッド消費の時代，そして近年の倫理的消費や買わない時代へと移り変わってきた。生産優位の社会から消費優位の社会への移行のなかで，生産や労働の在り方も，製造業を中心とする工場労働から，サービス業を中心とする感情労働，美的労働，パフォーマティブ労働，情動労働の比重が増している。

　ただ，これまでの社会学的な消費社会論が看過してきたのは，「感情の観点から見た消費者の概念化の歴史」（Illouz, 2019b）である。また，感情労働や欲望喚起のブランド戦略など，どちらかというと生産の面に集中して消費と感情の分析を行ってきた（山田，2020）。

　イルーズによれば，エモディティには3つの形態がある。1つめは自己の解放，2つめは贈与と親密性の維持・更新，3つめはメンタルヘルスと自己改良にかかわるものである（Illouz, 2019b, pp.17-22）。

　たとえば，映画を見て夜眠れなくなったり，癒しの音楽を聴いて緊張をほどくこと。旅に出る際，準備の段階からうきうきして過ごし，新しい世界を見て「新たな自分」に出会ったり，「命の洗濯」をしたような気持ちになり，帰ってからも画像を見返しては「一生の想い出」とし

て大切にする，一連の過程。贈り物をすることで，互いに感謝や親愛の気持ちを贈り合い，紐帯を維持・更新すること。短気で怒りっぽい性格を改善するためのワークショップや，夫婦間のコミュニケーションを円滑にするためのカウンセリングに通うこと。この時，消費者が購入し，消費しているのは，映画や音楽や旅や心理学的な知とサービスであることは確かだが，「実際に購入しているのは，特定の感情の変化」でもある（Illouz, 2022）。

いいかえれば，消費者の外部にあるモノが消費者の欲望を煽ったり充足させたりするのではなく，消費者はあらかじめ予期した感情の変化を実際に体験し，その経験ごと自分の感情を消費している。消費者自らの感情とその変容が商品の一部として組み込まれており，実際にそれを消費する過程で生じる感情変容とともに完成する商品，それがエモディティである。

アクター・ネットワーク理論的に言えば，人がモノを消費するのではなく，モノが人をして消費せしめているのであり，消費者は消費空間のアクターの一部として組み込まれている。サードプレイスとしてのカフェでくつろぐ時，消費されているのはコーヒーと，店員の管理された感情と身体（corporeity），内装とインテリアが醸し出すお店の雰囲気，そしてそこに組み込まれる消費者自身の感情変容（疲労→ゆったり）である。

エモーショナルな真正性は，消費財や消費体験を通じて実行的に生み出される（Illouz, 2019b, p.206）。現代人が「本物」の感情と認識するものは，消費を促す心理学的－文化的な動機付けの構造とそこでの消費のパフォーマンスそのものである。エモディティは，合理性と感情，真正性と商品化という二項対立が，実際には継ぎ目なく消費慣行に置き換えられていることを示唆している（ibid., p.7）。

それゆえ，エモディティによって必要以上に感情を揺さぶられないようにするために，あら

かじめネタバレサイトを見てから映画を観たり，早送りして観ることで「感情を節約する」（稲田，2022, p.208）という現象が生じる。映画の早送りによる「感情の節約」がライフハックとなりえるのは，エモディティが身の周りに溢れる現在，感情を不用意に刺激され，消費されることで消耗することを防ぐ自己防衛の意味があるためである。

愛さないこと，「ネガティブな関係性」

共感の過剰と過少

共感や「寄り添うこと」，互いに尊重することが大切だと説かれる社会のなかで，無関心と断絶が広がっている。社会学者の石田光規は，現代社会が「個を尊重すること」に何よりも価値を置いた結果，「人それぞれ」という言葉や態度で対立や摩擦を避けるようになっているという。「人それぞれ」という言葉は，互いに踏み込んでよい領域を区切り，対話の機会を妨げる。何事も「人それぞれ」とする社会では，相手の事情や心情に立ち入るのを回避するため，不安定雇用に従事することも，収入が低いことも，未婚であることも，すべて個々人の選択の結果であるとみなされ，格差や社会的孤立が正当化されると石田は指摘している（石田，2022）。

「個の尊重」の結果として人間関係が不安定になることや共同体的な枠組みが侵食されることは，すでに1980年代に宗教社会学者のR・ベラーによって詳細に論じられている。ベラーはアメリカ中産階級のモーレスについてインタビュー調査を通して明らかにした。そして，セラピー文化における個人主義が表現的個人主義と功利的個人主義に帰結すると看破し，共同体主義的な観点からそれを批判的に考察している。

ベラーによれば，他者との本来的な関係をもたらす唯一の源泉にセラピー的な自律的個人が

据えられる時，伝統的な共同体や家族，道徳や義務が相対化される一方で，心理的幸福の最大化や個人間のコミュニケーションと意思疎通，感情のシェアリングが唯一の美徳となる。また，相手や集団との関係を継続するか否かということが，普遍的な道徳や善悪の基準・確固としたコミュニティへの長期的な帰属にもとづいて判断されるというよりも，その関係に支払う金銭的・精神的コストに見合う報酬や満足が当の関係から得られるかどうかによって査定されるようになる。宗教や地域といった枠から解放され，本来的に不安定な表現主義的かつ功利主義的な個人主義が社会に浸透することにより，自己や人間関係は絶え間ない更新と交渉にさらされ，永続的なコミットメントや無償の献身が実現しにくくなる（Bellah et al., 1985＝1991）。

　また，A・ギデンズは，自らの意志や感情に基づいて交際相手や配偶者を選ぶという意味では個人主義的でありつつも（愛の個人主義），性別役割分業の遂行や金銭，社会的立場に紐づけられたロマンティック・ラブから，互いの愛とコミットメントにのみ関係性の根拠を求めるコンフルエント・ラブへの移行のなかで，関係性が流動的なものになるという。コンフルエント・ラブにおいては，能動的で対等な関係のもとに感情をやりとりすること，男性／女性という役割の遂行よりも，コミュニケーションを通して相手の性格や人間性を知り，互いに理解し合うことが重視される。関係の構築や維持は，金銭的要因や法的拘束によってなされるのではなく，当該の関係がもたらす精神的充足や価値によって達成される。こうした「純粋な関係性」（Giddens, 1993, p.58 ［1995, p.90］）は，関係性の持続性と意味をめぐる不安を生じさせる（山田，2009, pp.139-140）。

愛さないこと，「ネガティブな関係性」

　個の尊重やコミュニケーションを重視する結果として，不確実性と不安定性が織り込み済みの流動的な対人関係を基調に，SNSやAI搭載マッチングアプリなどの普及により，そもそも他者と深く関わらない，あるいは「自分と合わない」と思えば即座にその関係性から撤退する動きが顕著になっている。

　イルーズによれば，エモーショナルかつ合理的である存在，もしくは感情について感情的でない形で吟味し，発話し，表出するのが感情資本主義社会の人間像である。この傾向は恋愛や親密な関係にも当てはまる。かつて誰と交際するかを決めるものは蓄積された経験や直感，感情であったが，こうした直感による判断は，現在，合理的な選択に取って代わられている。自己分析や他者との関係性について再帰的な反省を促すセラピー言説や専門家への信頼，愛について「科学的」な態度で分析し，言語化しようとすること，さらには消費社会の進展によって，恋愛においても関係性から最大限の利益を得ようとする態度が生み出された。ある人物が自分の恋や結婚の相手にふさわしいかを検討することは，その人を「評価対象」としていくつかの構成要素に分解することである。このような思考は，「理由もなく好き」「言葉でうまく説明できないが，全部愛している」という形で人を愛することを難しくさせる（Illouz, 2012 ; Strömquist, 2019＝2021）。

　ところで，近代的，もしくは後期近代的な自己であるとは，自由に選択するということ，主体的な選択の経験を増大させるということであった。選択，もしくは自由や自律は，近代人が階級，年齢，ジェンダーなどによる拘束や決定論を克服して，「真に理想の」自己を実現することを目指す際の主要な物語であり文化的フレームである。社会学は，経済思想の影響もあり，選択の積極的な側面——「意思決定」——に関心を寄せてきた一方で，その消極的側面，すなわち人間関係からの撤退，拒否，回避にはさほど

注目してこなかった（Illouz, 2019a, pp.19-20）。

　しかしながら，情報化された消費社会において注視すべきは，社会的絆の非形成，いいかえれば，人間関係に付随する終焉，破滅，消失，蒸発，絆と非－絆，ポジティブな選択とネガティブな選択のダイナミズムである。そして，このような関係の解消や非選択は，関係の直接的な破壊——疎外，道具化，搾取——を通じて生じるのではなく，資本主義的主体性の核となる道徳的命令——「自由で自律的であれ」「自己を変革し，潜在能力を発揮せよ」「喜び，健康，生産性を最大限に高めよ」——を通して行われる。すなわち，選択しないことや，選択を解除することが主体性の構成要素となるのである。

　現代のセクシュアリティは，心理学的な対人スキルと情報テクノロジー，消費市場が交差する場所になっており，そこでは欲望（desire）と対人関係が純粋に個人的な選択（choice）の問題とみなされるようになっている。性的選択，消費者的選択，感情的選択は，いずれもリベラルな政治に自己とその意志を位置付ける際の参照点であるが，市場化された出会いとコミットメントは選択と不確実性の両方として経験される（ibid., pp.15-16, 60-97）。

　性的自由の擁護のもとで，出会いは市場の形をとるようになった。ここでの「市場」とは単なる経済的なメタファーではなく，インターネット技術や消費文化に駆動される出会いがとる形態である（ibid., p.17）。たとえば，Tinderのような AI搭載マッチングアプリは，大量の「データとしての人間」のなかから，適切な相手を検索し，候補を挙げ，そのなかから選択して会うという行動様式を普及させた。このような企業が競合他社と自社を差別化する一つの方策は，登録者数の多さ，「超豊富な選択肢」をアピールすることだが，選択肢の異常なまでの豊富さと，そうした選択肢を吟味し，選び，消費するスピードの速さは，情報化された消費社会そのものの特徴に他ならない。アプリを利用する人びとは，愛とコミットメントについて消費者の目線で捉え，吟味し，そこから精神的な充足や利益が得られないと判断すれば次の「商品」との出会いを求めていく。自由は，関係にコミットしない，あるいは関係から離脱する権利を通して絶え間なく行使される。

　このような「選択しないという選択」，非コミットメントと非選択の実践は，金融界がデリバティブやスポット市場など不確実性を利用する商品の開発や需要に応じて絶え間なく価格を調整することによって不確実性の創出と利用を同時に行ってきたことや，企業が需要に応じて生産ラインの稼働と労働者の雇用をフレキシブルに調整してきたことと通じている。経済，恋愛，性を問わず，その場その場で永続的に調整を続け，関係全般に関与せず，追求せず，約束しないという点が共通の特徴である（ibid., p.22）。

　そして，こうした恋愛や親密な関係における非選択は，結婚制度に持ち越されている（ibid., pp.181-218）。近代の形成期において自由で自律的で積極的な選択が他者との関係をつないだのと同様に，ハイパーコネクティブな近代における人々の生活には，消極的で否定的な選択が強力に存在する。能力やルックスの程度を「スペック」と表現し，データに基づいて視覚的に精査し合うような「スコピック資本主義（scopic capitalism）」——視覚産業を通じた性的身体の集中的かつ偏在的な搾取——は，自己実現や良い人生という規範的理想を消費市場とテクノロジーを介した「ネガティブな関係性（negative relations）」へと変容させる（ibid., p.221）。

　その社会的影響の一つは，多くの国で出生率が低下し，人口置換水準を維持できないという形で表れており，そのことが労働力人口と社会保障制度の維持困難，移民の流入など政治的・経済的な問題へと波及している（ibid., pp.23-24）。資本主義の拡大が，安定的な人口増加ならびに

労働力・次世代の再生産の場としての家族を前提にしていたとすれば，現在，資本主義の自己破壊が生じている。

ポスト・ヒューマン時代の 社会と感情

　感情を資本主義から切り離すことはできるだろうか。ここまでの記述は，資本主義があまりにも社会に浸透しているため，私たちの感情や対人関係を消費や功利的個人主義から切り離すことは困難であることを示唆している。

　ただし，イルーズは，金銭や消費によって「汚染されていない」時に感情生活が最も充実するはずだという観点を全く支持していない (Illouz, 2019a, p.206)。感情の商品化と消費，愛さないこと (Unloving) は今後も進むと予想されるが，それは逆説的に，人びとが本物の主体として存在することを可能にするものとして経験される。つまり，資本主義が感情と私生活を植民地化していることの大きな皮肉や逆説の一つは，そこで経験される感情が本物であることを可能にするのであって，本物でないことを可能にするのではない，ということである。

　イルーズはまた，M・ウォルツァーやC・タイラーの共同体主義を退けつつ，エモーショナルな「真正性 (Authenticity)」についてのポスト規範的な批判は，先験的な規範的立場に立たず（自己が共同体に組み込まれるべきだと決めつけない），主体と客体の区別を排して，感情のモノ化と消費について考察し，感情を解読すべき内的論理とみなして科学的に説明するべきだとする。

　1970年代の終わりにホックシールドが「感情管理」と「感情労働」を概念化することによって，社会学のなかに感情を扱う潮流がくっきりと浮かび上がった。その後，日本での社会学的な感情労働論は特に看護や介護等のケア労働の領域を中心に展開されてきたが，元来，感情社会学の射程はそれにとどまらない。ホックシールドが扱った領域も，労働，家庭，政治まで幅広い。世界的ベストセラーになった『壁の向こうの住人たち』(Hochschild, 2016=2018) では，リベラル左派の立場を表明しながら南部の保守層が多い地域でフィールドワークを行い，保守層の「ディープストーリー」を丁寧に聞き取ることで，集合的な「怒り」がどのような社会的・政治的・宗教的文脈から醸成されるのかを明らかにした。

　また，世界社会学会議 (International Sociological Association) の Society and Emotions 部会の共通テーマは，「社会的文脈における感情 (emotions in social context) の探求」である (ISA, 2022)。感情社会学が扱うテーマは親密圏や家庭のみならず，経済，政治，労働，メディア，社会運動に及んでいるが，これはカルチュラル・スタディーズや人文科学に端を発し，社会科学へと波及した情動論的転回により，合理性と感情との二項対立図式を問い直し，社会的・政治的生活の中心に感情を再定位しようとする動きが社会学にも及んでいることを示している。イルーズの感情資本論はこのような文脈で読まれなくてはならない。

　イルーズの一連の仕事は，資本主義と感情，モダニティと感情をテーマに掲げるものである。ポスト・ヒューマンとも言われる時代に，合理性とエモーショナルなものの行方はどこに向かうのか。モダニティと感情を超えて，あるいはその続きとして，感情を通して社会を観察する時，何が見えるのか。開拓すべき原野が目の前に広がっている。

●謝辞
　本稿は，JSPS科研費 JP22H00904の助成を受けたものである。

◉**文献**

Bellah R et al. (1985) Habits of the Heart : Individualism and Commitment in American Life, Berkeley : University of California Press. (島薗進, 中村圭志 訳 (1991) 心の習慣——アメリカ個人主義のゆくえ. みすず書房)

Elias N (1969) Über den Prozeß der Zivilisation. Bern und München : Francke Verlag. (赤井慧爾ほか 訳 (2019) 文明化の過程 [上]. 法政大学出版局)

Giddens A (1993) The Transformation of Intimacy : Sexuality, Love and Eroticism in Modern Society. California : Stanford University Press. (松尾精文, 松川昭子 訳 (1995) 親密性の変容——近代社会におけるセクシュアリティ, 愛情, エロティシズム. 而立書房)

Hochschild A (1983) The Managed Heart : Commercialization of Human Feeling. Berkeley : University of California Press. (石川准, 室伏亜希 訳 (2000) 管理される心——感情が商品になるとき. 世界思想社)

Hochschild AR (2016) Strangers in Their Own Land : Anger and Mourning on the American Right. New York : The New Press. (布施由紀子 訳 (2018) 壁の向こうの住人たち——アメリカの右派を覆う怒りと嘆き. 岩波書店)

Illouz E (2007) Cold Intimacies : The Making of Emotional Capitlism. Cambridge : Polity.

Illouz E (2008) Saving the Modern Soul : Therapy, Emotions, and the Culture of Self-Help. Berkeley : University of California Press.

Illouz E (2012) Why Love Hurts. Cambridge : Polity.

Illouz E (2019a) The End of Love : A Sociology of Negative Relations. Oxford : Oxford University Press.

Illouz E (Ed) (2019b) Emotion as Commodities : Capitalism, Consumption and Authenticity. New York : Routledge.

Illouz E (2022) How capitalism has transformed relationships and emotional life. https://www.joinexpeditions.com/exps/100 [2022年7月6日閲覧]

稲田豊史 (2022) 映画を早送りで観る人たち：ファスト映画・ネタバレ——コンテンツ消費の現在形. 光文社 [光文社新書].

International Sociological Association (ISA) (2022) Working group 08 society and emotion. https://www.isa-sociology.org/en/research-networks/working-groups [2022年7月6日閲覧]

石田光規 (2022)「人それぞれ」がさみしい. 筑摩書房 [ちくまプリマー新書].

岡原正幸 (2010) 文明化論と感情社会学. 哲学 124 ; 109-138.

Strömquist L (2019) Den rödaste rosen slår ut. Stockholm : Ordfron. (よこのなな 訳 (2021) 21世紀の恋愛——いちばん赤い薔薇が咲く. 花伝社)

山田陽子 (2009) 恋愛の社会学序説——コンフルエント・ラブが導く関係の不確定性. 現代社会学 10 ; 133-144.

山田陽子 (2020) 感情の消費——感情資本主義社会における自己の真正性. 治療は文化である——治癒と臨床の民族誌(エスノグラフィ) (臨床心理学 増刊第12号). 金剛出版, pp.56-61.

「ハーム」のない刑務所は可能か？

「拘禁の痛み」を再考する

四天王寺大学
平井秀幸

「犯罪」「ハーム」「痛み」

近年，犯罪化された人びとをとりまく「ハーム（harm）」に注目が集まりつつある（平井, 2016, 2021b；山口, 2021）。「犯罪」概念が主として刑事法違反行為を意味するのに対して，「ハーム」概念にはハラスメント，不可視の暴力，差別など，刑事法違反行為を超えた社会／コミュニティにおけるさまざまな有害行為が含まれる。「ハーム」概念を中核とした学究の根底には，"「犯罪」概念があまりに恣意的であり，権力者層の加害やマイノリティ層の被害が巧妙に不可視化されている"という強い違和感が存在する。加えてそこでは，"犯罪化された人びとは「犯罪」という「ハーム」の産出者である"という見方が相対化されるとともに，"かれらはむしろ（「犯罪」行為と同種もしくは全く別の）「ハーム」の被害者でもある"という知見が提出され（平井, 2021a），後者の「ハーム」の理論的分節化とそれに対する規範的取り組みが希求されることになった。

ところで，（「ハーム」への注目それ自体は上記の通り比較的最近のものなのだが）これまでの犯罪学史のなかで，犯罪化された人びとをとりまく「ハーム」への関心が完全に欠落してきたかと言えばそうではない。古くから研究の射程に捉えられてきた代表的な「ハーム」のひとつが，G・サイクスによって著された『囚人社会』（Sykes, 1958/1964）において定式化され，それ以降の犯罪学を代表する概念のひとつとして彫琢された「拘禁の痛み（pains of imprisonment）」である。「拘禁の痛み」は，文字通り刑務所等の矯正施設に拘禁された者が経験する種々の苦痛をさすが，施設の体制や権力によってもたらされる——その意味で「犯罪」概念では捉えられない——「ハーム」としての側面を有している。

「拘禁の痛み」再訪

まずはサイクスが定式化した5つの「拘禁の痛み」を概観してみよう。

① 「自由の剥奪」：刑務所という制限された区画内に身柄を拘束されるほか，区画内での自由な移動が制約される。面会，手紙や電話のやりとりといった外部交通が制限されるなど，厳格なルールの下でコミュニケーションが統制される。

② 「財とサービスの剥奪」：衣食住，娯楽，消費財など，さまざまな点で受刑者は物質的な窮乏を経験する（ただし，受刑前の生活水準があまりに低い場合や，刑務所体制の緊縮度合いがさほど高くない場合は，相対的に財とサービスの剥奪を経験しない受刑者もいる）。

③ 「異性関係の剥奪」[註1]：非自発的な性

的関係性の喪失が，受刑者の緊張，不安，セルフイメージの悪化をもたらす。

④「自律性の剥奪」：受刑者は子どものように扱われ（幼児化），いつ，どんな食べ物を食べるか，いつ，どのように身体機能をケアするか，いつ，どのように刑務所内を移動するかなど，日常生活に関する最も基本的な自己決定権さえも失う。

⑤「セキュリティの剥奪」：（性的）暴力，ハラスメント，虐待，物質使用など，社会内と比較して受刑者同士および職員・受刑者間の「犯罪」ないし「ハーム」が不可視化されやすい（仮に存在していたとしても適切に対処されにくい），という点で受刑者にとって刑務所は必ずしも安全な場所ではない。

サイクスの議論は「剥奪モデル」（Shammas, 2017）と呼ばれることからもわかるように，非常に包括的なレベルでの自由の剥奪によってもたらされる受刑生活の痛みを表現したものと考えることができる。受刑者に対してさまざまな観点からの干渉と妨害がなされると同時に，受刑者自らが自己決定や自己実現の主体となることが容認・支援されない刑務所体制は，I・バーリンのいう消極的自由と積極的自由の双方を受刑者から剥奪するものでもある（Berlin, 1969/2018）。事実，サイクスのいう上記5つの「拘禁の痛み」概念と『囚人社会』は，自由の剥奪の帰結として受刑者に種々の「ハーム」が付与されていく様を記述的に捉えたモノグラフとして受容されていった。

拡散する「拘禁の痛み」

サイクスのいう5つの「拘禁の痛み」に対しては，その後，その定義の曖昧さなどをめぐってさまざまな批判的研究が蓄積され，結果として

あらゆる方向において「拘禁の痛み」の意味内容が拡散していくことになった。ここでは，経験的な分析をもとにサイクス以降の「拘禁の痛み」概念の展開過程を4つに整理したHaggerty & Bucerius（2020）を参照しつつ，拡散の様相を追尾してみよう。

①追加的な痛み：サイクスのオリジナルの5つを超えるような新たな痛みや，5つのいずれかを概念的に補強するような痛みが発見されていった。全制的施設における種々の儀礼的屈辱や，長期受刑者に降りかかるアイデンティティとサバイバルをめぐる苦悩など，必ずしも「拘禁の痛み」として定式化されていない研究を包摂しようとする試みも含まれる。

②分化された痛み：セキュリティ・レベルの高い，アメリカの男子刑務所についての知見を"一般化"したサイクスに対して，受刑者間の差異を無視しているという（ある意味で当然の）批判が寄せられ，結果として細分化された受刑者集団ごとの痛みが発見されていった。女子受刑者の痛み，（男子受刑者の一部における）男性性の痛み，長期受刑者の痛み，高齢受刑者の痛み，若年受刑者の痛みといった痛みの「目録」が作られた。

③刑務所の壁を越えた痛み：刑務所での痛みが刑務所入所前／出所後の生活に**もたらす**痛みと，（これは厳密には「拘禁の痛み」とは異なるのだが）刑務所入所前／出所後の生活**における**痛みが発見されていった。前者には，刑務所に入所することに伴う（入所前における）アイデンティティ管理の苦悩や，刑務所で経験した「拘禁の痛み」が刑務所出所後の生活にもたらすトラウマや差別・スティグマが含まれ，後者としては，特に刑務所出所後の生活

（「離脱」）をめぐるさまざまな困難性が指摘された。

ハガティたちが把捉した最初の3つの類型は，文字通り「拘禁の痛み」の意味内容がサイクスのオリジナルを出発点として多方向に拡散していくさまを捉えたものである。特に近年においては，もはや「拘禁（imprisonment）」を超えたレベルにまで痛みの観察領域が拡大していることが注目される。しかしここでは，かれらが4つ目の類型として，痛みの"拡散"というよりは"変質"の様相を書きとめてもいることに注目したい。ハガティたちは，サイクスが発見しきれなかった「拘禁の痛み」だけでなく，サイクスの時代とは刑務所体制が変質したことによって生じた「拘禁の痛み」が存在することにも注意を促したのである。

自由の「保障」がもたらす
「拘禁の痛み」

ハガティたちが提示した4つ目の類型は「現代特有の痛み」と名づけられている。本節ではなかでもV・L・シャマスを中心に論じられた「自由の痛み」と，B・クルーを中心に論じられた「しんどさの痛み」をとりあげてみたい。サイクスが論じた5つの痛みが自由の「剝奪」ゆえに生じたものだったとすれば，以下でとりあげる2つの痛みはいずれも，（全く異なる意味ではあるが）その逆，つまり受刑者に対して自由を「保障」しようとする現代的な刑務所体制によってもたらされる新たな痛みであるという点に特徴がある。

「自由の痛み」（V・L・シャマス）

ハガティたちによれば，Shammas（2014）の研究は「プリズン・アイランド」と呼ばれるノルウェーの刑務所のフィールドワークを通し

て，「一見進歩的と思われる現代の刑罰の展開が，独特の痛みを生み出している」（Haggerty & Bucerius, 2020, p.8）ことを明らかにするものである。拘禁率の低さ，刑務所環境の良好さ，という2点において突出しているという意味で，しばしば北欧諸国の**より寛容で地域主義的な刑罰**システムは「北欧型刑罰例外主義」と呼ばれるが（Pratt, 2008），「プリズン・アイランド」はそれを代表するような場所であり，文字通り外部から隔絶された，とある「島」全体が開放的で低セキュリティの刑務所として運用されている。受刑者は収容期間の多くを島内にある1棟4～6名のコテージで過ごすが，生活環境は可能な限り外部コミュニティに近づけることが企図され，来客と会ったり，図書館で過ごしたり，余暇時間に島の周りを自由にジョギングすることもできる。労働か教育が義務づけられるが，1日約8ユーロの給料が支払われ，島外で働くことや，種々の処遇プログラムを受けることも可能である。むろんルールや規則がないわけではなく，例えば夜11時以降の夜間外出禁止，1日数回の「身体検査」や（薬物事犯向けの）尿検査，電話使用の制限や立ち入り禁止区域の設定など，刑務所らしさが完全に払拭されているとはいえない。「プリズン・アイランド」に拘禁されるのは必ずしも刑期の短い者ばかりでなく，暴力犯を含む長期受刑者も多く収容されている（Shammas, 2014, pp.106-108）。

社会民主主義的な刑罰・犯罪文化に基づく北欧型刑罰例外主義が世界的な隆盛を誇っているとはいえないが，受刑者にとっての制約をできる限り減らし，自由度を高める「プリズン・アイランド」のような刑務所は，ノルウェー以外においても現代的な刑務所体制のひとつのあり方として定着しつつある[註2]。その意味で，シャマスが「プリズン・アイランド」のフィールドワークを通して見出した以下の5つの「自由の痛み」も，こうした「開放型刑務所」における

ある程度一般的な「ハーム」として理解することができるだろう。

①「混乱」：受刑者役割をめぐる混乱が痛みをもたらす。特に島外での労働に従事する受刑者にとっては，自分が賃金労働者（昼）なのか受刑者（夜）なのか，知識人（学習時）なのか受刑者（それ以外）なのか，（複数の役割期待が課せられる環境であるがゆえに）どのようにそれに応えればよいのか混乱が生じる。

②「不安と無境界」：刑務所内での行動の自由度が増すことで，“どこまでやっていいのか”をめぐる不安が生じる。また，島外の外部コミュニティとの境界がはっきりしない「プリズン・アイランド」では，受刑者にとって島外労働や一時帰宅，タウン・ビジットなどは自由の喜びを享受できる機会であると同時に，結局のところ自身の囚われの身分に直面させられる場ともなる。

③「曖昧さ」：刑務所における自由度や開放性は受刑者にある種の曖昧さとしても経験される。コントロールやコミットメント，参加や決定ができないままに自由が与えられるに過ぎないし（例えば家族との電話が許されるおかげで常に家庭の問題を共有できるが，自身は問題解決の場に参加できない），それは常にキャンセルされる可能性（曖昧さ）のなかでの自由にすぎない。

④「相対的剥奪」：受刑者が享受可能な特権が増えると，逆説的に受刑者にとっての相対的剥奪感は増し，アノミー的な苦痛が増すことになる。例えば，（従来の「閉鎖型刑務所」に比べて）電話を自由に使えるからこそ，使用可能時間の少なさや電話料金の高さが苦痛になる。

⑤「自己責任」：「プリズン・アイランド」の受刑者はコテージにこもるのではなく，教育プログラム，認知行動的介入などを活用しながら自己発達することが期待される。ただ受刑期間を漫然と過ごすのではなく，提供されるエンパワメントの諸機会を能動的な自己として引き受けながら，高いパフォーマンスやアウトカム（例えば再犯リスクに関連した諸スコアの低減や，自己肯定感の上昇）を出し続けることが「責任化」（平井，2015）される。

「プリズン・アイランド」は，刑務所体制が受刑者に対して行う干渉や妨害を（ゼロにすることは不可能であるにしてもできる限り）なくし，既存の社会における自由のレベルになるべく近づけていこうとする「開放型刑務所」としての志向性を強く有している。それはこれまでの刑務所体制が（サイクスが論じたように）受刑者の消極的自由を剥奪しようとしていたのと比較すると，逆向きのベクトル——つまり消極的自由を「保障」しようとするベクトル——を帯びていることを意味するだろう。シャマスは，消極的自由を「保障」しようとする刑務所体制が，「拘禁の痛み」をなくす／減らすのではなく，新たな痛みとしての「自由の痛み」を受刑者に与えることを批判的に描出したのである。

「しんどさの痛み」（B・クルー）

とはいえ，シャマスの5つの「自由の痛み」のうち特に「自己責任」の痛みに関しては，必ずしも消極的自由の「保障」とかかわる痛みとはいえない面がある。そのことは，現代的な刑務所体制において，受刑者への干渉や妨害を減らしていく側面とは質的に異なる志向性が存在することを予感させる。そこで次に，イングランドとウェールズにおける一般的なセキュリティ・レベルの男子刑務所における質的調査をもとに，「開放型刑務所」とは異なる「支援型刑務所」と

いうべきもうひとつの現代的な刑務所体制とそこでの痛みを明らかにした，Crewe（2011）の議論を概観しよう。

クルーは，シャマスと同様に，現代において権威的・閉鎖的な刑務所が変容しつつある点を認めながら，受刑者に対して（再犯率や再入率にターゲット化した）エビデンスに基づく心理学的な矯正プログラムを提供したり，改善更生や社会復帰のための種々の取り組みを行う刑務所が増加していることを指摘している。それは，クルー自身が「ネオ・パターナリズム」（Crewe, 2009）という術語で形容するように，受刑者から距離を取る（干渉や妨害をしない）刑務所体制というよりはむしろ，受刑者との距離を詰める（積極的な支援を行う）刑務所体制といえる。「支援型刑務所」は，処遇環境，提供されるサービス，（ある意味での）「人権」水準，といった点において過去と比較して"充実"した刑務所体制であるが，クルー曰く，そこにはサイクスが論じたのとは異なる水準の「拘禁の痛み」が存在している。クルーはそれを拘禁の「しんどさ」がもたらす痛みと総称したうえで，「不確実性の痛み」「心理学的アセスメントの痛み」「自己統治の痛み」という3つの位相に分けて説明している。ここでは，後二者に注目して「支援型刑務所」の痛みを探ってみたい。

「心理学的アセスメントの痛み」

よく知られているように，4半世紀ほど前からグローバルな規模でエビデンスに基づく刑務所処遇——そのなかでも特に科学的なリスク・アセスメントを経て受刑者の動的リスク（犯罪誘発的ニーズ）にフォーカスする認知行動療法的処遇——が上昇している（平井，2015）。クルーが調査を行ったイングランドとウェールズの刑務所でもこうしたリスクモデルに基づく心理学的介入が前景化しており，「支援型刑務所」の中核を担う役割を果たしていた。「心理学的アセス

メントの痛み」として彼が論じるのは，（必ずしも狭義のアセスメント場面に限られないが）こうした心理学的介入の場で生じる自己アイデンティティの毀損・侵襲をめぐる「しんどさ」である。

クルーは，アセスメントから具体的な処遇場面までを貫く心理学的権力が，受刑者の多様な主観的自己物語を標準化されたパラメータにあてはめ，個人によって生きられた経験とアイデンティティを"トリガー"や"静的／動的リスク"といったカテゴリへと「形式化・制度化」していく様子を書きとめている。「ある受刑者は，自分を第一義的には献身的な父親，あるいは才能ある画家と定義しているかもしれない。しかし，こうした自己概念は，心理学的属性によって上書きされ，重要性を奪われてしまう」（Crewe, 2011, p.515）。

重要なのは，この心理学的介入が，個々人のリスクとその対処策を同定することを通して，受刑者の自己を"対処すべき課題"として提示することである。むろん，受刑者たちはこうした自己への介入に抵抗することもできるし，一種のペルソナ——「刑罰アバター」（Crewe, 2011, p.516）——を作成して自己への毀損・侵襲をやり過ごそうとするかもしれない。しかし，少なくとも心理学的権力が提示してくるアイデンティティを受刑者が完全に拒絶し，それ以外の自己実践に従事することは大変に「しんどい」ことである。加えて，受刑者がリスク回避に向けた自己課題に専心するというアイデンティティやライフスタイルを引き受ける「刑罰アバター」を無難に作りおおせたとしても，それを評価するのは常に刑務所体制の側である。受刑者は自己自身のみならず，自らの「刑罰アバター」すらも不適切・不十分なものと価値下げされるのではないかという不安に常に置かれ続けるという意味で，「支援型刑務所」は「パフォーマティヴな煉獄」（Crewe, 2011, p.516）と化す。「どんな発言も自分に不利に働く可能性があり，心理

学的な解釈は否定的なものにならざるを得ないという感覚は，めまいを起こすと同時に息苦しさを感じさせるのだ」（Crewe, 2011, p.517）。

こうした介入は（物理的介入の相対的な即時性とは異なり）一回性の出来事ではなく，記録され，ファイル化され，未来のある時点において回帰してくるかもしれない。「否認の傾向性」や「衝動性の高さ」といった事項が心理学的権力によって一度観察されてしまえば，それは被拘禁期間を通して（もしかしたらそれ以降も！）保存され，折に触れて参照されるだろう——それがいつになるのかは全く明らかではないのだが。

「自己統治の痛み」

心理学的介入の痛みが自己アイデンティティの毀損・侵襲にかかわる「しんどさ」だったとすれば，「自己統治の痛み」はシャマスが述べた「自己責任の痛み」と同様に，「支援型刑務所」が期待する自己実践のアウトカムが受刑者個人に「責任化」されることにかかわる。先述のように，"充実"した支援をもって受刑者との距離を詰めようとする「支援型刑務所」は，受刑者に対して単なる消極的服従を超えた積極性を求める。認知行動療法をはじめとする（「支援型刑務所」における）いくつかの花形心理療法のなかでは，受刑者は個人的な思考・感情・行動を自ら精査し，（ときにはそれをグループワークなどにおいて開示しながら）心理学的スキームのなかで再犯リスクを同定し，それに積極的に対処していくような能動性が要求される。必ずしも自身が積極的に選び取ったものとはいえない自己のプロジェクトに積極的に参加していくこと（少なくともそのような「パフォーマティヴな煉獄」に自ら身を投ずること），それ自体が「しんどい」ことは想像に難くないが，それに加えてこうしたプロジェクトを通してスキルや能力を向上させ，エンパワーされた主体として自己成長／自己実現していくこと，（出所後も含めた）未来に

おいて再犯リスクを回避するライフスタイルの構築・維持を責任をもって引き受けていくことも同様に「しんどい」。「責任化」された「リスク回避的ライフスタイルの自己コントロール」（平井，2015）主体として**自己を自ら統治する**ことには，痛みが伴うのである。

「心理学的アセスメントの痛み」や「自己統治の痛み」といった「支援型刑務所」において報告されている痛みは，受刑者の価値観やアイデンティティに刑務所体制が介入し，かれらの自己決定や自己実現——すなわち積極的自由を「保障」していこうとする際にもたらされる「拘禁の痛み」であると考えられる。「開放型刑務所」における消極的自由の「保障」がもたらす「自由の痛み」とは異なるが，確かにそれは受刑者に対して自由を「保障」しようとする現代的な刑務所体制によってもたらされる，もうひとつの特徴的な「ハーム」であるといえるだろう。

2つの「誤承認」

さて，前節でとりあげた2つの現代的刑務所のうち，日本において短期的にみてより考察に値するのは「支援型刑務所」の方かもしれない。「島根あさひ社会復帰促進センター」での治療共同体の実践や（毛利，2019），「女子依存症回復支援センター」における依存症支援の実践をはじめ（谷之口，2020），最近では日本でも「支援型刑務所」の系に準ずると思われる刑務所が開設され，おそらく近い未来においても同種の刑務所が増加していく（ないしは既存の刑務所にそうした側面が付加されていく）ことが予想されるところであろう[註3]。

クルーとA・アーヴィンスは，イングランドとウェールズの性犯罪受刑者や不定期刑受刑者に対する質的調査をもとに，「しんどさ」が前景化する刑務所においてある種の「誤承認」が生じることを指摘している（Crewe & Ievins, 2021）。

前述のように，「支援型刑務所」において受刑者は「リスク・アセスメントを受け，特徴をファイルに記録され，あらゆる方法で監視される。それによってかれらは，自己規制的でリスクの低減をめざす刑罰主体となる」（Crewe & Ievins, 2021, p.52）。しかし，そうした主体性は受刑者自らが志向したものというより心理学的権力によって上から付与されたアイデンティティに過ぎない場合が少なくなく，そこには"自分自身が生きていると感じる人間以外の誰か"になるよう，強制的な環境下で誘導ないし提案されることで生じる「誤承認」とその痛みが存在するというわけである。

　もっともここでは，クルーたちがそのすぐ後で「『しんどい』形態の刑罰権力が実際にこのように機能しているという仮定には，大きな疑問が残る。それは，受刑者が権力の条件に抵抗しているからというだけでなく（確かに抵抗しているが），システム自体がその掌握力を発揮する方法に欠陥があるからである」（Crewe & Ievins 2021, p.52）と述べていることに注意したい。かれらは「心理学的アセスメントの痛み」による「しんどさ」を強調する一方で，「刑務所は『しんどい』だけでなく，『ゆるい』あるいは『いい加減』でもあり」（Crewe & Ievins, 2021, p.49）うることを指摘する。そしてそれは，受刑者たちが心理学的権力による「誤承認」に抵抗するからという理由に加えて，「支援型刑務所」それ自体が受刑者を掌握する方法に欠陥を抱えているからだというのである。いったいどういうことだろうか。

　クルーたちはこうした「支援型刑務所」の欠陥として，「非一貫性」「非徹底性」「非掌握性」の3つを示唆している（Crewe & Ievins, 2021, pp.53-58）。第1に，「支援型刑務所」は財政的な問題や専門性の欠如といったさまざまな理由から，本来提供されるはずだったサービスやプログラムを受刑者たちに一貫性のあるかたちで十分に提供できないことがある（「非一貫」）。第2に，例えば「リスクを避けよ」というメッセージを受刑者に示しつつも，避けるべきリスクを現実的かつ具体的なものとして受刑者個々人に伝達できないといったように，心理学的アセスメントから実際のプログラム提供に至る支援が過剰というよりも徹底されない事態が起こりうる（非徹底性）。そして第3に，認知行動療法などのリスクモデルのプログラムを受講したいと望む受刑者が，（例えば「そのプログラムを受けるにふさわしいほどリスク・スコアが高くない」とアセスメントされてしまうことで）プログラムの対象から外されてしまう（そして結果として受刑生活や仮釈放審査において不利益を被ってしまう）といった体制側の「取りこぼし」が生じることがある（非掌握性）。

　言うまでもなく，「支援型刑務所」によるアイデンティティ・コントロールに明示的に抵抗する者や，受刑生活をうまくやりおおせたいという道具的欲求をもとに心理学的介入が提示するアイデンティティにあえて適応していく者は，前述の「誤承認」との直接的／間接的対決のなかで痛みを抱えることになる。しかしながらここで重要なのは，自分の問題を心理学の力を借りて同定し，それに対処したいと心から望む者たちも，「支援型刑務所」の「ゆるさ」「いい加減さ」によるもうひとつの「誤承認」にさらされるという点である。「支援型刑務所」は，自らがなした約束を守れない事情があるか，守る能力に欠けるか，守ろうとしないために，自分たちが（上から）付与したはずのアイデンティティやニーズの持ち主として受刑者を遇することにすら，失敗してしまう。「受刑者は，自分が真に目指す自己の姿を実現しようとする努力を妨げられたり，見捨てられたりする一方で，制度が望む自己になることすら支援されないのである。このような誤承認は特にひどいものである……」（Crewe & Ievins, 2021, p.62）。「支援型刑

務所」は，必ずしも受刑者が生きる自己とは一致しない自己へのエンパワメントを約束しながらも，それを信じる受刑者に対してすら，その約束を果たさないことによるもうひとつの「誤承認」をもたらすのである。

「拘禁の痛み」研究が示唆する規範的教訓

畢竟，本論文で概観した「拘禁の痛み」研究の展開過程は，われわれに「『拘禁の痛み』と無縁の『痛みのない／少ない刑務所』は実現困難である」という示唆をもたらすように思われる。「拘禁の痛み」は，現代の「開放型刑務所」や「支援型刑務所」においてもなくなることはなく，（自由を「剥奪」することに伴う伝統的刑務所の痛みとは質的に異なった）自由を「保障」することに伴う新たな痛みを現出させた。「拘禁の痛み」研究の展開過程は，これまでの刑務所改革が「拘禁の痛み」の払拭／低減をめざしては，（むろんそれに成功した部分もあったにせよ）図らずも新たな痛みを生み出すことに帰結した，そのような歴史でもあることをわれわれに教える。ここからは，「そもそも人を強制的に拘禁しながら痛みを払拭／低減するという方向性それ自体に拭い去れない『ハーム』が染みついているのではないか」という疑問が強く喚起されるだろう。「痛みのない／少ない刑務所」を想像することは，いわば「安心・安全な暴力」のようなものを期待するのと同じような自家撞着的おぞましさをまぬかれないのではないか。

しかし，このように考えると「ならば，刑務所それ自体を廃止・縮小すればよい。それで万事解決だ」という意見が出てくるかもしれない。しかし，おそらくそれは誤りだろう。というより，刑務所それ自体を廃止・縮小すること〝のみ〟では全く不十分なのだ。そのことを理解するためには，本論文冒頭で触れた「ハーム」をめ

ぐる議論に戻るのがよいかもしれない。犯罪化された人びとをとりまく「ハーム」をめぐる議論において近年，特に注目を浴びているのは女性にとってのジェンダー化された「ハーム」であるが，Pemberton et al.（2019）は貧困，ホームレス化，周縁化，暴力被害，トラウマ化，精神的ダメージ，物質使用といった社会／コミュニティにおいて女性をとりまく構造的「ハーム」が，まさに本論文でみた「拘禁の痛み」に代表されるような，刑事司法システムそれ自体が犯罪化された女性たちに対してなす「ハーム」と連動しながら，彼女たちへの有害な影響を増幅させていることを指摘している。また，本論文前段でみた「拘禁の痛み」の拡散過程においては，近年刑務所内部における痛みから徐々に「刑務所の壁を越えた痛み」へと注目が拡大していることが強調されていた。女性以外にも共通するが，受刑者のほぼすべてがやがて出所していく以上，刑務所の外の社会／コミュニティがハームフルなままではかれらの生は脅かされ続けるだろうし，ハームフルな社会／コミュニティにおいて周縁化された人たちは，刑事司法システムのなかでさらなる痛みを与えられてしまうのである。

そうだとすれば，刑務所（ないし刑事司法システム）だけでなく，社会／コミュニティ内に存在する種々の構造的「ハーム」にチャレンジするという規範的姿勢が不可欠となるだろう。しかし，そう述べることが刑務所（ないし刑事司法システム）の**積極的支持**には決してつながらないこともまた，強調しておきたい。本論文の主張は，「社会／コミュニティの構造的『ハーム』は一朝一夕に変革されない。また，劣悪な社会／コミュニティに比較して充実した刑務所は，受刑者にとってもサンクチュアリになりえ，実際にかれらに歓迎されることもある。ゆえにますますの充実を期待して刑務所を支持すべきだ」といった議論とは明確に異なる。こうした議論

に対しては，まずは受刑者のQOLを少しでも向上させたいという思いに共感したうえで，上記の「そもそも充実した（痛みのない／少ない）刑務所は実現困難である」という反論を粘り強く繰り返したい。そのうえで，「刑務所（ないし刑事司法システム）の積極的支持は，社会／コミュニティ内の構造的『ハーム』へのチャレンジの火急性を後景化させ，現状肯定の口実に堕する（少なくとも保守派によって利用されうる）恐れがある」という危険性を指摘したい。これら2つの理由からも，社会構造の変革，構造的「ハーム」の払拭・低減に向けた規範的主張を第一義的に掲げることのない刑務所（ないし刑事司法システム）擁護論に本論文は与することをしない。

　まとめれば，「拘禁の痛み」研究の展開過程からわれわれは，「痛みのない／少ない刑務所」の実現困難性に向けた示唆とともに，目的論としての刑務所廃止・縮小論と刑務所支持・擁護論双方の危険性という規範的教訓を引き出すことができるように思われる。重要なのは施設内・社会内を問わず犯罪化される人びとをとりまく「ハーム」を払拭／低減することであり，より一般化すれば，（犯罪化される人びとだけでなく）生きていくなかで痛みに晒され周縁化されるすべての人びとが置かれる種々の構造的「ハーム」の払拭／低減に向けた不断の努力をすることである。この第一義的な目的に照らして正の意義をもつと判断されるならば刑務所（ないし刑事司法システム）は是認されるだろうし，また，負の意義をもつと判断できれば否認されることになるだろう。逆に言えば，本論文が「拘禁の痛み」研究の展開過程とともにたどりついた規範的教訓は，刑務所（ないし刑事司法システム）の改革よりも社会構造の変革を上位に置くような，ある意味で極めてシンプルな規範的立場性なのである[註4]。

　本稿は，「拘禁の痛み」と「ハーム」をめぐる

筆者（平井）による論文から，一部分を抽出し要約したダイジェスト版であり，元論文は別の機会・媒体にて刊行される予定である。

▶註

1　近年では，サイクスのいう「異性関係の剥奪」は，「自発的な性的関係性の剥奪」として批判的に読み替えられるべきであるとする議論がある（Shammas, 2017）。

2　シャマス自身は，「プリズン・アイランド」をイングランドとウェールズにおけるカテゴリーDの開放性の高い刑務所にある程度匹敵するものと捉えている（Shammas, 2014, p.105）。

3　「開放型刑務所」と「支援型刑務所」はそれぞれ理念型であり，現実の刑務所においては双方の性質が共在することが少なくない。前者において種々の支援的処遇スキームが導入されるのはシャマスも述べていた通りであり，後者を充実させるためにある程度の開放性や動的保安が取り入れられることも珍しくない。加えて，本論文は伝統的刑務所が「開放型刑務所」や「支援型刑務所」に置換されたとも，伝統的刑務所がもたらす「拘禁の痛み」が時代遅れのものになったとも主張するものではない。

4　近年，Black Lives Matterなどを受けて，「犯罪」や「ハーム」をめぐるラディカルな思想として「アボリショニズム」が日本でも注目を集めるようになっている。本論文の立場性は，一見すると（しばしば「刑務所廃止論」などとも訳される）アボリショニズムとは異なると思われるかもしれない。しかし，「反拘禁フェミニズム」に依拠したアボリション・フェミニズムの展開などを考慮しても（平井, 2021a），筆者自身はアボリショニズムの規範的立場性は本論文のそれに極めて近いと考えている。

◉文献

Berlin I (1969) Four Esseys on Liberty. Oxford : Oxford University Press.（小川晃一ほか 訳（2018）自由論［新装版］．みすず書房）

Crewe B (2009) The Prisoner Society : Power, Adaptation and Social Life in an English Prison. Oxford : Oxford University Press.

Crewe B (2011) Depth, Weight, Tightness : Revisiting the Pains of Imprisonment. Punishment & Society 13-5 ; 509-529.

Crewe B & Ievins A (2021) 'Tightness', recognition and penal power. Punishment and Society 23-1 ; 47-68.

Haggerty K & Bucerius S (2020) The Proliferating Pains of Imprisonment. Incarceration 1-1 ; 1-16.

平井秀幸 (2015) 刑務所処遇の社会学——認知行動療法・新自由主義的規律・統治性. 世織書房.

平井秀幸 (2016) 犯罪・非行からの「立ち直り」を再考する——「立ち直り」の社会モデルをめざして. 罪と罰 53-3 ; 121-140.

平井秀幸 (2021a)「ジェンダー応答的司法」の批判的検討——「反拘禁フェミニズム」を手がかりに. 理論と動態 14 ; 99-115.

平井秀幸 (2021b)「離脱研究における規範的定義論の不在を問題化する——ハームリダクション批判を通した覇権政治と境界政治の可視化. In：岡邊健 編：犯罪・非行からの離 脱. ちとせプレス, pp.223-254.

毛利真弓 (2019) 刑務所での加害者支援に治療共同体を生かす. In：藤岡淳子 編著：治療共同体実践ガイド. 金剛出版, pp.181-197.

Pemberton S, Balderston S & Long J (2019) Trauma, harm and offending behaviour : What works to address social injury and criminogenic need with criminal justice involved women? : Initial findings. Trauma, Health and Social Harm : The WRNA Validation Study Research Publication. (https://www.birmingham.ac.uk/documents/college-social-sciences/social-policy/publications/trauma-harm-and-offending-behaviour.pdf [2022年7月1日閲覧]).

Pratt J (2008) Scandinavian exceptionalism in an era of penal excess. Part I : The nature and roots of Scandinavian exceptionalism. British Journal of Criminology 48-2 ; 119-137.

Shammas VL (2014) The pains of freedom : Assessing the ambiguity of Scandinavian penal exceptionalism on Norway's prison island. Punishment & Society 16-1 ; 104-123.

Shammas VL (2017) Pains of imprisonment. In : KR Kerley (Ed) The Encyclopedia of Corrections. New York : John Wiley & Sons, pp.679-683.

Sykes GM (1958) The Society of Captives. New Jersey : Prinston University Press.（長谷川永, 岩井敬介 訳 (1964) 囚人社会. 日本評論社）

Talay M & Pali B (2020) Encountering the C Wing : The relationship between prisoner self-governance and "pains of imprisonment". Criminological Encounters 3-1 ; 106-120.

谷之口國江 (2020) 札幌刑務支所における「女依存症回復支援モデル事業」について. 刑政 131-3 ; 78-86.

山口毅 (2021) 犯罪定義の批判的検討——離脱すべき「犯罪」は自明か. In：岡邊健 編：犯罪・非行からの離 脱. ちとせプレス, pp.255-274.

宗教からセラピー文化へ
治療文化としての現代セラピー

上智大学グリーフケア研究所客員所員／東京大学名誉教授
島薗 進

セラピー文化とその歴史

1980年代の末から書店では「癒し」や「ヒーリング」をめぐる書物が大量に出回るようになった。1995年のオウム真理教地下鉄サリン事件や阪神淡路大震災の後，「心のケア」という語は流行語になった感がある。このような「癒し」や「心のケア」の現象の広がりを見定め，それを「セラピー文化」の広がりや「宗教」と関わらせながら考えていきたい。

そもそも「癒し」や「心のケア」といった言葉に示されるセラピー文化の現象は，どのような広がりをもったものなのだろうか。「セラピー的」とか「セラピー的態度」という言葉は，フィリップ・リーフやロバート・ベラーらによって基礎づけられ，広く学術用語として用いられるようになったものである（Rieff, 1959；Bellah et al., 1985）。セラピー文化とは，心理学的な知識に基づく治癒や自己解放の理論を用い，他者の癒しや精神的指導を行おうとするセラピスト（心理療法家，臨床心理家）をモデルとするような文化を指す。セラピストが関わるところだけではなく，セラピー的な言説やエートス（精神的態度）が広く社会にゆきわたるようになり，人々の生活のそこここに顔を出すことになる。現代人は多かれ少なかれ，セラピー文化の影響下にあるとさえ言うことができるだろう。

まずは，セラピー文化の歴史を臨床心理学の歴史，カウンセリングの歴史という視点から振り返ってみよう。日本の臨床心理士資格は1988年に作られた民間団体・日本臨床心理士資格認定協会によって与えられており，同協会のホームページによれば，2021年の段階で資格認定を受けた者の累計は，39,576人にのぼっている。また，2017年に施行された公認心理師法により国が認定する公認心理師は，2021年で早くも累計12,329人である。急速に資格保持者が増大したのは，言うまでもなくそれ以前からそうした仕事に携わる人が多数存在したからである。

カウンセリングの歴史と現状について批判的に検討している小沢牧子によると，1950年代初頭には「カウンセリング」という語はまったくと言っていいほど知られていなかった（小沢, 2000）。ところが，1950年代の末にはこの語を表題に冠した書物（伊東博（1957）『カウンセリングの原理と方法』）が刊行され，この語は急速に流通するようになった。実際のカウンセリング実践の始まりは，1950年代初めのアメリカからの啓蒙活動に由来する。1950年代初頭に講師が来日し，「学生補導厚生研究会」の名でカウンセリング研修会を行い，1953年には東京大学に学生相談所が開設され，すぐに全国の大学に広がっていった。

臨床心理学の生成と拡充

では，輸出元のアメリカはどうかというと，臨床心理学は20世紀初頭の心理テストに始まる。「異常な」人をあぶり出したり能力の優劣を判定して，人材を統御しようとする過程である。これは大学の心理学教室を基盤として，学校教育現場に普及していったものである。やがてそれは第一次世界大戦時に軍隊へと波及し，知能テストが軍隊における選抜と訓練計画に貢献することになる。第二次世界大戦時には，退役後の社会復帰の悩みに対応するためにカウンセリングが多用されるようになる。20世紀中葉がカウンセリングの急速な拡大期である。

だが，カウンセリングの先駆けはフロイトの精神分析であり，すでに19世紀末に産声をあげていた。精神医学の世界では世紀転換期頃から心理療法の価値が認められ，主に神経症の治療の方法として用いられていた。日本でも1900年代から呉 秀三や井上円了により「精神療法」「心理療法」の語は用いられていたが，森田正馬が独自の心理療法の開発を行って森田療法を編み出すのが1919年である（島薗，2003）。この時期に『変態心理』誌が刊行されるが，これは現在は「異常心理」とよばれる現象の究明を目指したもので，臨床心理学やカウンセリングと関心を共有している。一方，1930年には知能テストの日本版が刊行されている。同じ頃，日本の特別高等警察は左翼運動に走った若者を「善導」するために，「転向」のための技法を組織的に開発していた（鶴見，1959）。

フロイトの精神分析は当初，ユダヤ人の特殊な専門家集団によるものと見なされていたが，カウンセリングの技法はやがて多様な展開を見せる。行動療法と来談者中心療法の普及はその現れで，カウンセリングは病院や特殊な機関・サークルにとどまらず，学校や軍隊など正統的な制度のまっとうな構成要素と見なされるようになっていく。それは大学の臨床心理学教育・研究が，心理テストからカウンセリングへと領域を拡充していくことと連動していた。その時期はアメリカでは第二次世界大戦前後，日本では1950年代以降ということになるだろう。

力動精神医学の宗教との関わり

西洋における心理療法の発生史について，大きな展望を描いた名著に，エレンベルガーの『無意識の発見』（1980）がある。フロイト，ジャネ，アードラー，ユングらによって力動精神医学が体系的に形成されるのは，19世紀末から20世紀初期のことである。だが，エレンベルガーの見方では，力動精神医学の心理療法（精神療法）は宗教的な「原始治療」を引き継ぎつつ，合理主義的，また心理学的な態度でそれを乗り越えるものとして成立した。この変容はメスメルによって1775年に始動され，治療を催眠術によるものと理解するピュイゼギュールの新メスメリズムや，シャルコー，ベルネームらの精神医学者の考察を経て，フロイトへと引き継がれていく。

確かにメスメルからフロイトへの流れは，科学的な心理療法の確立の，ひとつの過程を示している。しかし，宗教から心理療法への発展はこの流れに限られるものではなかった。この流れが途中から横道へそれていくような場合もあった。たとえばメスメリズムはアメリカ合衆国に導入されて，フィニアス・クインビーという治療者を生んだ。クインビーは「思考の転換による治療」を信じ，アメリカにおけるニューソート運動やキリスト教科学の運動の源流となった。これらは心理療法でもあり，宗教的でもある癒しの運動の太い流れとして今日に至っている。

癒しの運動として見た場合，この流れは科学的心理学の心理療法にまさるとも劣らないほどに大衆の支持を得てきた。これらは近代アメリ

カの心理＝宗教複合運動と見ることができる。一方，日本の新宗教でも，心理＝宗教複合運動という性格をもつものが少なくない。日本の新宗教のほとんどが現世での運命の改善に強い関心を寄せており，それをもたらす方策としては，呪術や祈りや儀礼（救済儀礼）が考えられていたり，布教や奉仕活動が考えられていたりするが，それ以上に重要と見なされるのは「心なおし」である。

「心なおし」による運命の改善は，伝統的な宗教が信じていた超越的な力の介入にかわるものとして登場する。かつては神の力で癒しをもたらそうと祈ったとすれば，ここでは「心を清め，静める」ことで癒しをもたらそうとする。これは一方で，神の力の介入を素朴に信じる信仰が受け入れにくくなってきた状況と関係がある。他方，「心なおし」が実際に生活に好影響を与えるという事態が背景にある。自主的に行動する機会が増えた人々が，他者や状況とどのように折り合っていくか迷うような環境のなかで，「心なおし」の教えは具体的な指針を提示してくれる。「心なおし」と境を接するような領域で心理学の方からも科学的妥当性がある程度認められてきたものに，森田正馬（1874-1938）による森田療法や，吉本伊信（1916-1988）による吉本内観がある（島薗, 1995）。

セラピー文化の精神史的考察

こうして宗教と心理療法にまたがるような「セラピー文化」の領域を想定すると，それは広大な領域を形成する。こうした精神生活の変化を倫理意識の変容という側面から捉えようとした哲学者や社会学者がいる。たとえば，デヴィッド・リースマンは『孤独な群衆』（Riesman et al., 1950）において，この変化を伝統指向型人間から内部指向型人間へ，さらには他人指向型人間への変化としてとらえた。また，フィリップ・リー

フは『フロイト――モラリストの精神』（Rieff, 1959）や『セラピー的態度の勝利』（Rieff, 1966）などの書物で，共有されている堅固な倫理規範に基づくのではなく，他者との葛藤を和らげ心理的な安定を重視する「心理学的人間」や「セラピー的な態度」の広まりという図式を示した。これは実質的に脱道徳的態度を広めることにもなる。

アラスデア・マッキンタイア『美徳なき時代』（MacIntyre, 1981/1984）やロバート・ベラーら『心の習慣』（Bellah et al., 1985）は，このような脱道徳的人間が増えていく背景には，官僚制的社会構造の確立があると捉える。官僚制的な文脈では，人は計測できる経済的目的・福祉目的を効率よく達成するための手段として遇される場面が増大する。そのようなものの見方，考え方を代表して現代社会を動かしていく現代的なキャラクター（人物像）として，マッキンタイアーとベラーらは「経営管理者（manager）」をあげる。ところが，経営管理者が活躍する社会では，他方，「セラピスト」のキャラクターが活躍する場面も増大するという。両者とも他者への操作的態度と非操作的態度の区別を抹消するキャラクターであり，官僚制的社会を代表するにふさわしいとされる。

セラピー的な態度が官僚制的社会に適合的なのは，それが道徳的規範に基づいてなされる共同の行動や，その前提となる共同の目的に関与しようとしない非社会的な個人主義を勧めるからである。個々人の心理的福祉（癒しや健康や生き生きとした状態）とその総量を最終的価値とし，人生において追求すべきものをそこからのみ導き出し，他者との関係は契約問題として割り切り，社会的問題は市場と官僚制による調整に全面的に委ねる。ビジネスでの人間関係を円滑にし仕事の効率を高めるには，このようなセラピー的態度がたいへん都合がよい。しかしその代償は，人間同士としての他者との本来的な

交流が失われていくことである，という。

セラピー文化において 軽視されるもの

セラピストへのインタビューの例を用いながら，ベラーらは次のように論じている。

> こうしたセラピー的な見解は，道徳的態度をとることを拒否するばかりでなく，積極的に「道徳」そのものに疑いの目を向け，人間の行動を見る枠組みとしては，道徳よりもセラピー的な契約主義のほうがより適切であるとする。ゲシュタルト心理学派に属するあるセラピストは，「道徳」に代わってセラピー的な考え方が後を継ぐ様子について，次のように描いて見せた。道徳は「両親とか，権威のある人間，つまり"重要な他者"〔ジョージ・H・ミードに由来する社会学の用語で，個々人の社会化の過程で大きな影響をもつ人物を指す──島薗註〕とか宗教や学校とか法律やモーレス〔習俗あるいは掟などの社会規範を指すラテン語──島薗註〕とか，何かそんなものから価値観を借りてくる」ところより始まる。そして道徳は「そうした価値観をもとに自分はいかに在るべきかを考え出し，それによって行動し，そのような期待に伴う結果がどのようなものであるかを見つけ出す」ことにより存続する。

> （Bellah et al., 1985/1992, pp.156-157）

ところが，やがて他者との「価値観の相違」にぶつかり，自分が植え付けられた価値観に固執するのではうまくいかないことに気づく。こうしたときにこそセラピストの出番があり，多様な価値観の間でどのように満足を増していくかの調整に意を用いるように勧める。

> 「これは正しいか間違っているか？」という問いは「これは今自分にとってうまくいくか（work for me）？」に取って代えられる。個人はこれに対して，自らの必要に照らして答えなければならない。世界の働きを評価する最善の視点は，それにいくらコストがかかるか，またそれがどれだけの満足を生み出すかというものである。私たちは誰でも損益の「取り引き」を考えなければならず，ある必要を犠牲にしながら別の必要を満たすということをやって行かなければならないのである。

> （Bellah et al., 1985/1992, p.157）

ベラーらはこうしたセラピー的な態度に基づく人間関係を，古典的な友情のあり方と対照している。アリストテレスらが明らかにした古典的な友情の規範では，次の3つの要素が満たされるべきだとされた。すなわち，（1）相手との交わりが楽しい，（2）たがいに相手にとって有用である，（3）ともに善へのコミットメントをもつ。3番目の要素は，共同体において共通の善に貢献する，という規範を前提としている。ところが，現代の友達関係はこの要素を失い，1番目と2番目の要素に限定されるようになってきた。そうなると，友達との関係がセラピー的なものに近づいてくる。セラピーにおいてセラピストはクライエントと取引関係を結び，情緒的サポートを提供して金銭の報酬を得る。現代のビジネスと結びついた友達関係はこれに近いし，私的な友達関係においてはおたがいの情緒的サポートを交換し合うことに徹するという態度が強まっている。共通善への貢献という要素がなく，結局他者は私的満足のための手段になってしまうという。

管理社会化とセラピー文化

「自律的個人の自己決定」や「心のケア」などのセラピー文化的美辞麗句が,「困った人」の排除の口実であったり, 過大な管理や干渉や善意の押し売りを含んでいたり, 非現実的な楽観的相互関係を前提としていることを厳しく批判する論者もいる。セラピー文化がもつ排除の機能について, 小沢牧子は次のように論じている。

　あるカウンセリング記録を読んだ学生が, こう記していた。「クライエントがもし私の友達で, こんなグチャグチャした話を私にされたらたまらないので, やっぱりカウンセリングは必要!　と思ってしまった」。面倒な人, 不都合なことから逃げるために, それを引き受ける専門家が必要だと, 率直な感想を述べているのである。やっかいと感じられる人を排除する口実として, カウンセラーの存在がここでは求められている。「やっぱり専門家のところへ行ったほうがいいのじゃない?」と。しかしそのせりふは, いつ自分に向けられるかわからない。そうならないために, 私にとっても「事前」にカウンセリングは必要だ, と更に事態はエスカレートするだろう。安心して生きていけない生活世界である。
　必要なのは, 一緒に考え合う人を相互に探し増やしながら, 問題を自分達のものにして抱え続ける関係をめざすことなのだ。巻き込みや巻き込まれある勇気と, 気長さと, 信頼の力がいくらかずつ必要だ。
　　　　　　　　　　（小沢, 2000, p.62）

小沢はセラピー的な言説や関係が抑圧的なものになりうることを見据えた上で, それに代わるつながりのあり方を示している。
ここにあげてきたセラピー文化批判は, 個人化が進み, 価値観の共有が容易でなくなっていく社会環境のなかで, 相対主義的な前提の下, 私的な利害の追求と安定的な集団秩序の維持が優先されることへの懸念を反映している。かつては, 善き生き方と善き社会についての前提が宗教によって提示されており, それを人々が共有していると考えられてきた。それが失われていくとともに, 人々は心の安定に価値を置き, 私事に閉じこもり, 公共空間や共通善から撤退していく。心理的な安定が大きな要素となる私的な利益を守るエゴイズムや, 見えにくい形で集団的な秩序が尊ばれる柔らかい全体主義が強化されていくのではないか——このような懸念がセラピー文化に投げかけられている。

宗教批判とセラピー文化批判

こうした疑問はかつて宗教に対して投げかけられていた疑問とも通じるところがある。「宗教は民衆のアヘンである」（マルクス『ヘーゲル法哲学批判序論』）とされ, 社会的な要因で生じる苦しみや葛藤を社会的な問題として問うことをやめ, 私的な罪や前世の因縁などに帰し従順さを教えるという宗教批判がある。セラピー文化への批判はそれと似たところがある。これはマルクス主義など世俗主義的な立場からの宗教批判だったが, 現代のセラピー文化批判はむしろ宗教的な伝統の意義を尊ぶ側から投げかけられることが多い。マッキンタイアーやベラーらの批判はその代表的なものである。
これに対しては, 宗教がもっている権威主義的な側面の問題性があらためて問われることは言うまでもない。カトリック教会などは第二バチカン公会議を経て, 権威主義的ではない社会関与の姿勢を明確にしている。つまり, 共通善を掲げつつ, 多元的な環境を前提とした善き生き方や善き社会を示そうとしてきている。仏教の立場からも社会参加仏教とよばれるような動

向が目立つようになってきている（ムコパディヤーヤ, 2005）。だが, 他方で宗教が抑圧的であったり排他的であったり攻撃的であったりする傾向も目立つ。こうした側面にあまり目を向けずに, 宗教的倫理を前提とした立場からセラピー文化を批判しても, 説得力は限定的なものにならざるをえない。

他方, セラピー文化が心理的な安定や私的な関係の調整ばかりに関心を寄せることで, 長期的に求めるべき価値や緊張をはらんだ社会に関与していくことを抑制するものになっていないかどうかも問われるべきだろう。重要な課題のひとつは, 効率優先, 業績優先の価値観がセラピー的な治療文化のなかに浸透していないかということである。マインドフルネスによる健康と心理的安定の追求は, それ自身, 批判されるべきものとは感じられないが, 企業や軍隊がそれを社員研修や軍人・兵士の訓練に用いるとなると疑問がわいてくる。しかし, 組織が行う内容と個人参加の治療としてなされる内容とに大きな違いがないとすればどうだろうか。管理社会化とセラピー文化に関連があるとすれば, その関わり合いは何なのか, さらに問うていくべき論題である。

● 付記

本稿は過去に発表した以下の2つの論文を用いながら新たにまとめたものである。

（1）「心なおし・新霊性運動・心理療法」『大航海』創刊号（1994年12月）［後に『精神世界のゆくえ――現代世界と新霊性運動』東京堂出版（1996）に第9章「心理＝宗教複合的運動の倫理性」として収載］

（2）序章「セラピー文化のゆくえ」（田邊信太郎, 島薗進 編（2002）『つながりの中の癒し――セラピー文化の展開』専修大学出版局 所収）

◉ 文献

Bellah RN et al. (1985) Habits of the Heart : Individualism and Commitment in American Life. University of California Press. （中村圭志, 島薗進 訳 (1992) 心の習慣. みすず書房）

H・F・エレンベルガー［木村敏・中井久夫 監訳］(1980) 無意識の発見［上・下］. 弘文堂.

伊東博 (1957) カウンセリングの原理と方法. 誠信書房.

MacIntyre A (1981) After Virtue : A Study in Moral Theory. University of Notre Dame Press. (Second Ed., 1984)（篠崎栄 訳 (1993) 美徳なき時代. みすず書房）

ランジャナ・ムコパディヤーヤ (2005) 日本の参加仏教――法音寺と立正佼成会の社会活動と社会倫理. 東信堂.

小沢牧子 (2000) カウンセリング――歴史と原理. In：日本社会臨床学会 編：『カウンセリング・幻想と現実［上］――生活と臨床. 現代書館.

Rieff P (1959) Freud : The Mind of the Moralist. Viking Press. （宮武昭 訳 (1999) フロイト――モラリストの精神. 誠信書房）

Rieff P (1966) The Triumph of the Therapeutic : Uses of Faith after Freud. Harper and Row.

Riesman D et al. (1950) The Lonely Crowd : A Study of the Changing American Character. Yale University Press. （加藤秀俊 訳 (1964) 孤独な群衆. みすず書房）

島薗進 (1995) 救いから癒しへ――吉本内観とその宗教的起源. In：新屋重彦, 島薗進, 田辺信太郎ほか 編著：癒しと和解――現代における CARE の諸相. ハーベスト社, pp.263-282.

島薗進 (1996) 精神世界のゆくえ――現代世界と新霊性運動. 東京堂出版.

島薗進 (2003)〈癒す知〉の系譜――科学と宗教のはざま. 吉川弘文館.

田邊信太郎, 島薗進 編 (2002) つながりの中の癒し――セラピー文化の展開. 専修大学出版局.

鶴見俊輔 (1959) 序言 転向の共同研究について. In：思想の科学研究会 編：共同研究――転向［上］. 平凡社.

宗教としての心理学?
スピリチュアリティへの接近

東京大学大学院
堀江宗正

「宗教としての心理学」をめぐる議論

ホーマンズの「宗教と心理学」運動論

本稿のタイトルは「宗教としての心理学」に疑問符を付けたものである。これは私が，「心理学」（本稿では心理療法・力動精神医学を指す）を一種の宗教として見ようという着想に対して完全には賛同していないことを意味する。

私は『歴史のなかの宗教心理学』（堀江，2009）において，宗教学者のP・ホーマンズ（Homans, 1987）にならって，「宗教と心理学の運動 psychology and religion movement」を研究するという立場を採用した（以下，「宗教と心理学」運動と表記）。これは，宗教と心理学，双方の知識人とそれを支持する大衆が交わりながら展開してきた20世紀の思想運動 intellectual movement を指す。ホーマンズは1885年から1930年までを宗教心理学 psychology of religion の時代とする。すなわち科学的方法としての心理学によって文化的現象としての宗教を説明する還元主義的研究が続いた時代である。次いで1930年代から60年代までを心理学と神学の対話の時代とする。神学側が心理学を取り入れ，牧会心理学などが注目された時代である。ところが，続く70年代と80年代はアメリカが政治的に保守化したため，対話が途絶えたという。これは分断の時代として特徴づけられる（ibid., pp.68-74）。

パーソンズの「宗教としての心理学」論

ホーマンズの論考は『宗教百科事典 *Encyclopedia of Religion*』の一項目「宗教と心理学の運動」として書かれたが，2005年の第2版ではその項目自体が削除されてしまう。その代わりに，W・B・パーソンズが，「宗教心理学」という項目の最後に「psychology "as" religion」，つまり「宗教"としての"心理学」という分野が成立している，と書いている。これはP・リーフなどの思想家が，文化的現象としての心理学を宗教のようなものとして記述したことに由来する。リーフは，フロイトの精神分析が広まったのは，プロテスタント的な世俗内禁欲の態度と合致していたからだと考える。この議論を紹介した後に，パーソンズは，ユング心理学やトランスパーソナル心理学など，価値観を鮮明に打ち出す心理学が，伝統宗教によらずに個人的宗教性を理解する手段を提供するようになったとする（Parsons, 2005, p.7480）。

パーソンズは，「宗教と心理学の運動のマッピングについて——宗教としての心理学と近代的スピリチュアリティ」という論文で，「宗教としての心理学」をスピリチュアリティと結びつけ，フロイトではなくジェイムズ，マズロー，ユングから発展したと記述する。この3人は神秘体験を宗教から引き離し，個人的なものとして理論化したので，「世俗内禁欲」というより，無教会の状態で個人的に神秘体験を探究する「世俗

内神秘家」に近いという（Parsons, 2009）。

消費化への批判

　同時にパーソンズは，近代的スピリチュアリティの信奉者が，宗教をスーパーマーケットのように見なし，潜在的可能性や成長のための技術とする点で資本主義的だとする。ホーマンズが，1970年代に米国が保守化するにつれて宗教と心理学が断絶したと見たのに対して，パーソンズはむしろ「宗教としての心理学」がスピリチュアリティの形で発展してきたと見る。だが，必ずしも肯定的ではないようだ。

　このパーソンズの「宗教としての心理学」論は，世俗化論の一種として見ることができる。つまり，宗教の影響力が衰退し，心理学が宗教の機能を部分的に代替しているが，そこでは宗教が折衷され，本という商品やセラピーなどのサービスとして提供されるので，宗教の切り売りでしかないという見方である。

宗教的保守主義からの批判

　「psychology as religion」という語句を題名に持つ著書や論文を検索すると，ほとんどが1970年代から80年代のものである。神学者のP・ヴィッツの著書『宗教としての心理学』には「自己崇拝のカルト」という副題が付いている（Vitz, 1977）。これは心理学の影響力の増大を恐れた神学の立場からの批判である。ホーマンズの言う保守化の潮流に属するものと言えるだろう。

　この時期には，セラピストを，現代社会の性格像としてとらえ，共同体にコミットしない表現的個人主義者だと批判したコミュニタリアンが出て来る（MacIntyre, 1981/2007 ; Bellah et al., 1985）。現代心理学を個人主義やナルシシズムと結びつけて批判するのは，心理学批判の典型である。その際，宗教的伝統からの離脱が相対主義的な個人主義を招いたとされる。このような論調は宗教的保守主義に連なるものである。

　この路線で，スピリチュアリティ批判も展開されている。J・キャレットとR・キングは，スピリチュアリティを宗教の個人化，心理学による宗教の乗っ取りだとし，背景には新自由主義があると指摘した（Carrette & King, 2005）。以上は，心理学が宗教に代わることを否定的にとらえる議論である。

日本での「宗教としての心理学」批判

　日本国内の場合，心理学が宗教に取って代わることを宗教の立場から批判する論調は目立たない。むしろ「宗教」から距離を取った論者が，心理学的な自己啓発系の言説を批判的に論じている（牧野，2012）。また反カルト論者は，心理学的な体裁をまとった自己啓発セミナーや，スピリチュアルあるいは疑似科学的な主張に神経を尖らせている。この場合，心理学が「科学」なら問題ないが，「権力」を持つ「カルト」なら問題だという態度なので，「カルトとしての心理学」論と言うべきかもしれない。

　いずれにせよ「宗教としての心理学」論は告発調になりがちである。それは「宗教」という言葉が米国ではポジティブにとらえられ，日本ではネガティブにとらえられる状況を反映している。前者では「宗教」をおとしめる世俗化の一形態として，後者では「宗教」のような権力効果を発揮する危険な存在として，批判の対象となる。

　中立の立場から，宗教も心理学も「癒し」「治療文化」として扱うというスタンスの研究は，文化精神医学，文化人類学，癒しの歴史学などに見られる。『臨床心理学』誌の増刊第12号「治療は文化である——治癒と臨床の民族誌」には，そうした研究が多数収められている。しかし，そのスタンスは論者によってまちまちである。

『歴史のなかの宗教心理学』を振り返る

ラベリングとしての「宗教としての心理学」

　以上，「宗教としての心理学」をめぐるさまざまな議論を概観してきた。私自身は，宗教と心理学のどちらも特権化することなく，両者が「宗教と心理学」運動を展開してきたというホーマンズの見方に賛同する。1970年代以降の米国の保守化に伴い，これが宗教側から批判されたという見方にも同意するが，両者が断絶したままだという見方には賛同しない。これについてはパーソンズの方が正しく，「宗教としての心理学」が宗教を折衷し，スピリチュアリティを強調する運動へ展開してきたと見る。

　だが「宗教としての心理学」は，あくまで心理学の外からのラベリングである。多くの心理学者は自分を「宗教として」とらえていない。

　私は『歴史のなかの宗教心理学』で，「宗教としての心理学」が台頭してきたとされる1970年代より前の「宗教心理学」に焦点を当てている。具体的には，ジェイムズ，フロイト，ユング，マズロー，エリクソン，フロムらを取り上げた。彼らの「宗教心理学」的著作は1900年代から60年代に出版されている。これは「宗教としての心理学」が台頭し[註1]，実証主義的宗教心理学と分離するより前の時代である[註2]。「宗教心理学」者たちは，宗教を研究対象として分析することで，自己を「宗教」から差別化した。私は彼らが心理学の観点から「宗教」をどうとらえたのかをまとめ，次に「宗教」との対比で自分たちの心理学をどうとらえたのかを示した。以下はその要約である。

宗教と世俗主義の問題

　基本的には「宗教」は権威主義を特徴とし，個人に禁欲を強いる。個人が抵抗すれば罰するが，服従すれば死後の救済を約束する。そして，抑圧された欲望を儀礼のなかで表出させる。

　世俗主義は権威主義的宗教に反対し，個人の自由を説き，自我中心の態度を育む。同時に，社会の規模が大きくなれば，道徳的要求が増し，自律が必要になる。だが，それはコントロール不能なものを産み出す。結局，抑圧された欲望は個人の神経症において表出される。また，宗教を否定したために，死後の救済の確証が失われた結果，生は無価値だというニヒリズムに陥ったり，死を否認したりする。つまり，世俗主義による宗教からの引き離しと自律の押しつけは，近代の精神病理を産み出す土壌となる。

ポスト「宗教」，ポスト世俗主義の思想運動

　したがって，心理学は世俗社会への適応を目標としない。彼らは他律を迫る「宗教」や，自我を解放しながら自律を迫る世俗主義と異なり，自己実現をうながす。自己実現とは，一面的・部分的・虚偽的な自我を超えた無意識・他者・共同体・人類・世界などに直面することで，全体性としての自己，潜在的可能性としての自己を実現することである。

　また，心理学は，無意識的な願望を，宗教儀礼のように集合的，間接的，象徴的に表出するのではなく，個人神経症のように歪曲して反復するのでもなく，安全な面接場面で「遊び」のように表出させることで，その意味を理解しようとする。

　この実践の延長にある理想的社会像は，権威主義的宗教から離脱し，近代的制度に依存しつつも，その規範を問い直し，他者との相互依存を自覚し，互いの欲望をケアし，調整しあうような人間が連なるネットワークである。そこでは関係性の活性化に役立つ限りで伝統的規範が再評価される。

　最後に，心理学者たちは，死を直視してなお生の意味や価値を維持する態度を支持した。生を，生の意味の形成過程とし，死はその完成であり，生の意味は死を経てなお，人類の心的世

表　ポスト「宗教」／ポスト世俗主義の思想運動としての心理学（1900〜1960年代）

	宗教	世俗主義	心理学
自己論	個人の抑圧	自我中心主義	自己実現
儀礼論	集合的儀礼	個人的神経症	遊びとしてのセラピー
社会論	禁欲	自律	欲望のケア
死生観	死後生の肯定	ニヒリズム／死の否認	死の直視と受容

界——エロス・集合的無意識・精神・ライフサイクル——に残るとする。これは，かつて宗教的に表現されていた死や死後生のイメージを，心理学的に再記述したものである。これによって，死後生への信仰を失っても生は無価値だというニヒリズムや，死のリアリティを否認する態度に陥らず，死の受容に至ると期待される。

　以上の分析の結果，私は1900年代から60年代の心理学を，ポスト「宗教」，ポスト世俗主義の思想運動として特徴づけた（表を参照）。

スピリチュアリティへの展開

スピリチュアリティ関連書籍における心理学

　その後，私は「宗教と心理学」運動のなかでも，よりポピュラーな部分を研究対象とするようになった。それは，心理学理論に依拠しながらも，「宗教」の理念や実践を積極的に取り入れようとするもので，スピリチュアリティという宗教文化的ジャンルにカテゴライズされる。

　英語圏の書籍で「spirituality」を書名に持つ書籍を調べると（2018年に検索），1980年代まではほとんどキリスト教関係が占めるが，90年代に書籍数が倍増すると，ユング心理学とニューエイジ関係の書籍が含まれるようになる。さらに2000年代の書籍も90年代から倍増するが，そこには宗教心理学と宗教社会学の書籍が含まれるようになる。なおキリスト教関連は，持続的に多数を占めている。書籍数が10年ごとに倍増することから，キリスト教内でもスピリチュアリティへの関心が増していることがわかる。

スピリチュアリティの定義

　しかし，キリスト教に次いで「spirituality」を書名に含む書籍を出しているのは心理学である。心理学の学術論文では，スピリチュアリティについてさまざまな定義が示されている。私はそれをテキストマイニングによって分析し，心理学者にとってのスピリチュアリティの含意を明らかにした。

　　スピリチュアリティとは，（1）非物質的なスピリチュアルなもの（a 生きる意味や目的，b 他者・死者・自然とのつながり，c より高い神的な力や霊）を探求している状態，それによる成長・成熟のプロセスを指し，（2）諸宗教の核心部分に当たるが，（3）個人で主観的に体験することができ，（4）組織宗教と距離を取って世俗生活のなかで探求することも可能なものとして，これまでとらえられてきた。　　（堀江，2019，p.15）

　なお，この定義は，日本の心理学者の議論，および大衆レベルでの霊への関心としての「スピリチュアル」現象も包摂できるように構成されている。さらに社会学的に観察可能な特徴を合成したのが，次の宗教文化的カテゴリーとしてのスピリチュアリティである。

　　スピリチュアリティとは，（1）通常は知覚しえないが内面的に感じられるものへの信念と，（2）それを体験して変化をもたらそうとする実践の総体であり，（3）宗教文化的資源の選択的摂取，（4）個人主義や反権威主義といった態度が，程度の差はあれ，ともなうものである。　　（前掲書，p.16）

現代心理学におけるスピリチュアリティへの関心

　以上を踏まえて，今日の「宗教と心理学」運動でも心理学寄りでスピリチュアリティと深く関わる領域をあげる。先の分析の次元，自己論，儀礼論，社会論，死生観に対応させ，ポジティブ心理学，マインドフルネス・認知行動療法，自助グループ，スピリチュアルケアの4つの潮流を見る。

　①ポジティブ心理学──ポジティブ心理学は，病理心理学から健康心理学へ転換しようというマズローの思想を引き継ぎつつ，それを量的研究で裏づけようとする潮流である。人間性心理学から派生したトランスパーソナル心理学は，思弁的で宗教を頻繁に参照するので，スピリチュアリティに属することは明白であった。その主張の根拠は変性意識体験などの質的なデータである。それに対して，ポジティブ心理学は，質問紙調査や実験などに基づくものが多い。これは，既存の宗教心理学における，宗教性やスピリチュアリティの身体的健康・心的健康への正の効果の実証研究などとも合流する（Pargament & Mahoney, 2002）。

　ポジティブ心理学は，マズローの自己実現論を引き継ぎつつ，80年代以降のコミュニタリアンたちからのセラピスト批判に答えるものへと発達した。コミュニタリアンと同様，アリストテレス倫理学を援用し，自己実現を徳（卓越性）や幸福（ユーダイモニア）の観点からとらえ，個人的快楽の満足から区別する（Boniwell, 2012）。アリストテレスの幸福概念は，コミュニタリアンの強調する共通善へのコミットメントと調和する。ポジティブ心理学は，80年代コミュニタリアンの容赦のないセラピー批判を引き受けたものだと言える。

　②マインドフルネス・認知行動療法──前述の宗教的儀礼，神経症，遊びとしてのセラピー

と比較可能な現代的潮流としてはマインドフルネスに関わるセラピー的実践がある（以下，「マインドフルネス」と記す）。マインドフルネスは，上座仏教の瞑想から来ており，心身の状態に注意し，観察することで，生起する出来事に開かれ，既存の思考枠組からの解放を目指す。つまり，仏教的瞑想の心理学への取り入れである（蓑輪, 2021）。

　だが実践者は，マインドフルネスが「宗教」ではないと強調することが多い。ストレス軽減であり，瞑想の目的は解脱ではなく，ストレス軽減である。それに役立つ要素のみを抽出している。「宗教」ではないと強調する時には組織宗教の権威主義への批判が含まれているかもしれない。この反権威主義はスピリチュアリティの特徴でもある。

　瞑想は，一定の型を持ち，何らかの思想と関係し，定期的に実践されるので，宗教儀礼に近い。しかし宗教が，現在の状況の脱文脈化の後，強固な宗教的文脈へ位置づけて，日常へ帰還させるのに対し，セラピーの一環としての瞑想は，特定の意味づけを押しつけることがない。

　『歴史のなかの宗教心理学』の儀礼論から見た分析に戻ると，セラピーでは，隠された願望が意識的に表現され，その意味が直接的に理解される。しかし，マインドフルネスは言語化や意味づけを必要としない。環境を整えて心を沈静化させ，心身に起こっていることを感じる。私自身の調査では，瞑想は，うつ経験者にとって，一種の人工的なうつで，実際のうつに代替する効果も持っているようである（堀江, 2017）。

　マインドフルネスは，今日では認知行動療法の一部としても実践されている。認知行動療法は，認知に関わる理論を行動療法に取り入れることで，認知と行動の両方を変容させる技法へ洗練させたものである。マインドフルネスだけでなく，禅仏教と関わりがある森田療法を取り入れようとする試みもある。つまり，認知行動

療法自体が，宗教文化的資源の折衷というスピリチュアリティの特徴を内包している。ある技法が，行動と認知の変容をもたらすというエビデンスを持ち，行動と認知に関する既存理論に統合できるなら，認知行動療法に取り入れられるか，並行して用いられる可能性が高い。

③**自助グループ**──『歴史のなかの宗教心理学』の社会論の分析では，欲望の表出が許される環境を整え，禁欲や自律を迫ることなくケアするのが心理学の特徴だとした。これを今日，もっとも具体的に実践しているのは，依存症を対象とする各種の自助グループであろう。

自助グループは，心理学的な社会論の特徴である，他者との相互依存を自覚し，互いに欲望をケアし，相互調整しあう人間が連なるネットワークを具現している。AAの創始者はユングの影響を受けており，自律の限界への気づきと，自分なりの神，高次の存在に任せることをうながす点で，スピリチュアリティとの関連は深い（葛西，2007）。

④**スピリチュアルケア**──スピリチュアルケアは，ホスピスで死にゆく患者の全人的ケアの一つ，特に当事者の信仰や宗教性に関わるケアとして出発した。身体的ケアや心理的ケアだけでなく，その人の信仰を理解して，それに由来する苦痛，すなわちスピリチュアルペインをケアするのがスピリチュアルケアである。

日本でもキリスト教系のホスピスケアに関わってきたチャプレンを中心にスピリチュアルケアの必要性は訴えられてきた。だが，「宗教」への警戒感が強い日本で強調されたのは「宗教」的ケアではないことだった。ところが東日本大震災後，多くの宗教者が被災地で傾聴活動に従事するようになり，現場では読経などの宗教的ケアも求められた。こうしたニーズもあり，「宗教」色を消すのではなく，特定教団の利害を押し出さないことに留意する超宗教的な臨床宗教師の養成講座が東北大学等で開設された。被災者支援という背景もあり，死別経験者のグリーフケアが焦点化される。この動きは，スピリチュアルケアの一環として理解されている。その結果，スピリチュアルケアは非宗教というよりは，宗教を包摂したスピリチュアリティに関わる活動だと理解されるようになる（鎌田，2014）。

スピリチュアリティの制度化

以上の，現代心理学の4つの潮流を，スピリチュアリティの制度化という大きな流れのなかで理解してみよう。1960年代の対抗文化は，東洋宗教への関心，ヒッピーやニューエイジとつながり，宗教文化的資源の折衷を進めていった。当時の若者は年をとり，その価値観は社会の諸分野に影響を与えている。日本で象徴的なのは，対抗文化世代より年長者だが，ユング心理学者の河合隼雄が2002年に文化庁長官に就任したことである。同年には，文科省が小中学校に配布した道徳の副教材『こころのノート』の編集にも関わっている。

スピリチュアリティを重視するベビーブーマーたちは，宗教学，心理学，医学だけでなく，教育学，環境思想運動，経営学の分野にも見出される。その下の世代は1970年代に幼少期を過ごし，科学的合理主義とスピリチュアリティの両方に接しており，各界を担う立場にある。

4つの潮流に見られる制度化志向

上述の四潮流は，スピリチュアリティとの関連が深いだけでなく，各々が制度化を志向している。そこから見えてくる特徴は，次の3つである（以下の数字は4つの潮流に付した番号）。

1つ目は，大衆運動にルーツがあるという点である。四潮流の淵源には，（1）米国キリスト教から出たポジティブ思考，（2）東洋の瞑想へ

の関心，(3) 草の根のAA運動，(4) 看護の現場から生まれたホスピス運動などがある。

2つ目は伝統宗教との関わりである (1, 2, 4)。「スピリチュアリティ」はキリスト教由来の言葉で，ヒッピーやニューエイジより米国社会では受け入れられやすい。宗教との関係がよりクリアだと，伝統に根ざしているという安心感が得られ，社会の保守化とも合致する。仏教との関わりも強まっている (2，日本での4)。その背景には，仏教は非「宗教」なので米国ではキリスト教と競合しないこと，日本では「宗教」に警戒感を持つ人にも宗教色の薄い瞑想なら受け入れられやすいということがある。

3つ目は，量的研究，実証主義への傾斜で，効果や効率を重視する傾向である (1, 2)。これは価値合理性ではなく目的合理性の追求である。もしかして，科学と呪術をミックスしたような治療文化が形成されつつあるのかもしれない。

制度化のもたらす逆説

『歴史のなかの宗教心理学』では，大衆の「癒しの運動」が，近代の制度的，経済的な文脈では，技法化・専門家支配・消費主義という性格を持つようになると指摘した。その結果，運動の理念である非操作性，民主的性格（反権威主義），文脈依存性から乖離する。四潮流のなかでは，マインドフルネスの認知行動療法への取り込みが，この逆説に当てはまる。

また，効率重視，折衷主義，伝統宗教の利用からは，プラグマティックな態度が透けて見える。それがどのような真理観，倫理観，価値観に至るのか。この問いに答えるためには，当事者へのインタビューを重ねたベラーら『心の習慣』(Bellah et al., 1985) のような調査が新たに必要となるかもしれない。

▶註

1　例えばトランスパーソナル心理学会 The Association for Transpersonal Psychology は，1972年に設立され

ている。

2　例えば『国際宗教心理学誌』*The International Journal for the Psychology of Religion* は，1991年から刊行されている。

◎文献

Bellah RN et al. (1985) Habits of Heart : Individualism and Commitment in American Life. Berkley : University of California Press. (島薗進, 中村圭志 訳 (1991) 心の習慣——アメリカ個人主義のゆくえ. みすず書房)

Boniwell I (2012) Positive Psychology in a Nutshell : The Science of Happiness. Berkshire : Open University Press. (成瀬まゆみ監訳 (2015) ポジティブ心理学が1冊でわかる本. 国書刊行会)

Carrette J & King R (2005) Selling Spirituality : The Silent Takeover of Religion. Oxfordshire : Routledge.

Homans P (1987) Psychology and Religion Movement. In : M Eliade (Ed) Encyclopedia of Religion. New York : Macmillan.

堀江宗正 (2009) 歴史のなかの宗教心理学——その思想形成と布置. 岩波書店.

堀江宗正 (2017) スピリチュアリティとうつとポジティブ思考. 臨床精神病理 38；191-200.

堀江宗正 (2019) ポップ・スピリチュアリティ——メディア化された宗教性. 岩波書店.

鎌田東二 編著 (2014) スピリチュアルケア［講座スピリチュアル学 第1巻］. ビイングネットプレス.

葛西賢太 (2007) 断酒が作り出す共同性——アルコール依存からの回復を信じる人々. 世界思想社.

MacIntyre A (1981/2007) After Virtue : A Study in Moral Theory. 3rd Ed. Notre Dame : University of Notre Dame Press. (篠崎榮 訳 (1993) 美徳なき時代. みすず書房)

牧野智和 (2012) 自己啓発の時代——「自己」の文化社会学的探求. 勁草書房.

蓑輪顕量 (2021) 仏典とマインドフルネス——負の反応とその対処法. 臨川書店.

Pargament KI & Mahoney A (2002) Spirituality : Discovering and Conserving the Sacred. In : CR Snyder & SJ Lopez (Eds) Handbook of Positive Psychology. Oxford : Oxford University Press, pp.646-659.

Parsons WB (2005) Psychology : Psychology of religion. In : M Eliade (Ed) Encyclopedia of Religion. 2nd Ed. Detroit : Macmillan Reference USA, pp.7473-7481.

Parsons WB (2009) On mapping the psychology and religion movement : Psychology as religion and modern spirituality. Pastoral Psychology 59 (2010) ; 15-25.

Vitz PC (1977) Psychology as Religion : The Cult of Self-Worship. Grand Rapids : William B Eerdmans.

ミシェル・フーコーはいかに精神分析と心理学を語ったか

九州大学
蓮澤 優

　ミシェル・フーコーは心理学者であった。

　1949年，23歳のときに彼は，当時フランスで新設されたばかりであった心理学の学位を取得し，精神病院での研修を開始した。処女作『精神疾患と人格』（1954）をはじめ，彼が1950年代に公刊したテクストはいずれも，心理学の学問論的位置づけを主題としている。あの『狂気の歴史』（1961）を著したあとでさえ，1966年まで彼は，クレルモン・フェラン大学において心理学教授の地位にあった。エイズによりフーコーが急逝したのは1984年のことであるから，その知的経歴のおよそ半分を，彼は心理学者として過ごしたことになる。

　フーコーはなぜ心理学から離れてゆくことになったのか。心理学や精神分析，さらには一般的に精神療法[註1]という営為について，彼はどのように考えていたのか——。本稿ではこうした問いについて考えてみたいと思う。

＊

　当然のことであるがフーコーは，1966年を境として心理学者から哲学者へ単純に転向したわけではない。むしろ『狂気の歴史』や『言葉と物』といった大著の主要なモチーフは，若き心理学徒であったフーコーが1950年代に展開した，この学の方法論的基礎に関する一連の論考のうちに，すでに姿を現していたと言える。心理学の実定性への懐疑と徹底した検証，そして

幻滅が，哲学者フーコーを準備したのである。

　こうした懐疑の発端となった体験について，フーコーは晩年のインタヴューのなかで語っている。それはサン・タンヌ病院での研修生時代に彼が味わった，精神病院における心理学者の奇妙な立場に関する体験であった。

　　当時，精神病院において，心理学者の職業的地位は明確には定まっていませんでした。[…]私がサン・タンヌで持っていた地位はとても奇妙なものでした。診療科長は私にとても親切で，私に完全な行動の自由を与えてくれました。しかし，私が何をすべきかについては誰も気にかけていませんでした。つまり，私はどんなことでもできたのです。実際，私はスタッフと患者の中間の立場にいました。しかしそれは私の手柄とか，私がうまく立ち回った結果とかではありませんでした。それは私の地位の曖昧さの結果であり，その地位のせいで，私は本当にスタッフに組み込まれるということがなかったのです。[註2]

　つまり精神病院の実務は，心理学者抜きでもまわってゆくのである。だとすれば心理学の学問的意義はいったいどこにあるのか——。若きフーコーが辿り着いた結論は，心理学とは精神医療に対する後付けの正当化でしかない，とい

うものであった[註3]。社会は「狂人」を，理論的根拠抜きで無媒介にそれと名指す。これら狂人の排除と矯正の実践が「精神医療」と呼ばれる。この実践を正当化するために，狂人と名指された人々を対象として精神病理学が成立する。そして精神病理学を裏返すかたちで，正常心理学が最後に成立するのである。実定的規範に照らして異常を検出するものと見える種々の心理検査は，実のところ元を辿れば，精神医学によってあらかじめ特定の病理を指摘され一群に括られた人々の解析によって成立したものでしかない。ある心理検査における正常性とは，単に当該の異常が「ない」状態であり，いかなる積極的内実も欠いているのである。

　心理学とは，それ自体として実定的なものなのではなく，むしろ否定性の地盤のうえに建てられている。心理学研究が極端な実証主義に走るとすれば，それは「心理学が自らの祖国である人間の否定性を忘れたという徴であり，自らの永遠に地獄的な役割を忘れたということなのだ」[註4]。この「地獄的なもの」にこそ回帰せねばならない，と1950年代のフーコーは結論する。それはすなわち，心理学が狂気を規定しているのではなく，逆に人間の否定性としての狂気こそが心理学を基礎づけているという事実を見据えることである。そしてまた，心理学が，狂気に対する社会的方策の歴史のなかでいかにして生まれてきたのかを明らかにすることである。それこそがまさしく，『狂気の歴史』の根本的な企図に他ならなかった。この書は「まさに心理学の出現を可能にしたものの歴史」[註5]を記述すべく書かれたのである。

*

　『狂気の歴史』は狂人の言語に焦点を置き，理性と非理性との対話は可能か，という観点から書かれた特異な歴史書である[註6]。非理性とは，フーコーの用語法によるなら世界の真理に関す

る別種の捉え方のことであり，「対抗理性」と言い換えてもよい。『狂気の歴史』によると，ルネサンス期以前のヨーロッパでは，狂気は非理性として遇されていた。狂人は周縁的存在ではあったが，その言葉のうちに人々は異界の真理の啓示を見ていた。狂人と常人の交流の可能性はまだ開かれていた。しかしながら古典主義時代の到来とともに突如，「大監禁」が生じる。狂人をはじめ魔術師，瀆神者，同性愛者，物乞いなど，雑多な人物群が監禁の対象となり，社会から姿を消したのである。古典主義時代の感受性にとってこれらの一群は非理性的な形象として知覚され，倫理的譴責の対象となったのだ，とフーコーは言う。大監禁によって，理性と非理性の対話は潰える。この体制が終焉を迎えるのはようやく19世紀初頭になってからである。種々の非理性的人物たちは再び公共空間に解き放たれる。しかしながら狂人だけは，自由の身とするには危険すぎると考えられ，引き続き監禁施設に留め置かれた。このときを境として監禁施設は精神病院へ変貌を遂げ，狂人は病人と見なされるようになったのだ，とフーコーは主張している。病人＝狂人を対象とする（自称）近代科学としての精神医学は，ここに成立する。そして心理学もまた，精神医学と双対をなすかたちでこのとき誕生するのである。

　このような近代の認識論的布置のなかで，狂気はもはや非理性ではない。精神医学および心理学にとって狂気とは「自然の漠然とした表面にただよう無意味な現象」でしかないのである[註7]。これらの学問は，狂人の言葉のうちに，対話のよすがとなる意味を見出すのではなく，ただ分析すべき徴候のみを読み取る。

　ところでこの点において『狂気の歴史』は，フロイトによって創始された精神分析に独自の地位を与えている。すなわち精神分析こそは，大監禁時代を経て圧殺されてしまった狂人との対話の可能性を復活させる試みなのである。「精

神分析において問題となっているのは，心理学ではまったくない。まさしく，近代世界において心理学が包み隠そうと意図した，非理性の経験なのである」[註8]。このようにフーコーは，精神分析を精神医学や心理学と本質的に区別しつつ，フロイトに讃辞を送っている。

とはいえ，精神分析に対して最終的に下されることになる評価は，結局のところきわめて辛辣なものである。なぜか。それは，フロイトがその諸規則を入念に編み上げた精神分析的状況が，実のところ精神病院の権力構造を正確に再現するものであったためである。精神分析において治療者はもっぱら沈黙しており，ひたすら主体の方が語り続けるよう促す。治療者の役割は，主体に鏡を見せるようにして自身の姿を認知させたり，また多分に道徳的な裁定を与えたりすることである。精神分析におけるこうした非対称構造は，狂気の言語から意味を奪い，疎外してしまう精神病院の医師－患者関係をそのまま温存している，とフーコーは断じる[註9]。

こうして，精神分析もまた，狂人との対話に失敗する。近代世界において「非理性の至高の働き」[註10]はもはや，いくたりかの狂気の作家たち（ヘルダーリン，ネルヴァル，ニーチェ，アルトー，ルーセル……）のテクストのうちにしか現れることはないのだ――このような宣告によって，『狂気の歴史』は結ばれている。

*

これ以降もフーコーは，心理学および精神分析に対するさらに厳しい批判へと赴いてゆく。『監視と処罰』（1975）において彼は，いわゆる規律権力に対する批判を展開した。規律とは，監獄，軍隊，工場，学校，そして精神病院のような近代の諸施設において共通して見出される基礎的な権力実践である。そこでは閉鎖空間のなかに多数の人間が集められて監視され，規範から逸脱する振る舞いがあれば徹底的に矯正され

る。こうした恒常的な監視と介入を通じて，各個人の連続した同一性が構成される。フーコーによれば，内面的に一貫した人格としての「個人」とは，規律の技術の効果として，近代になってはじめて誕生したものに他ならない。それゆえ近代における心理学の誕生もまた，規律権力の台頭と分かちがたく結びついている。心理学的な知は規律権力の実践のなかから生み出され，この知が翻って，自らを生み出したところの権力を基礎づけるのである。たとえば工場労働のなかで工員たちに生じる種々の不適応現象の観察にもとづいて労働心理学が形成され，その知は，工場におけるより効率的な人的管理に応用されることになる。このように，近代においては，社会のあらゆる領域に「心理学的なものの機能（fonction-Psy）」[註11]が浸透し，基礎的権力構造としての規律を下支えしている，とフーコーは見ている（この文脈では精神分析も，心理学や精神医学とまとめてfonction-Psyのうちに算入されている）。

精神分析をはじめ，種々の個人精神療法とは，フーコーに言わせればまさしく規律的な営為に他ならない。そこでは主体の自己同一性としての内的《真理》が探求される。この真理は主体の深層にあって，主体自身はこれを知らない。知の体現者としての治療者だけが，主体の真理を同定しうるのである。治療の営為を通じて，主体は自身の真理に出会うというよりも，治療者が専有しているこの真理のなかに還元され，そこに縛り付けられてしまう。したがってこうした精神療法は，決して主体に解放的な効果をもたらすことはない，とフーコーは結論する。精神分析は，その治療関係における権力構造のゆえに狂人の言葉を本当に聴きとることはできず，疎外してしまうのだと断じていた『狂気の歴史』の議論が，ここでもかたちを変えて繰り返されていることがわかる。

とはいえ，それでは，このような疎外に辿り

着くのではない別種の権力関係にもとづく精神療法というものを考えることはできないのだろうか。ある討論のなかで，フーコーは次のように発言している。

　　問題は，何らかのかたちの権力関係を通過しない精神療法的な，あるいは心的な治療というものを考えることができるかどうか，ということです。[註12]

　　権力関係というものを完全に破壊しようと努めるような関係，グループにおける関係，そうした精神療法を考えることは，きわめて実り多いものです。[註13]

　したがってフーコーは，端的に言うと「権力ゼロの精神療法」と呼びうるようなものを目指しているように見える。しかしながら実のところ，こうした針路を取ることで，彼は自己矛盾を犯すことになる。というのも，権力一般について論じる文脈のなかでフーコーは，複数の人間が存在するところには必ず権力関係が生じると繰り返し断言していたからである。そもそもフーコーの用語法において「権力」とは，そこから自由になるべき，それ自体として悪しきものなのではない[註14]。したがって精神療法における権力関係をゼロにすることはできないし，それを目指す必要もない。問題は，権力の外部にあるゼロ地点へと逃れ出ることではなく，権力関係のただなかにおいて，権力の作動そのものを通じて主体が自由になるような精神療法を考えてゆくことのはずである。

　精神療法の権力関係をめぐるこのような問いに，フーコーが正面から答えることは結局なかった。とはいえ彼は，こうした問題を単に開かれたまま放置したわけではない。この問いに対するひとつの回答は，フーコーが晩年に展開した倫理的思索のうちに見出すことができるように思われる。

＊

　晩年のフーコーは，古代のギリシャ・ローマで実践されていたという「自己の技法」を論じた。しばしば誤解されているがそれは，独立した主体が完全な自己実現を目指してゆくようなナルシスティックな営為のことではない。「自己の技法」とはむしろ，独立しえない弱さのうちにあった主体が自律的となり，自由になってゆく過程のことである。この過程は決して主体が単独で成し遂げうるようなものではなく，しかるべき他者の教導が不可欠である，とフーコーは明言している[註15]。

　この教導関係における権力の作動の仕方をフーコーは，キリスト教の教導関係との対比において論じている。キリスト教的な導きの中心にある実践は告解である。告解においては，告白する主体の内的な《真理》が問題とされる。彼の内奥に眠る自然本性としてのこの真理を，主体はいまだ知らないのであり，師への絶えざる告白を通じてそれを見出さねばならないのだ。このような教導は，しかしながら実のところ，主体を自律ではなく自己放棄へと導くのであって，師に対する永遠の依存と従属を生み出すものでしかない，とフーコーは言う。精神分析をはじめとする近代の個人精神療法の，上述したような権力関係の原型を，彼がこの告解実践のうちに見出していることは明らかである。

　他方，フーコーの描く古典古代の「自己の技法」において問題となる《真理》は，内面的なものではなく，むしろ可視的な行動の諸規則（「エートス」）に直接，変換しうるような真理である[註16]。こうした真理を師は弟子に伝達するのだが，そのための言語的行動の原理が「パレーシア」と呼ばれる[註17]。パレーシアにおける真理の伝達とは，ゆっくりと段階を踏んで相手に認識させる，理解させるというようなもの

ではない。しかるべき時機（「カイロス」）をとらえて一挙に，ときに暴力的なまでに一挙に伝達するのである[註18]。このような真理の伝達は，師と弟子のあいだに緊張に満ちた時間をもたらし，これを通じて両者は相互に変容してゆく。それは存在論的，霊的な変容である。こうした霊的変容の過程を経て，弟子は自律的な主体となるのである。

　以上の議論に見られるような真理の概念は，少なくとも近代哲学におけるそれとは大きく異なっている。主体の存在を変容させてしまうような真理。時機を逸すれば伝達しえないような真理。——こうした真理概念は，たとえば分析哲学者にとっては到底受け入れがたいものだろう。しかしながら精神療法家にとって，これは非常によくわかる話ではないだろうか。

　フーコーが，その人生の最後の数年間に展開した，主体や自己をめぐる倫理的思索は，それまでの彼の著作とは大きく印象の異なるものであり，読者の戸惑いを招いた。彼の急逝により，この思索は成書として結実しなかったこともあって，1980年頃を境としたフーコー思想の転回は，謎めいたものとして今日に至るまで議論を呼んでいる。しかしながら本稿の全体を通じて辿ってきたような文脈に照らすとき，「自己の技法」に関する晩年の論考は，1970年代までになされていた心理学や精神分析に対する批判的問題提起に対してフーコー自身が与えた，ひとつの回答としての意味を持つのである。若き日

に心理学者として出発しながらそこから離反し，やがてその厳しい告発者となったフーコーが，最後の年月に示した主体化をめぐる洞察——それを最も深く理解しうる者，またそうすべき者は，もしかしたら，fonction-Psy を担う精神医学や心理学の臨床家たちなのかもしれない。

▶註
1　筆者は精神科医であり「精神療法」という言葉を用いるが，「心理療法」と読み替えていただいてかまわない。
2　ミシェル・フーコー［石田英敬ほか 訳］（1998-2002）ミシェル・フーコー思考集成I-X. 筑摩書房（以下，「集成」と略す）／集成IX, p.428.（ただし訳文は改変した。以下同様）
3　集成I, pp.182-185.
4　集成I, p.191.
5　ミシェル・フーコー［田村俶 訳］（1975）狂気の歴史. 新潮社, pp.550-551.
6　同書, 序言
7　同書, p.359. 強調原文。
8　同書, p.360.
9　同書, p.530.
10　同上
11　ミシェル・フーコー［慎改康之 訳］（2006）精神医学の権力. 筑摩書房, p.104.
12　集成V, p.189.
13　集成V, p.208.
14　集成X, p.242.
15　ミシェル・フーコー［廣瀬浩司, 原和之 訳］（2004）主体の解釈学. 筑摩書房, p.150,
16　同書, pp.278-279.
17　同書, p.192.
18　ミシェル・フーコー［阿部崇 訳］（2010）自己と他者の統治. 筑摩書房, pp.68-71.

psy化する教育の憂鬱
ニコラス・ローズ『魂を統治する』から

京都教育大学
神代健彦

ローズの予言?

　有能な主体であること。不安定で，不確実で，複雑で，曖昧なこの現代グローバル社会において，自分の人生を自分自身で切り拓き，社会に貢献する人であること。そんな風に正しくて，善くて，美しい主体であること——さて，一体この社会は，そんな法外にハイスペックな人間をどのように生みだそうというのか。教育によって？　それはたぶん解答の半分に過ぎない。いまその任を負っている教育とは，文化や科学の知識やスキルを伝達するという伝統的な教育ではなく，もっとpsy化したそれである。

　psy化。いささかこなれない語とそのアイデアは，偶然わたしが翻訳の光栄に浴した，イギリスの社会学者ニコラス・ローズの『魂を統治する』（Rose, 1999/2016）に負っている。さしずめ心理学の歴史社会学，といったところか。彼の仕事は，戦争，労働，子育て，心理療法という実践領域における心理学的な技術の来歴を跡付ける。それら分析対象は一括され，対象化され，"psy-science"と名づけられる。「その接頭に「psy」という語を関する学問領域，つまり心理学，精神医学，心理療法などの全てを含み，またそれを担うエージェントとして，心理学者や精神科医，セラピストだけでなく，ソーシャルワーカー，コンサルタント，マーケター，テレビの司会者，ソープオペラの登場人物などが

含まれるとされる，非常に包括的な枠組み」（牧野, 2007）。その枠組みは，社会に分布する心理学的な知や技術を，大学や研究機関において確立された「理論」と，それを（ときにあまり厳密でなく，不適切に，ときにポップに）「応用」する実践領域の営みに分けて捉えるという二分法をとらない。理論と応用（実践）は不可分，というわけである。

　それは自由で自律的な主体を形成する技術である。誰が何のために主体を形成するのか，それを問うことにあまり意味はない。自由民主主義の進展にともなって解放された，よりよく生きたい／生きさせたいというぼんやりとした欲求と，それを可能にする技術が出会うところに，主体が生まれる。主体は自分の意志で物事にコミットし，問題を解決し，価値を生み出す。社会はそんな主体の作動から，社会それ自体を駆動する創造性を汲みだし繁栄する。

　とはいえ世はVUCA時代。不安定で，不確実で，複雑で，曖昧な社会のただなかで，あらゆることを入念に計画・実行し，のみならずそれを遂行する自己自身を評価し，そして最適化し続ける——そんな主体はほとんど必然的にすり減り，壊れる。「自由」が失調する。しかし心配はいらない。主体のそばに，主体を繕う技術が寄り添う。その技術が主体の自己決定能力を，つまりは「自由」を「治療」する。主体はめでたく，学校や職場，あるいは私生活の最前線へ

と復帰する。なるほど psy-science は，個人と社会を形作り，その作動を縫い支える，現代の欠くべからざる知＝技術に違いない。

ローズが描いた，そんな高度に再帰的な人間像・社会像は，これが著された1990年代，少なくとも日本においては，いささか前衛的ではあったのかもしれない。だがかつての前衛的議論は，わたしが研究対象とする教育の領域において，むしろ今その予言的な性格を露わにしつつあるように思える。この直観を確かめるため，ここでローズのアイデアを援用しながら日本の教育について素描してみよう。

psy 化する学校

例えば，1990年代に制度化されたスクールカウンセリングが，心理学的な専門知や技術を背景としたものであることは言うまでもない。「チーム学校」における専門スタッフとして，スクールカウンセラーにかけられる期待は決して小さくない。だが学校の psy 化とは，こうした専門職の起用に留まるものではない。

実際，非心理職である教師も，学校教育相談業務を担う以上，児童生徒観の基礎となる発達心理学の知識はもとより，ロジャーズ（Rogers CR）のクライエント中心療法を基盤としたカウンセリングマインドの修得が求められている。積極的傾聴による受容と共感的理解は，迂闊な介入によってクライエント（児童生徒）の主体性を毀損することなく，不調をきたした彼らの自己実現の傾向を回復させ，自分で問題を解決できるように導く。あるいは一部の熱心な教師たちは，特別活動や「特別の教科 道徳」に，アサーション・トレーニングや構成的グループエンカウンターといった psy 的な技法の出番を見出した。総じて，こうした「自由の治療」（ローズ）の実践は，「治療」，つまりなんらかのマイナスの状態を回復させるというイメージの曖昧

な境界をはみ出して，パーソナリティ形成の積極的媒介として活用されている。これら一連の psy-science は，大雑把に言って「心の時代」（90年代）の遺産である。

加えて2000年代に入ると，psy-science は教科学習の領域により深く浸透してきたように思われる。例えばそれは，一昔前の「アクティブ・ラーニング」，またその修正版である「主体的・対話的で深い学び」の名の下に，各自治体で策定された「授業スタンダード」と呼ばれる授業モデルのなかにうかがわれる（例えば，子安（2021））。

とりわけ初任者の手引きとして活用されているこの授業スタンダードは，自治体ごとに異なりつつも，いくつかの型を共有しているように見える。一般に学校の授業は，1つのコマを導入・展開・まとめに分割して構想される。そして多くの授業スタンダードは導入部において，教師が授業開始時に学習目標を板書し，子どもがそれをノートに書き写す，という活動を定めている。児童生徒に1時間の授業の見通しをつくらせ，それに基づいて学習活動の意味を理解すること，その活動を自律的にコントロールすることを求めているわけである。他方，まとめで学習の振り返りを書くというのも定番である。これは学習活動についてのメタ認知を促すものと考えられている。

自律的な学習者となること，ただ学ぶだけではなく学び方を学ぶこと，学び方を自分自身で調節できるようになること。いまや学校の授業は，文化や科学を学ぶだけではなく，というよりもそのこと以上に，「うまく学べる子ども」についての心理学的分析から析出された，うまく学ぶコツを学ぶ場である。そのコツをつかむため，子どもたちは授業のたびに，めあてをノートに書き写し，振り返りを書き続けている。

さて，こうした学校における psy-science の浸透，いわば「psy 化した学校」を，どのように

評価すればよいだろうか。難しいところだが、少なくともこれが、教育なるものの技術的精緻化・高度化であるのは間違いない。

psy化した学校は言う。よい学習者とは、ただ漫然と教師の説明を聞き流すのではなく、主体的に学習にコミットする者である。掲げられた目標＝力の獲得に向けて、自覚的・合理的に学習を進めていくこと。学習のプロセスにおいて経験したスキルや情意面での達成を分析的に振り返り、「いかに学ぶべきか」をメタ的に学び、次の学習に活用すること。その好循環のなかで、自分自身のモチベーションを管理し続けること。学びが学びを生み、能力が能力を生む。子どもは増大する学習可能性それ自体となって、自分自身と社会を幸せにしていく――自律的主体の形成を媒介するこうした技術の開発が、そんな人間の開発が、教育の教育としての卓越化でないわけがない。

だが同時に、この構想の実装に際して懸念がないわけでもない。

psy化した教育観における成功のイメージは、極めて高度に脱文脈化・抽象化された能力の増大、それを自律的に運用する有能・有用な主体になることそれ自体によって占有されている。ローカルな知識伝達から、世界標準規格のグローバルな能力達成へ。そんなpsy化した教育の達成は、VUCA時代のグローバル社会において交換可能な「貨幣」的価値をもつ。なるほど貨幣を多く所有することは、幸福の条件である。ただし、能力の増大を自己目的化した教育実践は、価値の増殖それ自体を目的とする資本の振る舞いさながら、能力についてのフェティシズムのようにも見える。

そうした教育観・学習観の合理性は否定すべくもない。だが少なくともわたしは、成長・発達することの善さを、次はもっとうまく学べるだろう、次はもっとうまく関係できるだろう、という将来の見込みにおいてだけ捉えたくはな

い。有能になるために何かや誰かと出会う――教育という営みが必然的に孕むその倒錯に、適切に逆らってみたい。何かや誰かと出会いたいと思い、そして幸運にも出会った、気づくと力がついていた――このオーセンティックな順序にこだわっていたい。成長・発達とは、目標のために順次課題をこなしていくプロセスではなく、それ自体が生の一部なのだから。

ただし公正を期して言えば、こうした懸念は、psy化の活用の文脈が偏っているから、あるいは単にその不徹底から生じている、という応答も可能ではあるだろう。心理学や学習科学の成果を、認知能力や実行機能、向社会性といった抽象化された能力の開発にだけではなく、事柄をより深く有意味に感じるある種のフロー体験の保障という方向で活用することもできるはずだ。要するに使いようだ、と言ってしまうと平凡に過ぎるが、psy化を否定するのではなく、むしろ望ましい方向へ向けて徹底するという（左派）加速主義もまた選択肢のひとつであろうことは、ここで付記しておきたい。それもまた、ローズ的な視座から得られる可能性のひとつである。

psy化する家族と社会、その未来

そうなると問題は、psy化の否定ではなくその制御、ということか。だが学校の授業はともかく、社会のpsy化を制御するのは極めて困難に違いない。psy化は、わたしたちの社会の原理である自由民主主義に適うかたちで、冒すべからざる原理としての、市場における自由な選択を媒介に作動しているからである。

アメリカの経済学者J・J・ヘックマンがもたらした経済効果は、莫大なものだったのではないだろうか。非認知能力、すなわち、肉体的・精神的健康、根気強さ、注意深さ、意欲、自信、あるいは長期的計画を実行する能力、他人との

協働に必要な社会的・感情的制御。ペーパーテストでは測れない，幼児期におけるそうした力の開発如何が，その子の将来の地位達成はもとより，刑務所に入る可能性すら左右するという。そのエビデンスの説得力もあって，幼児教育・保育の公的保障が一歩進んだことはとりあえず喜ばしい。しかしこれにもっとも敏感に反応したのは，やはり市場であった。「子どもの非認知能力を育む○○」なるさまざまな商品が，陸続と開発される。psy-scienceの賜物としてのそれら商品が，中高所得子育て世帯の生活空間を埋め尽くしていく。その経済効果たるや。

　いや，教育産業が隆盛すること，儲かることに文句を言うつもりはないのである。しかし，教育社会学者たちが警鐘を鳴らす，日本社会の根深い教育格差を無視することはできない。

　中高所得層は，その持てる情熱と資力を活かして，最新のpsy化した教育を市場で調達し，それを以って子どもを有能・有用な主体へと育て上げる。そんな家庭の子どもたちは，より有利な形で経済社会に参入し，親と同程度以上の地位達成をやってのける。他方，政治の無策ゆえか，はたまた資本主義の必然としてか，格差・貧困の再生産のサイクルにはまり込んでしまう家族とその子どもがいる。彼ら彼女らは，市場を通じて取引されるpsy化した教育商品の恩恵に与れないがゆえに，ますます社会移動のチャンスを失う。のみならず子どもたちは，道徳的危機にもさらされる。psy化した教育が開発する非認知能力，主体性とは，近代的な道徳性の兆表だからである。そのことがますます，彼ら彼女らの「商品価値」を毀損する。

　メリトクラシーならぬペアレントクラシー。ある人の地位達成が，親の資産と熱意に左右される社会，のみならずその構造が固定的に再生産される社会。現代日本は，そんな「緩やかな身分社会」（松岡，2019）である。そして教育・子育てのpsy-scienceは，親の熱意と資産を子ど

もの地位達成に変換するという仕方で，その再生産に寄与している。

　だがそもそも公教育とは，要するに学校とは，格差社会の負の連鎖を断ち切るためにこそあったのではなかったか。そして先に述べたように，いまの日本の学校教育は，psy化した有効な教育を取り込みつつあるようにも見える。この調子で将来的に公教育が十分にpsy化すれば，経済と教育の格差は埋まっていくのではないか？公的に保障されるpsy化した教育は，私的領域におけるpsyの格差を埋めるのではないか？

　その可能性を諦める必要はないが，現状では望み薄である。そもそも「緩やかな身分社会」の指摘は，学校が格差是正に貢献しないこと，むしろその差を広げてしまうことを含んだ物言いなのであった。もちろん，心理学的に精査された非認知能力研究は，そうした能力の教育可能性がゼロではないことを教えている（小塩，2021）。だが，現在の水準のpsy化した学校教育が，生育環境に起因する情意面の発達格差（森口，2021）を解消するほどの効果をもちうるとは思えない。将来，仮に公教育の更なるpsy化が成し遂げられても，市場はそれ以上に最新の，psy化した有効な，しかし極めて高価な教育を，中高所得層の家族に提供するだろう。そして残念ながら（？），違法でも不道徳でもない市場の活動を妨げる権能は，たぶん誰にもない。

　もっとも，そうやって市場で調達された高価なpsy-science教育商品に恵まれた子どもたちが，全き幸福を確約されているとも限らない。

　例えば，子どもの社会的成功を願う親たちはときに，我が子に過剰な管理や過大な学習を強いる。武田信子の言う「エデュケーショナル・マルトリートメント」あるいは「教育虐待」である（武田，2021）。その量的な実態は明らかではないが，心理臨床の現場では警鐘がならされており（古荘・磯崎，2015），詳細なルポルタージュも出版されている（おおた，2019）。

もちろん多くの親は，過剰な教育熱に一定のブレーキをかけ，子どもをのびのび育てようと工夫を凝らしてもいる。だが，加速と減速の微妙なバランスを取り続ける子育ては，親たちの強靭な主体性を要求するだろう。ヘックマンの研究に象徴されるような一連のpsy-scienceの研究成果が，「よい（幼児）教育を与えさえすれば人は幸せになれる」という福音であったことは間違いない。しかしそれは，この不安定で不確実で複雑で曖昧な社会で，たぶん同じくらい不安定で不確実で複雑で曖昧な子育てという困難なプロジェクトにたずさわる親たちにとっては，呪いでもあったのかもしれない。

　「もし教育を失敗したら……」，愛の深さが，そのまま不安となってわたしたちを苛む。あまつさえ，苦労して加速と減速の精密なバランスのなかで育てた子どもたちが出ていくのは結局，自己自身を主体的に有能化し続けなければまともに生きていけない「疲労社会」（ハン，2021）なのである。そのことを身に染みて知っているわたしたち。にもかかわらず，psy化した教育を主体的に買い集め活用し，そうして愛する我が子を社会へと追い立てるわたしたち。

＊

　ゆめゆめ誤解なきよう。ここに登場するプレイヤーに，政治的あるいは道徳的非難を受けるいわれのある者はいない。親が自分の意志で，子どもの将来を熱心に考え，その子の可能性を引き出すために高価なpsy-science商品を購入する。教育産業が，そうした親たちのニーズに呼応して，子どもの人間としての健やかな成長のためのpsy-science商品をイノベーションし提供する。そこに権力的な押しつけはなく，違法な取引もない。自由で自律的で有用・有能な主たちたちが織り成す，全き自由民主主義の社会。

　そう，この問題の中心に，抑圧する権力も，全き悪も，存在したりはしないのである。だから，ここで誰かや何かを悪と名指して自身の批判的主体性を確認し，束の間の満足を感じるのは，あまり得策ではなさそうだ。それは，もっとも非ローズ的な思考であったりもする。

　「主体であること，それは正しく善く美しい」
　「うん，そうだね。でも，主体はつらいよ」
　――もしかするとわたしたちは，この憂鬱な両義性を認めるところから，なのかもしれない。誤魔化さずに，誠実に，正しく疲れること。疲れたと口にすること。あなたも疲れているんだね，と労わること。主体の道徳の目を盗み，疲労から生まれる倫理を俟ちながら。

◉文献
古荘純一，磯崎祐介（2015）教育虐待・教育ネグレクト．日本の教育システムと親が抱える問題．光文社．
ビョンチョル・ハン［横山陸 訳］（2021）疲労社会．花伝社．
ジェームズ・J・ヘックマン［古草秀子 訳］（2015）幼児教育の経済学．東洋経済新報社．
子安潤（2021）画一化する授業からの自律――スタンダード化・ICT化を超えて．学文社．
神代健彦（2020）「生存競争」教育への反抗．集英社．
牧野智和（2007）ニコラス・ローズにおける「こころの科学」と主体性．ソシオロジ 52-2；57-73．
松岡亮二（2019）教育格差．筑摩書房［ちくま新書］．
ウォルター・ミシェル［柴田裕之 訳］（2015）マシュマロ・テスト――成功する子・しない子．早川書房．
森口佑介（2021）子どもの発達格差――将来を左右する要因は何か．PHP研究所．
おおたとしまさ（2019）ルポ教育虐待――毒親と追い詰められる子どもたち．ディスカヴァー・トゥエンティワン．
小塩真司 編（2021）非認知能力――概念・測定と教育の可能性．北大路書房．
Rose NS (1999) Governing the Soul : The Shaping of the Private Self. Second Edition. Free Association Books.（堀内進之介，神代健彦 監訳（2016）魂を統治する――私的な自己の形成．以文社）
武田信子（2021）やりすぎ教育――商品化する子どもたち．ポプラ社．

障害学からみた臨床心理学
1970年代における日本臨床心理学会の学会改革を手掛かりに

名寄市立大学保健福祉学部
堀 智久

障害学とはどんな学問なのか

障害学とは何か。この問いに答えるのは案外難しい。しかし，ひとつの答え方として，障害学は「当事者視点に立った障害の研究」（杉野，2007，p.16）であるという言い方がある。

障害学とは何か，という問いは，どのような要件を満たせば障害学の研究といえるのかという定義問題である。たとえば，日本の障害学研究の第一人者である杉野昭博は，かつてイギリスの障害学において，障害者でない者が障害学をやってもよいのかといった点（「非障害研究者」論争）や，また研究者は研究対象である障害者（あるいは障害者運動）に対してどの程度自由や責任をもつべきかといった点（「研究の自由」論争）をめぐって，激しい論争があったことを紹介している（杉野，2007，pp.16-35）。

ここではその論争の中身にまで踏み込むことはしないが，ここで確認しておきたいことは，障害学を規定する要件を問題にするにあたって，まずは障害当事者の視点を踏まえることが大切にされているということである。裏返せば，これまでの障害研究がいかに当事者の視点を踏まえない身勝手なものが多かったかということであり，この点で障害学は当事者の視点に立脚することから障害者の解放につながる学問であることが期待されている[註1]。

ところで，障害学とは何か，という問いに厳密に答えることは難しくても，障害学会の機関誌に掲載されている論文や大会報告などを見れば，おおよそのイメージはつかめるものである。別に統計データなどを根拠にいうわけではないのだが，障害学は学際的なアプローチをとるとはいっても，実際には社会学系の研究が多く，医学や心理学系の研究は少ないといっておおよそ間違いではないであろう。障害者福祉や障害児教育の分野に関連する障害学の研究であっても，その研究手法は社会学寄りになっていることが多い。

このことは障害の社会モデルという，障害学に特徴的な障害の理解の仕方にもあらわれている。障害の社会モデルとは，障害を障害者個人の損傷による帰結と捉えるのではなく，障害者に不利益をもたらす社会のありようを問題の中心に据えるアプローチである。とりわけ，杉野がいうように「イギリスの社会モデルは，障害者運動実践のなかで形成された概念であり，その主旨は，障害者個人に問題の責任を帰するのではなく，障害がもたらすさまざまな問題を社会の問題として社会的解決を模索する方向に，障害者の意識と健常者社会全体の意識を転換させていくことだった」（杉野，2007，p.117）。障害の社会モデルが，「『障害』をインペアメントとディスアビリティという2つの次元に分けて考えて，社会的に形成されるディスアビリティについて社会的責任を追及していく」（杉野，2007，

p.117）というアプローチをとる以上，その理論的骨子だけを取り出してしまえば，「障害の社会モデルは一種の『構築主義』であった」（榊原，2019，p.173）と簡潔にまとめてしまうことさえ可能であり，この点で障害学に社会学系の研究が多いのは当然の成り行きといえよう。

このように障害の社会モデルの視点から障害学を特徴づけるなら，本誌のタイトルにもなっている臨床心理学は障害学ときわめて相性が悪いことになる。なぜなら臨床心理学は，障害を障害者個人の問題と捉える医学モデルの方にむしろ親和的だからである。

たとえば，心理療法では，障害者が抱えているさまざまな困難を障害者個人の内面の問題として設定することになる。障害者に不利益をもたらしている社会の問題を考えるのではなく，障害者個人の心理的側面に焦点をあて，社会変革ではなく，社会環境に適応する力を個人につけさせることに力点が置かれる。実際，イギリスの障害学において先導的な役割を果たしてきたマイケル・オリバー（自身も頸椎損傷者である）は，その著名な著書『障害の政治──イギリス障害学の原点（*The Politics of Disablement*）』の冒頭において，次のように医学や心理学を激しく非難している。

　　これまで障害の問題や障害者の経験は，学問的に正当に扱われることはほとんどなかった。障害に関する問題と障害者の経験は周縁化され，障害を重要な研究対象としたのは，医学と心理学だけであった。残念なことに，障害は本質的に医学的な問題とされ，障害者の経験は心理的に適応していく過程として分析され，障害者に悪影響を及ぼしてきた。　　（Oliver, 1990=2006, p.11）

そしてオリバーは，医学や心理学の独占的支配に対抗するためには「ディスアビリティの社会理論」のようなものが必要であると主張する。もっともオリバーは，社会学会においてすら障害者の経験は周縁部に追いやられてきたことをも非難している。つまり，これまで社会学は，インペアメントとディスアビリティの区別すらせず，むしろ障害の医学モデルの方に加担してきたというのである（Oliver, 1990=2006, pp.12-13）。

1970年代以降の
障害当事者の視点に立とうとする運動

日本では，「青い芝の会」をはじめとする1970年代以降の障害者解放運動が，日本の障害学の源流として前提にされることが多い（立岩，［1990］1995）。「青い芝の会」の運動は，障害当事者の視点を前面に押し出すことから，糾弾闘争や実力闘争など過激なスタイルをとったことでも知られ，またそれまで主流であった障害者の収容施設や養護学校の拡充を求める親や専門家の運動を，障害者に対する排除や隔離であるという点から告発していった。

とりわけ，ここで筆者に与えられた「障害学からみた臨床心理学」というテーマとの関連において強調しておきたいことは，「青い芝の会」をはじめとする日本の1970年代以降の障害者解放運動は，その理念や思想を共有する精神医療改革や就学運動，親の運動など，より大きな運動の流れのなかにあったということである。たとえば，日本精神神経学会では，1969年5月の金沢大会を契機に学会改革が開始され，学会内で結成された精神科医全国共闘会議のメンバーを中心に，患者の人権侵害が疑われる精神科病院への実態調査，危険な人体実験や精神外科への批判，保安処分新設に反対する総会決議などの活動が行われていった。こうした取り組みは，「従来，せまい意味での研究に偏りがちであった学会のあり方から，いまだ不十分ながら社会の中で患者のおかれている現状に目を向け，患者

の人権という観点から問題を見直」（吉田, 1982, p.101）そうとする動きであった。

また, 1970年代には, 障害のある子どもの〈地域の学校〉への就学を求める就学運動が各地で活発化していった。1970年代後半には, 金井康治就学闘争に象徴されるように養護学校義務化反対運動が盛り上がりを見せ, そこでは全国障害者解放運動連絡会議のような障害者団体のみならず, 親や教師, 心理の専門家など, さまざまな立場の人が1979年の養護学校義務化に異議を唱えていった。さらに, 1980年代以降には親の運動も, それまでの子どもの代弁者として親と子どもの視点を同一視した運動から, 親と子どもの視点の相違を意識した障害者（障害のある子ども）本人の主体性を重視した運動へと変わっていく。

このように1970年代以降には, 「青い芝の会」のような障害当事者の運動だけではなく, 彼らの視点に積極的に立とうとする親や専門家の運動が見られるようになっていく。この点では, 臨床心理学を専門とする日本臨床心理学会においても例外ではない。この時期には日本精神神経学会以外にも, 日本精神分析学会や日本児童精神医学会などの精神医学関連学会で学会改革が行われており, 日本臨床心理学会の場合には, 同学会が中心的な役割を担ってきた臨床心理士資格 [註2] の制度構想の破綻が学会改革の直接的な契機になっている。

日本臨床心理学会の学会改革の始まり

もし日本の障害学が, 1970年代以降の障害者解放運動とそれにつらなる動きをその思想的源流としているなら, 日本臨床心理学会の学会改革でなされた議論もまた日本の障害学の思想の重要な部分を占めることになる。この点では, 障害学と臨床心理学の相性はよくないと先に述べたが, 両者がまったく相いれないものであると考える必要もない。そこで以下では, 1970年代以降の障害者解放運動とその理念や思想を共有し, 障害当事者の視点に積極的に立とうとする日本臨床心理学会の学会改革がいかなるものであったのかを確認したい [註3]。

日本臨床心理学会は, 1964年6月に設立され, 1960年代から1970年代にかけて臨床心理学を専門領域とする唯一の国内学会であった。日本臨床心理学会は, 設立時から率先して学会公認のスーパーバイザーを認定するスーパービジョン研修を実施するなど, 臨床心理士資格の制定にあたって先導役を果たす立場を明確にしてきた。この点で, 日本臨床心理学会は, 科学としての臨床心理学の発展を志向する学術団体であると同時に, 現場で働いている心理職の利益拡大を企図する職能団体として結成された。

日本臨床心理学会を中心とする心理技術者資格認定機関設立準備会は, 1966年7月に最終報告を発表し, 臨床心理士資格の取得要件を「修士課程修了プラス1年の臨床経験（経過措置として学部卒プラス3年の臨床経験）」（CP紙 1966.8.25, p.1）[註4] と規定する資格制度の骨格を提示した。この臨床心理士資格は国家資格ではなく民間資格であり, また修士課程修了を要件としているが, それは大学関係者を中心に「専門職化（professionalization）」を企図して構想されたからである（丸山, 2004）。その後も1969年10月の第5回日本臨床心理学会名古屋大会の直前まで臨床心理士資格の発行のための準備が順調に進められ, 1969年9月には各学会に認定のための申請案内が通知されるまでに至っている。

しかし, 1960年代を通して順調に進められてきた臨床心理士資格の発行に向けての取り組みであったが, 1969年10月の名古屋大会を契機に事態は一変する。名古屋大会の前日に若手会員を中心に討論集会開催の要望書が提出され, 当日の大会では日程の大半が議事に費やされ,

その結果，心理技術者資格認定委員会に対して認定業務の停止を求める「心理技術者資格認定に関する要望書」の提出が決議された。その後1971年11月には，理事・理事会の不信任案が決議され，新たに学会内に学会改革委員会が設置されている。

こうした若手会員からの激しい突き上げは，名古屋大会以前からくすぶっていた臨床心理士資格の制度構想に対する不平や不満を一挙に噴出させるきっかけとなった。そのひとつは，新しく作ろうとする臨床心理士資格は，病院で働いている心理職の待遇改善に何ら寄与しないと考えられた点である。たとえば，当時病院で心理職として働いていた岩佐京子は，臨床心理士資格の取得要件として，より現場の医療心理職の実情に即した「①大学卒業，②臨床経験2〜3年，③国家試験」（CP紙 1966.11.25, p.4）を要求し，法的根拠のない民間資格では，社会的な通用力も強制力も有しないことを問題にしている。

もうひとつは，臨床心理士資格が患者の人権擁護につながるのか，単に自分たちの業務独占による身分保障のためだけのものになっていないかという点である。たとえば，「資格を与えられることによって生じる一定の地位，身分の保障，業務の独占などは，あくまでも結果であって，自分達自身のそれらのために資格が存在するのではない」（CP紙 1969.9.25, p.4）。ここでは「患者のための資格」という原点に立ち戻って，今一度資格制度のあり方を見なおすべきだという主張がなされている。

臨床心理学の
知や技術の総体への批判

こうして臨床心理士資格の制度構想の破綻をきっかけに学会改革が始まったが，そこでの問題意識は，その後1970年代の学会改革の取り組みを通して，臨床心理学の知や技術の総体に懐疑の視線を向ける，よりラディカルな批判へと変わっていく[註5]。

1971年11月に学会内に学会改革委員会が設置されると，その委員会のメンバーを中心に「臨床心理業務の総点検」が行われていった。この「臨床心理業務の総点検」とは，臨床心理の業務に携わっている彼らが，クライエントである「される」側の立場に立つことから，普段自分たちが行っている心理テストや心理療法などが，いかなる社会的な役割や機能を担っているのか，果たして「される」側のためになっているのかをあらためて問いなおそうとする取り組みである。

まず，「臨床心理業務の総点検」の対象となったのが心理テストだった。とりわけ，教育の分野で知能テストが障害のある子どもを選別・排除するための道具として使われているという主張は，多くの人にとってわかりやすかった。1970年代は各地で就学運動が活発化していった時期であるが，障害のある子どもの振り分けの場となっていた就学時健診や就学相談とともに，その振り分けの道具となっていた知能テストの差別性が明るみにされていった。

また，心理テストの「科学性」「客観性」についても懐疑的なまなざしが向けられるようになっている。すなわち，心理テストによって発見される「異常」は，「科学的」「客観的」なもののように見えて，実は「体制」の側にとって「不都合」であることを意味しているにすぎないという指摘がなされた。さらに，心理テストはいたずらに「される」側に対する先入観や偏見を生み出すだけであり，「される」側の人格の否定につながっていることが批判の対象になった。

これに対して，心理療法が総点検の対象となったのは，心理テストよりも少し遅く，1970年代後半以降である。心理療法がすぐには批判の対象にならなかったのは，心理療法は「される」側がそれを求めてなされる場合があり，む

しろそれは「救いの道具」ではないかと考えられたからである。

心理療法の総点検が始まったのは，精神障害当事者をシンポジウムなどに招き，彼らに語ってもらう企画をもったことがきっかけである。1974年5月に全国「精神病者」集団が設立されるなど，この時期には各地で多くの精神障害当事者団体が結成されている。日本臨床心理学会では，精神障害当事者がシンポジウムや機関誌『臨床心理学研究』などで多くの発言・発題を行い，これによって心理療法の問題点が浮き彫りにされていった。

心理療法への批判は多岐にわたるが，そのひとつは，人びとが日常的に行っている「人の悩みを聞く」という営みを「心の専門家」が独占してしまうことに関わっている。すなわち，心理療法は，「社会的無関心を増大させ……人と人との日常的な関係を断ち切り」（CP紙 1986.3.20, p.3），人びとの孤立と疎外を強めるものになっているのではないか。つまり，「心の専門家」の存在は，かえって人びとからお互いに助け合い思いやる力を奪い，身近な人とつながっていく芽を摘み取ってしまうのではないかといった疑問の声があがっている。そして，もし自分の悩みを聞いてくれる相談相手が身近にいれば，わざわざ「心の専門家」に相談しなくても済むことが指摘され，「心の専門家」が存在してしまうこと自体の抵抗感が語られている。

もうひとつは，心理療法としてなされる面接室での患者との関わりは，非日常的で閉鎖的なつながりでしかなく，「本当の付き合い」ではないという点である。たとえば，「無条件の肯定的な感情に基づく共感的理解」が可能なのは，あらかじめ面接の場所や時間が決められ，日常的に患者と接点をもたなくてよいからである。そこでは患者の心の揺れや葛藤を受け止めるだけであり，その人のどろどろとした生活総体に目を向ける必要はない。結局のところ，心理療法は「きれいごとの付き合い」でしかないというわけである。そして，本当に「される」側の立場に立とうとするなら，専門家ではなく「ただの人」として，たとえば，障害者解放運動に関わるなどして，障害当事者と共に差別と闘い，「共に生きる」ことが模索されるべきだといったことが主張されている。

反省的な実践に向けて

このように1970年代の日本臨床心理学会の学会改革では，学会改革委員会のメンバーを中心に，「される」側の立場に立ち，臨床心理学の知や技術の総体に批判的なまなざしを向けることから，心理テストや心理療法などの「臨床心理業務の総点検」が行われていった。その過程は，単に「よりよい専門家」を目指すということにとどまらず，「専門家としての関わり」をも超えて，「ただの人」として「される」側と「共に生きる」ことを志向するものであった。

なお補足すれば，1980年代に入ると，1970年代に取り組まれてきた「臨床心理業務の総点検」に対しては，一部の会員を中心に，さらなる見なおしを求める声があがっている。その要因のひとつは，一部の会員にとっては，これまでの「臨床心理業務の総点検」が，専門性を全面的に否定するにとどまり，実際の現場では臨床心理学の知や技術は善用的に用いられている場合が多いことが無視されるなど，それ以外の可能性に目を向けようとしない点であまりにも教条的だと捉えられたからである。また，「ただの人」として関わるべきだというが，「『素人性』の中には，病者を怖いものとして決めてかかったり，その言葉を支離滅裂で不可解なものとしたりする」（手林，1984，p.65）偏見なども含まれており，「ただ黙って傍にいる」「人と人をつなぐ，隙間を埋める」「自分の気持ちを素直に伝える」などの営みは，むしろ専門家が行っていること

の方が多いのではないかといったことも指摘されている。こうして1980年代に入ると，一部の会員を中心に専門性を限定的ながらも再評価しようとする動きが見られ，より現場の実態に即した議論を行う必要性が提起されている。

筆者は，こうした日本臨床心理学会の学会改革の歴史からは，障害学のみならず臨床心理学の立場からも，今なお学ぶことが多いのではないかと感じている。ここでは2点だけ指摘しておきたい。

ひとつは，専門職化のプロセスにおいては，必ずしも患者や障害者などの「される」側の利害が第一に考慮されるわけではない点である。1960年代に構想された臨床心理士資格についていえば，修士課程修了を取得要件とする民間資格であったように，病院などで働く身分不安定な心理職の利害すらも無視したものであった。ましてや患者や障害者などの「される」側の利害の考慮は，専門職集団が専門職化のための取り組みを行ううえでは後回しにされがちになる。

もうひとつは，臨床心理学における反専門職主義がきわめてラディカルな批判になったのは，他者の「心」を操作するという，臨床心理学の専門性の特質が深く関わっていると考えられる点である。たとえば，心理療法は，患者に積極的に語らせることを通して，その患者の「内面」（の問題）を作り出し，「心」を健全な方向性へ導く知・技術である（Foucault, 1976=1986）。したがって，心理療法は，本来精神科病院の構造が抱えていたさまざまな問題を，患者個人の問題として回収させる技術でもある。患者の相談相手になるといえば一見患者寄りに聞こえるが，実際には患者の立場に立つことは容易ではなく，結果的には周囲の側の都合が優先されやすい。この点で，日本臨床心理学会の学会改革のなかで，保安処分は「強制的な管理手段」であるのに対して，心理療法は「ソフトな管理手段」であるとして同列に論じられていたことは，きわめて示唆深い。

以上からいえるのは，専門家であるがゆえの，他者の「心」を扱うがゆえの，「される」側の立場に立つことの難しさが存在するということであり，専門家が行っている専門的な働きかけが，いとも簡単に抑圧的なものに転化する危険性があるということである。

この点では，日本臨床心理学会の学会改革のような自己の実践を反省的に問いなおす場があったことの意義はきわめて大きい。なぜならまず，臨床現場では日常の業務に忙殺されているというだけでなく，現場経験の長さやスキルアップによって専門家としての地位を高めていくことは，必ずしも当事者の視点に立脚した実践ができるようになることを意味しないからである。また，こうした反省的な取り組みを行う場は，臨床現場の秩序からはある程度独立している必要があり，当事者の視点を意識的に取り入れようとする努力が求められるからである。

もちろん，当事者の視点に立脚しなければならないという強い意識からではなくても，ときに臨床現場から距離をおいて，自己の実践を反省的に捉えなおすことは必要である。それはある種，臨床現場を「外」から冷めた目で見つめるということでもある。そして，おそらくこの増刊号の企画もまた，読者に対して臨床現場を「外」から見つめるという機会を提供しており，この点では日本臨床心理学会の学会改革とその問題意識を共有するところも多いはずである。

▶註
1 ただし，杉野は，トム・シェイクスピアの議論などを紹介しながら，もし学術研究が「個人的行為」であるならば，「当事者視点」や「コミットメント」は，実質的に障害学を規定する条件とはなりえないことを指摘している（杉野, 2007, p.32）。
2 ここでの臨床心理士資格は1960年代に構想された資格であり，現在公益財団法人日本臨床心理士資格認定協会が発行する民間資格とは別物である。
3 1970年代および1980年代の日本臨床心理学会の学

会改革については，すでに拙著（堀，2014）の第4章および第5章で詳細に論じている．ご関心のある方はそちらを参照されたい．

4 日本臨床心理学会の会報『クリニカルサイコロジスト』からの引用であり，文献表記の簡略化のため，（CP紙 年・月・日，頁）と表記している．

5 日本臨床心理学会の会員数は，1970年の時点で1,646名，1975年の時点で847名，1992年の時点では450名であり，1970年代以降，旧理事のほとんどが退会するなど激減している．ここからは日本臨床心理学会の学会改革がいかにラディカルで，多くの会員にとっては受け入れがたいものであったかがうかがえる．

◉ 文献

Foucault M (1976) *La volonté de savoir.* Paris : Gallimard. （渡辺守章 訳 (1986) 性の歴史I──知への意志．新潮社）

堀智久 (2014) 障害学のアイデンティティ──日本における障害者運動の歴史から．生活書院．

丸山和昭 (2004) 専門職化戦略における学会主導モデルとその構造──臨床心理士団体にみる国家に対する二元的戦略．教育社会学研究 75；85-104.

Oliver M (1990) *The Politics of Disablement.* London : The Macmillan Press.（三島亜紀子, 山岸倫子, 山森亮ほか 訳 (2006) 障害の政治──イギリス障害学の原点．明石書店）

榊原賢二郎 (2019) 障害社会学と障害学．In：榊原賢二郎 編：障害社会学という視座──社会モデルから社会学的反省へ．新曜社, pp.152-201.

杉野昭博 (2007) 障害学──理論形成と射程．東京大学出版会．

立岩真也（[1990] 1995）はやく・ゆっくり──自立生活運動の生成と展開．In：安積純子, 尾中文哉, 岡原正幸, 立岩真也：生の技法──家と施設を出て暮らす障害者の社会学．藤原書店, pp.165-226.

手林佳正 (1984) 臨床現場での"出会い"を考える──いわゆる症例報告をめぐって（精神医療とその周辺）．臨床心理学研究 21-3, 4；60-67.

吉田哲雄 (1982) 日本精神神経学会の歩み．精神科看護 13；97-102.

好評既刊

Ψ金剛出版　〒112-0005　東京都文京区水道1-5-16　Tel. 03-3815-6661　Fax. 03-3818-6848
e-mail eigyo@kongoshuppan.co.jp　URL https://www.kongoshuppan.co.jp/

アディクションの地平線
越境し交錯するケア

[編] 松本俊彦

人はなぜ，物質や行動にアディクティッド（addicted）してしまうのだろうか？　その背景には往々にして，薬物療法では解決できない当事者の「心の痛み」がある。「否認の病」とも呼ばれるアディクションからの回復にとって重要なのは，当事者と彼ら・彼女らを支える家族，専門家，そして自助グループなどによる，ゆるやかな「共助」の姿勢である。「アディクション」概念成立の歴史からその展開，当事者・家族支援の現状まで，第一線で活躍する14人の豪華執筆陣によるさまざまな視点・立場からの「声」が，私たちにそのヒントを与えてくれる。　　　　　　定価2,860円

実践アディクションアプローチ

[編著] 信田さよ子

1970年代からの依存症臨床は，当事者と専門家の開かれた対話を展開しながら脱医療モデルを志向し，マージナルな「異端の実践」ゆえに独自に進化してきた。アディクションからの回復における自助と共助の可能性の探索が今，専門家と当事者の交差域で新たな実践知を起動する。回復の遺産を継承してきた自助グループカルチャー，専門家・当事者の関係を転換する当事者研究，社会変動と新潮流をとらえようとする理論的考察，そして多彩な臨床現場から創発された援助実践――パラダイムシフトの熱量に突き動かされた専門家と当事者が織り成す「アディクションアプローチ」を総展望する。　　　　　　定価3,520円

生き延びるためのアディクション
嵐の後を生きる「彼女たち」へのソーシャルワーク

[著] 大嶋栄子

男性依存症者を中心に組み立てられてきたアディクション治療プログラムから排除されてきた女性たちが抱える「問題」は，決してアディクションだけではなかった。この難題を解決すべく研究と実践を繰り返すプロセスのなかで到達した脱医療的実践としての支援論は，女性依存症者に共通する四つの嗜癖行動パターンと三つの回復過程モデルを導き出す。あまりに複雑な回復をたどる「彼女たち」，想像を絶する不自由を生きる「彼女たち」，ずっと救われてこなかった「彼女たち」……身体と生活を奪還する「彼女たち」と共に生き延びるためのソーシャルワーク実践論。　　　　　　定価3,960円

価格は10％税込です。

IV

臨床心理学について 内部（インサイド）から応答する

臨床心理学に「研究」は必要か？
臨床・研究・社会のあるべき関係について

和光大学現代人間学部

末木 新

本稿の目的は，研究という観点から，臨床心理学という学問や心理療法という営みがどのようなものなのかについて筆者なりの答えを提示することである。我々が生きるこの社会にとって，臨床心理学における研究がどのような意味を持っているのかということについて，筆者のこれまでの経験を土台とした考えをまとめたものである。

本稿は筆者の個人的な経験を基礎とし，多大なる偏りを含んだエッセイであるから，筆者のことを簡単に紹介しておきたい。筆者は研究が大好きである。論文を書かずにはいられない。筆者は修士の学生だった2008年に初めて査読を受けた論文を（本誌で）出版したが，それ以来，これまで合計50本以上は査読を受けた論文を出版している。少なくとも年間に3〜4本程度は査読を受けた論文を投稿・出版しているし，本稿のように査読のない依頼原稿なども含めれば，その倍は論文を書いている。自分でもこう書いて驚いたが，臨床心理士になって以降，2カ月に1本程度，何らかの原稿を書き上げている計算になる……（それに加えて，何冊か本も書いている）。筆者は，現在，家族が寝静まった寝室を抜け出し，ブラックコーヒーを飲みながらこの原稿を書いている。明日，寝不足で機嫌が悪くなるのは避けられそうにない（Twitterを見る限り，多くの研究者も似たり寄ったりの生活だろう）。研究によって日常生活に支障をきたしており，研究「アディクト」[註1]と診断されても，文句は言えない状況である。

心理職の皆さん，研究してますか？

ところで，そもそも「研究という観点から臨床心理学や臨床心理学と社会の関係を論じてみよ」という編者の設定した問いは，読者諸賢に，重要なものと認識されるのだろうか？（本誌を手に取った人が，筆者の名前を見てこの部分を読み飛ばすことは仕方のないこととしても，テーマ設定の時点で見向きもしてもらえないということはないだろうか……？）確かに，研究は大事なこととされている。臨床心理士になった多くの人は，修士論文を執筆しているだろうし，研究活動を経験している。カリキュラムに組み込まれているのは，大事にされている証でもある。

それにもかかわらずこんな懸念を抱くのは，おそらく多くの心理職が（少なくとも狭義の）研究活動をしていないからだ。現在，臨床心理士の資格保有者は30,000人以上存在する。公認心理師の資格保有者も，同じくらいには存在する。ほかにも心理支援に関わる資格は存在し，重複する資格保有者も多いが，どんなに少なく見積もっても，30,000人以上の心の臨床に関わる心理学関係者は存在しているはずである。しかし，これらの人たちが，どの程度研究活動をしてい

るだろうか。日本における心理臨床に関する最大の学会である日本心理臨床学会の機関誌『心理臨床学研究』には，毎号10本弱の論文が掲載される。年間に出るのは6号である。仮に，1本の論文に平均2人の著者がクレジットされており（単著も多いが），それらに重複がないとすれば，年間に120人（＝10本×6号×2人）程度しか『心理臨床学研究』には名前が掲載されないということになる（実際にはもっと少ないかもしれない）。30,000人が年に1本の論文に関わっていれば，30,000名の名前がどこかの雑誌に掲載されるはずであるが，そのためには，『心理臨床学研究』レベルの雑誌が200本以上はあることになる。確かに心理学の雑誌はいろいろとあり，他言語で書いているという人もいるにはいるだろうが，そういった人は非常に珍しい（言葉の影響の大きい臨床の営みを他言語で論じるのは本当に難しい）。つまり，ほとんどの人は，年に1本も論文なんて書いていない。数年に1本も書いていない。修士論文を書いて以降，論文の「ろ」の字も書いていないという人はおそらく珍しくない。

それでも多くの心理職は困っていない。なにせ，論文を書いても書かなくても日々の臨床に大きな影響はない（筆者の給料も論文を書いても書かなくても変わらない）。ただでさえ忙しいのに，なぜ無理をして研究なんてする必要があるのだろう？　睡眠時間を削って研究をすれば，逆に日中に行う臨床の質は下がってしまう。そんななかで頑張って，拷問のようにつらい査読を受けて（受けたことがない方は，修士論文の発表会で指導教員以外の教員からコメントを大量に浴びせられた経験を思い出していただきたい），なんとか論文を出版したところで，ぴた一文儲からない。オープンアクセスの雑誌であれば掲載してもらうために自分がお金を払う始末である（学会誌であっても，年会費を払っている）。筆者の経験によれば，論文を出版したところで，誉めてくれる人もいなければ，反響すらほとんどない

のが常である（お前の論文の内容の問題だと言われれば，反論はできないが）。

これが現実である。どちらかと言えば，こう書いた方が正しいだろう。研究を継続的に行っている人間の方がおかしな人間である，と。そして，これほど多くの人が研究をしないのであれば，研究なんてなくても，臨床心理学は成り立つという気がしてくるものである。

臨床心理学に研究が必要な理由

それでも一研究「アディクト」としてはっきりさせておきたいことは，臨床心理学という学問に研究は必要であり，そして，重要であるということである。なぜならば，研究がなければ，新しい理論・新しい技術を生み出すことができないからである。変わりゆく社会のなかで，人々の抱える困難は日々変化をしており，変わりゆく困難に対応するためには，新しい理論・新しい技術が必要となる。変異を続ける新型コロナウイルスに対応するために新しいワクチンや新しい治療薬が必要とされるのと同じことである。心の問題には時代・地域普遍的なものもあるが，そうでない部分もある。そして，支援に使うことができる技術は刻一刻と変化をしている。今から数年前に，誰がこれだけオンラインでの面接や支援が一気に普及すると思っていただろうか。こうした変化に対応し，新しい支援理論・技術を生み出し，それらを社会に実装して困難を抱える者に支援を届けるためには，間違いなく研究が必要である。

多くの心理職が研究をしていなくても日々の活動に支障がない（ように感じる）のは，支援に関する新しい理論や技術を生み出していないからである。例えば，まだ自分が身につけていない心理支援に関する技術を修得しようとする時，人は勉強をするだろう。書籍を読んだり，著者のワークショップに参加するかもしれない。そ

れによって，自分の技量は高まり，支援の幅は広がり，臨床の質は高まるだろう。しかし，その新しい技術は，あなたが生み出したものではない。だから，あなたには勉強は必要であっても，研究は必要にはならない。しかし，誰かが研究をして，その新しい理論や技術を生み出していなければ，あなたはそれを勉強することもできなかったはずである。

さらに言うならば，これまでに生み出されて我々が勉強してきた臨床心理学的理論や技術の多くは輸入品であった。それはもちろん悪いことではない。しかし，この国は，戦後の高度経済成長を経て，あっという間に世界一の高齢化を果たし，世界最先端の課題先進国になっている。そんな社会に生きる人々の幸福な人生を支えるためには，自分たちで自分たちを分析し，我々が抱える社会的課題を解決していかなければならない。我々は，もっと研究をしなくて良いのだろうか。

研究をするために必要なこと

そうは言っても，すでに見たように研究を継続的にしている人間の方が奇妙に見えることは事実である。研究をしても，いいことはなさそうであり，しんどいことが増えるのは確定している。多くの人が研究をしないのには，合理的な理由が間違いなく存続している。では逆に，なぜ筆者の研究「アディクト」は治らないのだろうか。なぜ睡眠時間を削ってまでこの原稿を書いているのだろうか。

研究という行動が内発的に動機づけられ，習慣化している理由は，自己決定理論（Deci & Ryan, 2013）に照らし合わせて理解することができる。研究活動が，筆者の自律性，関係性，有能性の欲求を満たしてくれるため，筆者の研究活動は習慣化している。自分で設定した課題を解決し（自律性），そのことで喜んでくれる誰か

が具体的にイメージでき（関係性），研究を通じて新しい支援方法が社会実装されてそれによって恩恵を受ける人がいると感じられれば（有能性），研究活動は内発的に動機づけられ，習慣のようになっていく。行動療法的に言えば，研究という行動が，自律性・関係性・有能性を感じること（好子の出現）によって強化されていると言うことができる。研究をしても，論文を出しても，無条件好子も一次性好子も出現はしない。しかし，社会からのフィードバックを得て，社会をより良いものにしていくことができると感じられれば，我々はもっと研究をすることができるようになるはずである。臨床心理学的研究は，この社会をより良いものにすることが，そして我々の抱える困難を軽減することができるはずである。

話が抽象的になってしまったので，もう少し具体的に説明をしたい。筆者の研究のメインテーマは，インターネット関連技術を用いた効果的な自殺予防実践の構築である。2013年以降，筆者は伊藤次郎氏によって設立されたNPO法人OVAによる自殺予防実践を支援するために，研究活動を行ってきた。2010年頃よりWeb検索履歴から検索者の自殺の危険性が予測できるというアイデアが示されていたが（McCarthy, 2010），そのアイデアをもとに検索連動型広告を活用したメール相談という具体的なサービスとして社会実装をし，自殺の危険性の高いインターネット利用者に支援を提供しはじめたのがOVAである。筆者は，OVAの実践から得られたデータを用いて研究を行い，Web検索行動のデータを活用することで，以前よりも効率的に自殺の危険性の高い者とコンタクトをとることができ，支援を通じて自殺の危険性を低減させることができるかもしれないということを示してきた（Sueki & Ito, 2015, 2018 ; Sueki et al., 2021）。

OVAの試みは素晴らしいものであったが，新しい試みには「信用（≒資金）」が不足するのが

常である。資金調達は困難を極めた（詳しい経緯は，伊藤（2021）を参照）。筆者はおそらく，（研究者としての肩書きと）研究活動を通じて，ある程度の信用を創造し，OVAの行う臨床実践の発展に寄与することができたと感じている。OVAに事業委託を行うことで自殺予防実践を行っている地方自治体の数は，すでに両手では数えられないほどになっている。この過程に研究を通じて関わることで，筆者の自律性の欲求，関係性の欲求，有能性の欲求は満たされつづけている。研究「アディクト」が治る見込みは今のところなさそうである。

一人で社会は良くできない

　臨床心理学的研究は，変わりゆく社会に対応した新しい臨床実践のためのアイデアを創出し，新しいアイデアに基づいて実施される実践がきちんと機能するか否かをモニタリングすることを通じて，この社会に貢献できる。研究が創造する信用を資金に変換することで，効果的な臨床実践を普及させることもできる。しかし，これはたった一人の人間でできることではない。もしかすると，スーパーマンのような人間であれば必要な役割をすべてこなすことも可能かもしれないが，それでも，一人でできることの社会的インパクトは小さくなりがちである（それでは，有能性の欲求は満たされない）。少なくとも，筆者程度の人間には，不可能である。OVAの実践を考えても，相談の現場で相談にあたる相談員，相談員を採用して教育をする人，相談の過程を見て事業の有効性を判断する（場合によっては修正案を策定する）研究者，関係者に給与を払うために資金調達をする人，全体をマネジメントするリーダー，といった役回りが最低限必要だが，とても一人では全てをこなすことはできない。科学者－実践家モデルという考え方もあるが，複雑化した現代において，分業は

必須である。科学者としての視点，実践家としての視点を個人の内に持つことはできるかもしれないが，科学者としての役割と実践家としての役割の双方をこなすことはもはや人間業ではない。できる人もいるかもしれないが，それを全員に求めるなど，狂気の沙汰である。

　「科学者としての視点，実践家としての視点を個人の内に持つことはできるかもしれない」と一応は書いたが，現実にはこれすらも怪しいものである。研究を「まともに」やろうと思えば，増える一方の先行研究を読むのは当然として，高度化する因果推論の方法論や統計処理にキャッチアップしつつ，倫理審査と資金調達のための膨大な書類を書かなければならない（もちろん，大学教員であれば，授業や学生の指導，学内の管理業務は当然の義務としてある）。そんな日常のなかで，臨床現場に思いを馳せる時間がどの程度あるだろうか（そこまでやっていたら，その人の私的生活はズタボロだろう）。逆もまた然りである。目の前の臨床をこなしながら，統計の勉強をして分析コードを書き，資金調達と倫理審査のための書類を作れる人間はほとんどいない……筆者のもとには，ありがたいことに自殺予防に関する原稿依頼がコンスタントにあるが，原稿を書けば書くほど（研究に時間を割けば割くほど），自殺予防のための臨床からは遠ざかり，ますます現場がわからなくなっている。

　一人でできることには限界がある。だからこそ，研究を通じて社会をより良くしていくためには，チームが必要である。そのチームのなかで，研究者は臨床家の声を切実に求めている。研究に時間がとられるほど，現場で何が起こっているのか，本当に問題になっていることが何なのかが，見えなくなるからである。筆者はこうした（自分の抱える）問題を解消するために，臨床家の方たちに時間をとってもらい，話を聞かせていただいている（臨床家の感じた現場の課題を研究者と共有することは，研究の第一歩であ

る）。ちなみに，そもそもこの原稿のアイデアは，上述のNPO法人OVAの代表である伊藤次郎氏とのミーティングのなかで得たものである。筆者はある意味で臨床家の感じたものを書き記す「預言者」や「代弁者」に過ぎない。

また，研究者（集団）は，変わりゆく社会が抱える新しい社会的課題の解決に向けて奮闘しようとしている若い臨床家／実践家をより積極的に支援し，新しい実践のなかから臨床に関するデータの提供を受け，理論や技術の発展に努めるべきである。大学教員は臨床家の教育と育成に携わる立場であるが，それだけでは若い臨床家／実践家が新しい事業，新しい臨床を始めることはできない。研究を通じた信用の創造と供与こそが新しい臨床をスタートさせ，それを社会に根付かせ，社会をより良くしていく。例えば，研究者の集団である学会などは，新しい実践を始めようとする者を支援するために，より積極的に資金提供／投資を行っていくべきだろう。

まとめ──もっと研究を！

多くの心理職が経験する研究活動は，修士論文や卒業論文の作成である。これらの学位論文はほとんどの場合，一個人によって全てが担われ，作成されている。研究活動の全体像を理解するために必要なことではあるが，これでは充実した研究はできない。充実した研究ができなければ社会的なインパクトもフィードバックもなく，研究活動の意義は感じられない（研究という行動が強化されることはない）。こんな状態しか知らなければ，多くの人が修士論文以降，研究から離れてしまうのは当然のことである。臨床心理学という応用領域の学問にとって，論文を書くことや研究をすることは目的ではなく，社会をより良くし，人々の手助けをするための手段である。このことが実感できれば，より多く

の心理職が研究という活動に巻き込まれていき，研究「アディクト」の心理職が増えていく。それこそが，社会をより良いものへと変えていくことにつながるし，ひいては臨床心理学や心理支援的営みへの社会的信頼を高めるだろう。

▶註

1 研究アディクトという言葉を用いたのは，研究にあまりに長い時間を割くという行動傾向が，一般的に見られる依存症や嗜癖行動とほぼ同様のメカニズムで生じ，そして長い目で見た時にその研究者の人生の質を下げている可能性があると考えるが故である。このようになる事情は理解するが，土日にまでせっせと学会や研修会に出かけ，夜中まで各種会議をしていることは，20年後の人生の質を高め，人生における幸福感の総量を増大させるだろうか？
　　幸福感に関する研究知見を元に推論をすれば，多くの人はNOと答えるのではないだろうか。わかっているのにやめられない／かえられないのであれば，それはまさにアディクション／依存症と同様だと言って差し支えないだろう。

◉文献

Deci EL & Ryan RM (2013) Intrinsic motivation and self-determination in human behavior. Springer Science & Business Media.

伊藤次郎 (2021) 社会は自殺予防対策の担い手をどう増やし，育てるか──民間非営利活動からの展望．臨床心理学 21-5；587-592.

McCarthy MJ (2010) Internet monitoring of suicide risk in the population. Journal of Affective Disorders 122-3；277-279. https://doi.org/10.1016/j.jad.2009.08.015

Sueki H & Ito J (2015) Suicide prevention through online gatekeeping using search advertising techniques：A feasibility study. Crisis 36；267-273. https://doi.org/10.1027/0227-5910/a000322

Sueki H & Ito J (2018) Appropriate targets for search advertising as part of online gatekeeping for suicide prevention. Crisis 39；197-204. https://doi.org/10.1027/0227-5910/a000486

Sueki H, Takahashi A & Ito J (2021, March 11) The effects of the online gatekeeping using search-based advertising on users' suicidal ideation. https://doi.org/10.31234/osf.io/u4wnz

治療者文化から治療関係文化への転回（は可能か?）
making of and doing TICPOC

東京大学医学部附属病院精神神経科
笠井清登

はじめに

　筆者は，精神科医になって27年を数えるが，その大半を大学医学部附属病院の精神科で過ごし，後半は精神科医や医療領域の心理職の訓練にも責任のある立場で関わってきた。

　編者の東畑開人さんにはご恩があるため，今回のお仕事を二つ返事でお引き受けした。しかし趣意書を何度拝読しても，私が心理学史や文化人類学に疎いこともあり，治療文化という言葉の意味が実感できなかった。私は，理解できない抽象概念があると，恥ずかしげもなく周囲の方々に尋ねてみる。すると「治療者文化」ではないかと教えられ，少し分かった気がした。

　私の原稿が掲載されるセクションが「臨床心理学について内部から応答する」であると気づいてまた筆が止まった。私は心理職の教育や多職種協働に携わり，日本心理臨床学会員であるが，基本的には精神科医として医療制度のもとで実践しているため，外部性が大きいと思った。この点を東畑さんに私信で尋ねた。この増刊号のタイトルを，「臨床心理学」ではなく「心の臨床」と変更する予定と知り，それなら内部性があると思った。ただし心理職（臨床心理士または公認心理師）と精神科医は心の臨床において対等なパートナーなのかということは非常に重要な問題だが，公の場で議論しづらいところも

ある。精神科医である私が心の臨床について話す場合，内部性と外部性の両面がある。私が医学者の観点から心の臨床について話すと，外部性が大きくなり，内なるスティグマが外部としての心の臨床に投げ込まれ，それに対してアグレッシブになってしまい，心の臨床の内側の読み手には不快感をもたらしうる。一方，私が何らかの個人的な思いや体験を背景に心の臨床について話すと，客観的には権力性を帯びた専門家の考えとして受け取られるため，別の違和感を与えうる。とりわけ共同創造を扱う場合はそうであろう。

　東畑さんの分析スタイルに学び，編集部の藤井裕二さんにご協力いただいて，本誌増刊号のタイトルを人類学（メタ解析）してみた。すると興味深いことがわかった（表1）。2010年以降の前半は，臨床心理学の支援技法，アセスメント，研究入門など，治療者文化が特集され，そして公認心理師特集でひとまとまりとなっている。そこから興味深い転回が始まる。2016年に「やさしいみんなのアディクション」と題して，これまで日本の心の臨床家が回避しがちであった課題に，松本俊彦さんが「求む心理職！」と熱く号令をかけ，異彩（本当はトラウマ臨床というメインストリームの幕開け）を放つ。タイトル中の「みんなの」という言葉は，2017年の熊谷晋一郎さんらの増刊号タイトルにもバトンさ

れ，ここに当事者研究3部作が登場する。公認心理師法で定める支援領域を「公認」とするなら，非公認支援領域をさらに飛び越え，当事者自助グループによる，専門職不可侵領とも言える領域である。私も折しもこれから述べるさまざまな転回活動を合流させて，熊谷さんと共同で2018年途中からTICPOC（東京大学TICPOCプログラム：https://co-production-training.net）を立ち上げたところであった。この3部作はその頃知り，画期的なシリーズだと思った。その後コロナ禍となり，私自身は災害拠点病院の医療従事者としてその対応に奔走する2年で，2020〜2021年の増刊号も執筆陣の豪華さで購入はしていたが，自分の営みに内側から向き合うので精一杯で，外側から俯瞰する余裕はなかった。

TICPOCは，治療者文化が当事者文化と出会ったなどというと聞こえがいい，または上から目線に聞こえるが，実を言えば治療者文化を治療文化だと思って臨床に適用してきた私が行き詰まりを感じ，新たな知を切実に求めた私に熊谷さんたちが応答した成果である。TICPOCが治療者文化と当事者文化の出会いとすれば，その学術編として，学術者としての研究に行き詰まった私が熊谷さんたちの当事者研究に助けを求め，2021年度から学術変革領域という文科省科研費で，「当事者化人間行動科学」という研究領域をスタートさせた（文部科学省・学術変革領域研究「当事者化人間行動科学」：https://tojishaka.net）。

そこで本稿では，治療者文化と当事者文化の出会いが，心の臨床における共同創造による治療関係という文化へと変革されうるのか，その「共同実験」に向けたささやかなブレインストーミング段階としてTICPOCを捉え，そのmaking ofとdoingを紹介する。

Making of TICPOC

TICPOCとは何か

個人の内側としての脳や心に病理を見出し，それを治療するという従来の「医学モデル」による心の臨床パラダイムの限界が認識され，障害の「社会モデル」の視点が広がりつつある。対人支援の構造や，専門職が身につけてきた規範や価値は，時に暴力的に作用し，トラウマの再受傷（re-traumatization）をひきおこす。精神保健医療福祉や，それにとどまらない広がりをもった対人支援の現場において，支援の構造や制度設計，社会のあり方について再考する必要がある。こうした問題意識を共有しながら，当事者と専門職による共同創造を通して，対人支援のあり方・組織・構造を変革していくことが求められている。

このような背景から，東京大学医学部附属病院精神神経科はTICPOC（ティックポック）を立ち上げた。TICPOCとは，TI（trauma-informed care：トラウマを熟知したケア），CP（co-production：共同創造），OC（organizational change：組織・

表2　TICPOCの概要（東京大学TICPOCプログラム：https://co-production-training.net）

コース名	主な対象	形式	内　容
A-1	総合病院若手心理職	実習	総合病院（大学病院）精神科で働く若手心理職のための実習型コースである。東京大学医学部附属病院精神神経科ですでに開始されていた，心理職向けの多職種協働のための研修制度を引き継いだもの。
A-2	精神科デイケア若手心理職・精神保健福祉士	実習	同リハビリテーション部・デイホスピタル（精神科デイケア）における，統合失調症を中心とする若い精神疾患患者に対する生活臨床（Kasai et al., in press）理論に基づく集団精神療法やケースマネジメント，就労・就学支援を学ぶ研修制度を引き継いだもの。
C-1	総合病院心理職	講義	総合病院精神科で働く心理職のために多職種協働で必要となる素養を講義形式で学ぶコース。公式テキストをあわせて参照されたい（藤山・笠井，2020）。
C-2	地域・行政の多職種（精神保健福祉士，看護師，心理職，ピアスタッフ，当事者・家族会の運営者など）	講義	地域，行政機関などで心の支援にあたる人向けのコース。複雑な困難を抱えて自分の前に立ち現れる被支援者に対して，個人としては最適な支援のために何が必要なのかいろいろと思い浮かぶのに，そもそも支援−被支援の契約関係が成立していない，あるいは，社会制度や組織のルールや，社会資源の乏しさなどから，思うように進めない。支援者としてこうした困難な状況に置かれた人が実践知を得ようと参加している。公式テキストは近刊予定（笠井ほか，近刊）。
D	精神科領域のピアサポートワーカー	講義・実習	精神科領域のピアサポートワーカーを目指す人のための講義・実習を組み合わせたコース。公式テキストはウェブサイトで公開（TICPOC，2022）。

構造変革）を組み合わせたキャッチフレーズである。2018年に文部科学省から精神医療領域の課題解決型高度医療人材養成プログラムの募集があり，「職域・地域架橋型――価値に基づく支援者育成」として採択された。2019年度から通年のコースをスタートさせ，2022年時点で4年目を迎える。

本稿に関連の深いAコース（A-1, A-2），Cコース（C-1, C-2），Dコースについて，表2に概要を示す。ここからは，TICPOCのmaking of，つまりどのような支援理念構築や方法開発の系譜を合流させたのかを説明していく。

主体価値概念の創出

TICPOCのメインタイトルは「職域・地域架橋型――**価値**に基づく支援者育成」であり，価値という言葉が入っている。私が精神科医になっ

た頃に学んだメインストリーム精神医学は，統合失調症やうつ病，双極性障害などの内因性精神疾患の診断や治療が中心であった。患者・当事者を「病気に見舞われる」受動的な存在として「病気を中心」にみる見方が支配的であった。しかし，当事者の側から，パーソナルリカバリーの重要性が主張され，「病気の有無にかかわらず，内発的に行動を起こして生活と人生を送る」能動的な存在として「人を中心に」みるという当たり前のことに支援の専門家が気づかされたのは，国際的にも最近のことである。私たちもマイク・スレイド博士，ジェフ・シェパード博士たちから，英国のパーソナルリカバリー概念やリカバリーカレッジの実践を学んだ。

発症早期の統合失調症の治療や研究を専門にしてきた私は，身体と脳をもつ個々の人間存在と客観的世界とが，精神と行動を通して相互作

用的に折り合うことを生活と人生と呼ぶとした
とき，その相互作用点として価値を定義するこ
とを考えた。そして思春期は，人が価値を主体
化させ（personalized values：主体価値），長期的
な人生行動へと繰り出していく，人間にとって
かけがえのないライフステージであると考える
ようになった（笠井ほか，2020）。

　精神疾患を対象として観察・記述・分類して
きた精神医学は，時代・社会・文化の変化の加
速化に伴う症状・表現型の変化に右往左往して
いる。こうしている限り主体価値という概念は
要請されない。しかし，精神疾患をもつ人に向
き合い多様で個別性の高いリカバリーに関与し
ようとするとき，主体価値の視点が不可欠にな
る（Kasai et al., in press）。これを脳機能として考
えるとき，「主体価値という動作特性」をもつ脳
に，「後から付加的に」生じてくる現象が精神疾
患である。その意味では，主体価値が基本的で，
精神疾患は付加的といっても過言ではない。

　行動の動因としての価値が主体化する時期と
して思春期を捉えると，思春期の臨床において，
精神疾患の診断とは別の次元で，価値という
ことに自覚的になるケア（values-informed care：
VIC）が重要になる（笠井ほか，近刊）。私たちの
いう価値は，トラウマとは表裏一体的に関係が
深いと考えており，VICは，近年急速に日本に
も持ち込まれているトラウマインフォームドケ
ア（trauma-informed care：TIC）に，理論的根拠
の一部を与えるものでもある。私は上記の内容
を医療者・医学研究者として，患者や現象を対
象とすることで見出したつもりだったが，今か
ら振り返ると，自分という存在が，原家族のな
かで育ち，思春期以降の人生の節目節目でさま
ざまな人や社会変動などと出会いながら，どの
ようにその価値が主体化して，客観世界と折り
合おうとしてきたのかという精神と行動の履歴
として見ることもできそうだと感じている（笠
井，2022；笠井，近刊a）。とりわけ，東日本大震

災後の心のケアへの従事と，その後における当
事者性の高い方々との個人的な出会いの連鎖は，
自分が思春期主体価値概念（笠井ほか，2020；
Kasai et al., in press）などのオリジナルな概念を
仲間と共に創出したり，他の系譜から国際的に
生まれていた関連概念としてのパーソナルリカ
バリー，TICなどと出会ったことと関連する。

　対人支援場面を想定すると，ケアを受ける本
人は，自身の主体価値の一部に（あるいは大部分
にと言った方がよいかもしれないが）気づいていな
い（価値無意識）。また，本人が意識の上ではケ
アを求めていないなど，往々にして支援者自身
の価値や，支援者が拠って立つ支援制度（公認
心理師法，医師法など）がもつ社会構造的な価値
と一致しない。このように，ケアする人が，自
分自身の価値に気づき，またケアされる人の価
値との違いに "informed" になることが関係構
築の第一歩といえる。本人の価値の多くは意識
されていないため，それを理解するには力動的
な視点と態度が役立つ。公認心理師制度ととも
に臨床心理学のなかでもさらに周縁化が進みか
ねない精神分析的心理療法と投映法をTICPOC
のC-1であえて中心テーマとして扱い，C-2の参
加者にも非分析的場面での精神分析的視点の有
効活用について学んでいただいているのは，こ
うした理由からである。

　一方で，価値やその思春期発達を個人の内部
にあるものとして行動科学的に定義しようとす
るあまり，価値概念の医学化・心理学化に再び
陥り，TICPOCが目指す社会論的・倫理的転回
と逆行し，トラウマインフォームドでない概念
にならぬよう留意が必要である。そうではなく，
個人と個人，あるいは個人と社会の相互作用の
作用点くらいに位置付けるのが，TICの理論基
盤としての価値の定義に相応しい。さらに言え
ば，オープンダイアローグ・社会構築主義的な
人間観と無理に統合せず，共存するような柔軟
な態度がよいと思われる。

生活臨床に関わって

私が深く関わってきた東京大学医学部附属病院デイホスピタル（精神科デイケア）の臨床では，生活臨床と呼ばれる治療技法を基盤にした，若い統合失調症患者の集団療法と個人精神療法・ケースマネジメントが行われてきた。生活臨床は，臺弘らが群馬大学で創始したものであるが，1974年以降，東京大学デイホスピタルに引き継がれた。群馬大学で始まった第一世代生活臨床では，統合失調症患者の生活・人生上の志向パターンを受動型（安心状況を優先する）－能動型（挑戦行動を優先する）に分類し（生活類型），そのアセスメントに即して治療者が働きかける支援法が生み出された。従来の精神病理学的な統合失調症概念からすると，独自に見出したパーソナリティ理論に基づく支援法として画期的であった。次いで東京大学デイホスピタルで展開された第二世代生活臨床では，宮内勝らにより，主体が社会情報を入力して判断するパターンを，他者依存型（社会価値に調和して受け止める）－自己啓発型（自己の価値と照合して取捨選択する）と分類したことも画期的であった。

しかしそれらを学んだ私が感じたのは，そうしたアセスメントや支援技法が極めて有用なケースがある反面，類型を固定的なものとしてアセスメントする治療者文化が形成されてしまったことであった。また，そうした類型は，時代，社会，文化の影響を受けるはずだが，1960年代の地方に暮らす人たちに見出された類型化を，1990年代以降の首都圏で暮らす人にも適用するには限界があり，治療が膠着することもあった。その類型が当事者と治療者でシェアされることはなく，shared decision making（SDM）の時代にはそぐわないものとなった。就労支援もステップアップモデル的になりがちで，individual placement and support（IPS）の流れとは合わない。2010年代になり，英国リカバリーカレッジの見学や，ImROC（implementation of recovery through organizational change）関係者の招聘などで，変革の必要性を痛感していった。このことが，生活臨床概念を価値概念と人生行動科学から捉え直すことや，ピアサポートワーカーの雇用につながった。また，パーソナルリカバリー概念との出会いは，東大病院リカバリーセンターの設立にも結びついた。

東大精神科病棟の分裂と統合を引き継いで

東京大学精神医学教室は，いわゆる大学闘争の影響で1969〜1994年まで外来派と病棟派に分裂しており，1994年に統合した歴史を持つ（笠井，2022；笠井，近刊a）。統合後まもなく私は精神科医になったが，2002年までは，旧赤レンガ病棟での不十分な医療提供状況が続いていた。そこから通常の総合病院精神科の機能を備えるようにする努力が統合後のメンバーらによって行われた。私は，総合病院精神科で働く心理職の養成の必要性を痛感し，病院執行部との交渉で院内の心理職ポストを大幅に増員するとともに，救急部との連携やコンサルテーションリエゾン活動，病院職員の精神障害に対するアンチスティグマ活動などを活発に展開した。これらの活動から，A-1，C-1コースの創設や，心理職に求められる素養として個人・集団力動的視点の獲得を重視することにつながった。

社会・地域に出向く活動からの学び

もともと分裂していた当時の旧病棟派にも，旧外来派（デイホスピタルを含む）にも，地域精神保健やアウトリーチの伝統はあり，統合後の世代である私も，研修医のときから患者の家庭訪問，患者の社会資源導入時に地域保健師と共に足を運んでいた。その態度が本格的に役立ったのは，東日本大震災後の支援であり，身近な人の死や今後の死の恐怖のなかにある人たちの支援において，精神科診断学・治療学の体系がいかに無力であり，needs based approachが必然

的に求められることに気づいた。これらの経験も，価値概念の創出や，パーソナルリカバリー・TIC概念との出会いにつながった。

その後，22q11.2欠失症候群の家族会との出会いから，重複障害のある人における見えにくいディスアビリティへの気づきや，統合失調症や災害精神医療の現場で培ったVIC/TICが本症候群の当事者・家族の理解・支援にもつながるという，かすかな手応えを得た。こうした東大精神科の活動のsocial turnを先導したのは，若手精神科医・熊倉陽介さんの功績が大きく，C-2コースの設立へとつながっていった（図らずも，2016年以降の本誌増刊号の執筆者とTICPOCの講師陣には重なりが大きい）。

被支援者と支援者の非対等性の変革必要性

上述のような経緯を経て，困っている人々のニーズが，それを助ける人々を次第に専門職化させ，いつのまにかマイノリティとしての当事者とマジョリティとしての専門職の関係を生じさせていることへの感受性を高めていった。こうした勾配のある関係から，当事者側に主体を取り戻そうとするには，現代社会において支援が専門職化され，支援者の行動が支援構造や制度に縛られていることが，支援者と被支援者に権力の勾配を生じさせていることに，自覚的になる必要がある。被支援者を社会のなかで排除され周縁化されやすいマイノリティと見立てると，支援者は専門職集団に守られ，経済的に保証され，専門性で権威づけられたマジョリティであり，被支援者に対して暴力性，抑圧性，搾取性をもちうる。一方，外側からTICやパーソナルリカバリー概念を唱導する講師を単回投入しても全く内側は変わらない。そこで障害をもつ医療スタッフと共に働くことで内側から変えていこうと考えた。

英国のImROCから学び，ピアサポートワーカーの登用により事態が一歩動くと考えた。

2015年から，私たちの知る限り日本の大学精神医学教室初となる障害者雇用，ピアサポートワーカー雇用を，東京大学バリアフリー支援室長の熊谷さんらとの連携により進めていった。そこからDコースの創設につながった。米国においても，TICの導入はSAMHSAが先導しており，組織の変革を意図している。また英国のパーソナルリカバリー概念やリカバリーカレッジの急速な普及も，地域精神保健福祉を臨床医学モデルから，心理・社会モデルや教育モデルへ転換させる組織・構造変革の原動力となっている。

Doing TICPOC

以上の各項で述べた系譜が合流して生まれた，TICPOCのmaking ofを概観した。TICPOCは，治療者文化と当事者文化の合流の「共同実験」とまでは行かず，そのための計画をブレインストーミングしている段階ではあるが，その途中経過，doing TICPOCを述べる。

強くない（こわくない）TIC

ある支援理念を実装・普及させようとする際，どうしても概念を明確化したり，支援法をパッケージ化して講義しようとしたりする。したがって，TICの考え方を組織に普及させようとする際にも，既存のスタッフにとって，自分たちの支援価値観を強制的に変えさせられるのではないか，という恐れを抱かせかねない。支援者も支援構造に抑圧されたマイノリティ性をもち，経済的にも組織の経営者から（大袈裟な言い方をすれば）搾取されていると言える。そこにTICという支援価値観を帯びた新しい構造変革概念を持ち込むことには暴力性が潜む。往々にして支援者はすでに既存の支援構造に無力感を覚えていることも多く，支援者に新たな行動規範を押し付けるだけでは，燃え尽き（バーンアウト）

が生じる。また，支援者自身にとってトラウマの再受傷となる可能性もある。このようなことに配慮したTICが求められることを，TICPOCの受講生と議論した際に立ち上がったのが，「**こわくないTIC**」という概念だった。

心の臨床と障害の社会モデルは共存できるか

障害の社会モデルは，障害を個人の内部ではなく，個人と社会環境の間のアンマッチに帰すものである。したがって，障害を軽減または解消するための介入ポイントは社会環境側である。共同創造とは，単に人と人とが協力しあって何かを生み出すことではなく，サービスのユーザーが，サービスをデザインするのに最適な人材だ，という原理のことである。共同創造の実現のためには，組織が支援者と被支援者の関係性を変化させる必要があり，その関係性の構築と維持の基盤となるのがTICである。心の不調の原因を個体の内部ではなく，過去の「外側」（出来事）に見出そうとするトラウマ概念自体が，社会モデルと言えるかもしれない。

対人支援のなかでも欧米に源流をもつ心理介入技法の多くは，基本的に個人側の成長・変化にフォーカスしている。しかしこれに自覚的でないと，個人の心理に影響を与えている社会環境側の変化は求めず，それは定数とみなして，個人の社会に対する認識の変容を求めていくばかりとなりかねない。これは心理技法に限ったことではなく，精神科医による薬物療法などの脳科学的介入はもっと直接的である。このような個人の脳・心理に対する介入に対して，「新自由主義社会において，個人の認知能力を強化する介入は，社会格差を助長する可能性がある」という社会学的な批判や，「私たちの認知特徴は多様性として尊重されるべきであり，障害はそれらと社会のアンマッチにある」という当事者からの声に，私たちは虚心に耳を傾ける必要がある。また，非公認セクターの心理療法は自費

であり，必要性のみならず，経済力や社会的・家族内立場，地理的環境などによってアクセスできる人／できない人が分かれてくる。

このように，支援が人間や個人と社会の関係をどのようにモデル化し，支援を届ける構造が被支援者の人間観や社会階層などをどのように選択して（しまって）いるのかについて，感受性を高める必要がある。たとえば心理療法では，セラピストもクライエントも，心理学的説明モデルを用いて，心理学的人間観にもとづく治癒を目指しているのであり，それは普遍的，絶対的なものではなく，ひとつの治療者文化に過ぎないかもしれない。個人と社会は相互作用し，時代とともに心理支援のあり方も変化していく。TICPOCを始めた当初，C-1とC-2をいったん分けてスタートさせ，その後に融合させようと楽観的に考えていたが，2023年度以降もしばらくはC-1，C-2を分けたままで続ける計画としている（東畑さんは，当初からこのC-1とC-2の統合が課題である，と予言していた）。

共同創造（治療関係文化）時代の対人支援職

専門職はその知を縦の系譜でつむいでいくが，専門職による支援に限界を感じる被支援者集団は，専門職とは独立に自助グループを構築し，縦の系譜をつむいでいく。こうして異なる縦の系譜をつむいできた専門職と当事者自助グループの間では，系譜の違いに無自覚であればあるほど，共同創造的関係の構築が難しくなる。

対人支援は，社会のなかで排除されやすいマイノリティ，たとえば薬物依存，ホームレス，触法少年，DV被害者などを支援対象とすればするほど，既存の支援構造では有効な支援とはならず，支援者も孤立しやすく，燃え尽きやすい。個人の価値観としてやりたい支援があっても，制度の縛り，経営者からの経済的縛り，組織からのルール上の縛り，などでジレンマを抱える。こうした意味で支援者は支援構造に抑圧

されるマイノリティでもあり，支援構造という社会構造が支援者の心理に内在化され，支援者の「内なるスティグマ」（熊倉，2018）となる場合もある。対人支援職に就いている人のなかにもトラウマ体験を抱えている人は少なくない。経営者側や支援構造からの縛り，あるいはスーパービジョンなどによる抑圧の体験は，トラウマの再受傷ともなりえる。

このようにトラウマ支援を巡っては，トラウマを受けたクライエント，支援スタッフ，さらには支援組織が影響を与え合いやすい。トラウマの影響を受けた人と関わる支援スタッフが過覚醒になってイライラしたり，逆に無力感に打ちひしがれ，ついには支援組織が目標や使命を失っていく相互影響的プロセスは，トラウマのパラレルプロセスと呼ばれる（熊倉，2020a）。こうした場合に，支援組織のあり方や，さらに外側にある支援の構造に目を向けて見直し，新しい支援のパラダイムを構築することを通じて，支援組織や支援者が力を取り戻し，支援を受ける人の回復にもつなげていく，回復のパラレルプロセスを考える必要が出てくる。一方，近年日本で当事者研究が広がり，専門職集団のなかで自分たちの当事者研究をやりたいという声が上がっている。しかしここに，マイノリティとしての支援者がマジョリティに回帰しようとする欲望が潜んではいないか，自覚的である必要がある。

支援職の縦の系譜における非対等性

支援が専門職化されると，その支援の知を引き継ぐ専門職教育が行われるようになる。特に臨床心理学や精神分析で確立しているように，スーパービジョンという教育システムが生まれ，スーパーバイザーとスーパーバイジーの関係が生じる。スーパーバイジーは，被支援者と現実に向き合っている主体である。しかし，スーパーバイザーのアドバイスによって，その主体性が

脅かされる可能性もある。また，スーパーバイジーと被支援者の関係が共同創造的な「治療関係文化」に変革されていく過程では，治療者文化を訓練されたスーパーバイザーの意見において，引き継ぐべきものと，引き継ぐべきではないものが生じる。このようにスーパーバイザーとスーパーバイジーの関係性が対等ではないことに，スーパーバイザーもスーパーバイジーも意識的である必要がある（熊倉，2020b）。

治療関係文化の構築へ向けた実験

C-2，Dコースの実践をもとに，2021年に東京大学に全国医学部初となる医学のダイバーシティ教育研究センターを設立した（https://cdmer.jp）。医学部教育課程にダイバーシティとインクルージョン（D&I）の理念を取り入れ，医学系研究科とバリアフリー支援室の共同により，合理的配慮付き研修プログラムを開発し，研修者の活躍を支援する，国際的にも先進的な取り組みを進めつつある。さらに，障害のある医療人がチーム医療の一員となることによる，当事者中心の医療サービスの質の向上のための研究を，学術者文化と当事者研究の融合として推進しようとしている。同僚として疾患や障害のある人々を受け入れることは，医療の文化をより多様性と包摂に配慮したものに変えることが期待される。また，臨床研究におけるエンドポイントの設定にも当事者の視点を取り入れ，当事者中心の医療の実現に寄与することを目指している。また，医学雑誌（笠井，2021），医学会（笠井，近刊b），学術の目的（主題）・対象（主体）・方法（文部科学省・学術変革領域研究「当事者化人間行動科学」）に共同創造をもたらす社会実験なども行っている。現時点で日本におけるD&Iの理念は，構成員を多様にするという形式的な段階にとどまっている。医学・医療という障害の支援に関わる，多数派（非障害者的）としての極めて高いテクニカルスタンダードが従来求

められてきた領域において，障害のある構成員のD&Iを実現することは，もっとも困難であるが，もっとも本質的である。しかし医療現場，学会，学術研究いずれの試みにおいても，多数派と少数派の人数比が圧倒的にアンバランスであるため，共同というには程遠く，少数派は既存の治療者文化に染まらないための「強さ」というディスアビリティを強いられる。治療者文化と当事者文化の出会いによる治療関係文化の共同創造……言うは易し，行うは難しである。

おわりに

2019年の始まりに熊谷晋一郎さんたちとTICPOCのコンセプトを練ったとき，見えにくいディスアビリティとは何か，といった話をしていたが，その後のコロナ禍により，マイノリティにとってはさらなるマジョリティとの分断を生み出し，さらにこれまでマジョリティ側にいた人もマイノリティの立場になりうるという，vulnerabilityの再定義を余儀なくされた。TICPOCの開催自体，2019年度はリアルで集まっていたが，2020，2021年度は完全オンラインとなり，オンライン講習における受講生にとってのトラウマインフォームドネスとは何かを深く考えさせられた。また，2021年12月の公開シンポジウムで富樫公一さんや安田菜津紀さんたちをお招きして，トラウマの支援と戦争，時代，文化，国境などを考えていたところ，大変なことが今現実に起きている。

TICPOCは，言うは易し，行うは難しではあるものの，治療者文化が当事者文化と出会うための触媒概念ではあり続けるだろう。また，価値という概念も，治療や回復の主体を当事者に取り戻すための転回の鍵となるだろう。あとは

いかに，これまでの強い医学モデルと強い社会モデルが，互いにトラウマインフォームドな形で出会い，分かち合い，大丈夫な社会を創造していけるかだろう。

◉ **文献**

藤山直樹, 笠井清登 編 (2020) こころを使うということ——いま求められる心理職のアイデンティティ. 岩崎学術出版社.

笠井清登 編 (2021) 特集 統合失調症————あなたはどう答えますか？. Progress in Medicine.

笠井清登 (2022) 人生行動科学としての精神科医の仕事と人生——making of 人生と making 人生. 精神科治療学 37 ; 309-317.

笠井清登 (近刊a) こころの支援と時代, 世代, 社会. In：笠井さつき 編：心理支援職のための夜間講座「小夜会」講義録——夜に学ぶ, 夜に語る. 金剛出版.

笠井清登 (近刊b) 第16回日本統合失調症学会——学会の共同創造を実験して. 精神科臨床Legato.

笠井清登ほか 編 (2020) 人生行動科学としての思春期学. 東京大学出版会.

Kasai K et al. (in press) Personalized values in life as point of interaction with the world：Developmental/neurobehavioral basis and implications for psychiatry. PCN Reports.

笠井清登, 熊谷晋一郎, 熊倉陽介, 東畑開人, 宮本有紀 編 (近刊) こころの支援と社会モデル——トラウマインフォームドケア・組織変革・共同創造. 金剛出版.

熊倉陽介 (2018) 医療者の内なるスティグマ——知の再配置の試みから. In：熊谷晋一郎 責任編集：当事者研究と専門知 (臨床心理学増刊第10号). 金剛出版, pp.83-92.

熊倉陽介 (2020a) トラウマインフォームドな精神保健医療福祉のパラダイムシフト——その1 トラウマに飲み込まれないように. 精神看護 23 ; 436-441.

熊倉陽介 (2020b) スーパービジョンの帰り道. In：藤山直樹ほか 編：精神療法トレーニングガイド. 日本評論社, pp.213-220.

TICPOC 編 (2022) ピアサポートワーカーの現在地 (https://co-production-training.net/wp/wp-content/themes/co-production-training1.1/pdf/psw2203_0302_tachi.pdf [2022年6月22日閲覧]).

社会と往還するナラティヴ・アプローチ

「二者関係セラピー」から「ネットワークセラピー」へ

ナラティヴ・アプローチ研究室／恵比寿カウンセリングオフィス

田代 順

はじめに

心が社会／文化から強い影響を受け続けてきたことを，臨床心理学（界）自身は，これまで「強く」語ることはなかった。過去の「学会」トラウマ[註1]もあり，より一層，「社会と心」の関係を問うことに用心深くなった。

そのような日本の臨床心理学の歴史をも見据えつつ，専門誌『臨床心理学』は，増刊第12号から「治療は文化である」という特集テーマで，臨床心理学に強い影響を与えてきたはずの（しかし，これまでの臨床心理学（界）では，ほぼメインでは語られてこなかった）「社会／文化」からの，臨床心理学（と臨床心理学が対象とする「人の心」）への「強い影響力」に向き合うこととなった。その「向き合い」について，本増刊第14号の趣意書には次の一文がある。

　　心理療法とはなにか。とりわけ「社会にとって心理療法とは何か」を問いたい。

本増刊号の命題とも言える「社会にとって心理療法とはなにか」は，これまでも／今後も社会学者や臨床人類学者らが多彩に語ってきた／語るだろう。なので，臨床心理学者の私は，「心理療法にとって社会とはなにか」という命題でもって，論考を展開したいと思う。心理療法にとっての「社会」を論考することによって，心理

療法はいかに社会に向かうか／向かうことができるのか，また，いかに社会と「リンク」できるのかを見ていきたい。それは，すなわち「社会にとっての心理療法とは何か」という命題を心理療法のほうから照らし出すことになる。

まず，社会／文化が心の在り方と「発動」にいかに強い影響を与えているかを提示したい。

心の構成とその在り方の違い

最初に，私が『臨床死生学』誌の特集「コロナ禍と臨床死生学」に寄せた学術エッセイ（田代, 2022）から，遺体に対する「心の在り方」と「発動の仕方」の，欧米人と日本人の違いを要約して提示する。「遺体観」の社会文化的な違い，遺体に対する宗教文化的な背景を背負っての，遺体に対する心的姿勢＝心情の違いである。

日航機の墜落事故で多数の犠牲者が出た。遺体の「損傷」は激しく，日本人遺族は部分遺体を「遺体主部」と結び付けるべく，血眼になって奔走した。例えば「この薬指についている指輪は娘の婚約指輪だ」というような形で。そして，部分遺体を「遺体主部」と結び付け，できる限り，遺体が「五体満足」であるように遺族は必死で部分遺体を確認し続けた。それに対し，外国人遺族の反応は対照的であった。彼らは遺体

についての執着はまるでなかった。外国人遺族たちは，魂は召されて「天国」に行ってしまったので，「魂の抜け殻」としての遺体には関心がなく，そちらで火葬にして「灰」だけ送ってもらえばいいという反応であった。

「死者の悼み方」というグリーフの具体的展開が，「遺体」ひとつとっても，欧米人と日本人は，その対応がまるで違う。当然，「グリーフ」に向かう心の過程もまるで違ってくる。その心を包む社会と文化によってこうも違ってくる。社会や文化に強く影響を受けながら心が発動されるのだから，当然と言えば当然である。

以上のように「人の心」は，その時代，その国の「コモンセンス」として流通する社会・文化の強い影響を受け，同じ人間でありながら，心の在り方が／心の「構成」の仕方がまるで違う。同様の状況が生じても，それぞれの国が持つ社会・文化に影響されて，心の「発動」の仕方が（それぞれ）著しく違ってくる。

以上にもかかわらず，我が国の臨床心理学／心理療法は，社会と経済[註2]・文化の「人の心」への強烈な影響を，これまであまり語ってこなかったのではないか。その「問題意識」でもって，まずは，心と社会を「往還しなかった」従来の心理療法と「往還しはじめた」心理療法について語り出そうと思う。

社会と「往還しない」心理療法から「往還する」心理療法へ

これまでも，そして現在も，心理療法はクライエント（以下，Clとする）とセラピスト（以下，Thとする）という「二者関係」の中で構成され展開するのが主流である。心理療法は（基本的に）ClとTh，二人の間で行われるものという「治療文化」が不文律のように定着している。

この「二者関係」の中で行われる心理療法の内実は，Clの言葉を専門家（＝Th）が「独占」して聞き，その専門家の理論と技法に即した専門的言説によってClの語りを，専門家が加工・編集して，専門的理論や技法の中に位置づける「やり方」である。そのような二者関係に「閉じた」，従来の心理療法スタイルではなく，Clの語りをより強力に二者関係の「外」に展開して，Cl（の心）を包摂するネットワークとしての微小社会に向けて「対話する」セラピーが登場した。家族療法と，そこから出立したナラティヴ・アプローチである。

臨床心理学／心理療法は，家族療法において，心を／Clの語りを，Thとの二者関係だけに留めおくのでなく，家族ネットワークという，二者関係の「外に開く扉」を開けたのである。そこに（さらに）Clが（その場に）友人など「呼びたい人」も入れての，より拡大したネットワークにアプローチする心理療法が，家族療法から出立する形で登場した。そのネットワークから発せられる「多声」を対話的にClに返していくアプローチである。このアプローチは，（微小）社会との対話的「往還」を最重要視する心理療法，リフレクティングを根幹技法としたナラティヴ・アプローチという，オープンダイアローグ，ナラティヴ・セラピーなどの心理療法である。

Thとの「二者関係」という，社会と往還しない，母子関係にも似た「二者関係カプセル」の中で閉じられた（これまでの）心理療法の「治療文化」から脱却して，Clの現前に展開する，Clとの関係ネットワークという微小社会との往還への道をナラティヴ・アプローチは切り開いた。それに伴い，「治療原則（≒治療文化）」として，「二者関係」の心理療法では重要視されてきた「治療／面接構造」も，社会に向けて開かれることで消失していった[*]。

[*] オープンダイアローグの発祥の地である

フィンランドでは、これまで「治療文化」として、治療の鉄則としてあった心理療法の構造、すなわち、心理療法をする時間／する場所／料金という「構造」を「解消」した。時間は「疲れたらやめる」（結論・結果が出なくとも）、場所は問題が生起した場所に治療チームが赴く（例：家庭訪問する）ので面接室が存在しない。また、フィンランドは医療費が無料であり料金も発生しない。というわけで、二者関係の心理療法では必須であった治療枠組み＝「治療構造」が「消失」した。それにもかかわらず、圧倒的な治療・支援効果を出しているのは周知のことである。

ナラティヴ・アプローチ共通の根幹技法であるリフレクティングは、Cl の「心の内」の声を、集団的事例検討のように、参加者（＝当事関係者）の前で、まずは Cl が Th に向けて語り出す。次にそれを聴いていた人的環境としての人的ネットワーク（＝参加者）が、Cl と Th の対話について対話するのである。

このネットワークとの対話を聴いて、最後にまた Th と Cl の対話セッションが行われる（リフレクティングによる対話実践の基本構造）。その結果、Cl の「問題語り」の「語り口調」とそれに使用される言葉が、このプロセスを経て（どんどん）整う。Cl の言葉が整い、したがって感情が整い、心が整う。結果、問題の強度濃度と Cl への悪影響力が緩和され、問題が Cl にとってより小さいものとなる。ネットワーク（の人々）が、問題に対し「煮詰まってしまった」Cl の代わりに問題を考え、新しい見方やそれぞれの体験知としてのローカルな「治療的・支援的言説」が、Cl の「問題」に多声的にやってくる。いわば、ネットワークという微小社会が、Cl の問題に対する治療的・支援的多声を交響していく。その中から、最も自分に響く声を選んで、Cl は応答したり、リ・コメントしたりする。

以上のように、現在、ナラティヴ・アプローチの主流を担っているリフレクティング、オープンダイアローグ、ナラティヴ・セラピーは、どれも皆、Cl の語り／物語を、Th のよって立つ専門的言説でもって／専門的立場から、Th 側が整え整理して言い換えたりしない。あるいは「この語りは転移の語りだ」というように、専門的術語で Cl の語りを「分類・回収」しない。つまり、語りを専門的言説の中に閉じ込め、「収納」しない。Cl の語り／言葉そのものを取り扱う。徹頭徹尾、Cl が発した（ローカルな）言葉を使って。それをキーワードとして、それに対して、Cl に説明／質問を求めることで。

「今、○○とおっしゃっていましたが、もう少し、この○○について詳しく教えてくれますか？」「○○の中の、△△のところがよくわからないのですが、これは□□という理解でよろしいですか？」「今、話された○○は A さんにとってどういうものなのでしょう？」等々。

ここから、Cl の治療的変化に必要な（アンデルセン（1992）の言うところの／Cl の治療的変化にフィットした）「適切な差異」を Cl 自ら「説明」を通して語り、提示してくれる。専門家が、その専門知から（治療的変化のための解釈や「アドバイス」として、この Cl の語りは）「変化のための適切な差異である」と判断したものでなく、Cl 自身の体験知から／Cl 自ら、自分にフィットした「適切な差異の語り」を語り出す。ナラティヴなアプローチをする Th が Cl の言葉に即して問う質問や説明の求めに、Cl が応答することを通して。そして Cl が、このような対話を通して変化しはじめる。Cl が「問題の説明をする」という、問題をより整った形で語ることを通して、問題は徐々に「制御」可能なものとして「縮小」していく。問題の強度・濃度が緩和されていく。そして、この「やり取り」は（聴衆となって Th と Cl のやり取りを聴いている）参加者に向かって「発声」される。すなわち、この対話コミュニティという「微小社会」に向かって「発声」さ

れる。それを聴いて参加者同士が対話する。そしてさらに，それを聴いて再び Th と Cl が対話する。リフレクティングの具体的流れである。

参加者も専門言説－専門知で対話しないというグランドルールを厳守する。Th と Cl の対話を聴いて，自分の「心の内」に湧いてきた「内的会話」をベースに発話していく。そうして，それぞれの「体験知の語り」が重なり合い，多声として交響する。その多声の交響の中から，Cl がもっともフィットする／新しい見方として取り入れたい「声」を選んで応答する。

その多声の中には，Cl の話から思い起こされた参加者自身の「体験知からの深い共感」でもある「自己開示」[*] も含まれる。

> [*] Cl の「体験」を聴いて，そこから思い起こされる自分の「体験」を話す（＝自己開示する）ということは，双方向での「深い共感」のきわめて具体的な形である。Cl の語りを聴いて思い起こされた（カウンセラーの／聴いている人の）自己開示は，自分の「体験そのもの」からの語り手への深い共感となる。それは語り手に，自分の「体験」が聞き手の体験と深く共鳴・通底してつながり合うという，語り手側の聴き手に対する深い「共感」をも呼び起こす。同時にそれは，自分の語った体験が聴き手に「深くわかってもらえた」という感覚をもたらす。「共－共感」である。Th が一方的に「共感の姿勢」を示す共感とは段違いの深い共感が双方向に生まれてくる。ネットワークにいる参加者／聴き手にとっては，自分の自己開示以降，Cl ／語り手に対するコメントが，自分の自己開示に対するコメントとしても聞けるようになってくる。その結果，双方向に治療的・支援的影響が波及する「治療的自己開示」として展開していくことになる。

こうして，自分の中では／Th との「二者関係」の間では「煮詰まってしまった」問題を，Cl は，聴衆という対話コミュニティを創出する微小社会にむけて「発話」していく。その声を受けて，微小社会の（聴き手）側が「総力をあげて」Cl と Th の代わりに聴衆同士対話しながら Cl の問題を考え，Cl と Th の対話をさらに支援的に分厚くしていく。こうして，Cl の「問題体験の語り」が支援的治療的にその強度と濃度が希釈されて（＝原液のままなら「濃すぎて」飲めないカルピスを水で希釈して飲めるようになるのと同様），微小社会の中に治療的に希釈されながら「溶解」していく。そして，煮詰まりが溶け，より話しごろ／聴きごろになった形で（飲みごろになったカルピスのように）再び Cl と Th の対話セッションに戻ってくる。問題語りがより語りやすい形となって。

また，微小社会での「Cl と Th の対話についての対話」を聴いている Cl は，「岡目八目」の立場から，問題について，自分が Th とした対話を眺め，自分たちの対話に対する聴衆からのコメントを聴きながら，存分に内的会話をする。そして，「自分の話」を「自己編集」して整えていく。つまり，Cl と Th の「問題に関する対話」が微小社会によって Cl と Th に可視化・外在化され，Cl の問題への「見通し」が聴き手として聴いている Cl の内的会話とともに進み，問題がさらに Cl にとってどんなものであるかがわかり，より整った形で，すなわちより「制御」できる形で Cl に再構成される。これは，問題の Cl に対する悪影響力が対話的に緩和され，減衰されるということであり，結果，さらに Cl は「楽」になる。

Cl と Th という「二者関係」（≒「社会」以前の母子関係という「共生関係」に近い）という二者「共生カプセル」の中だけを行き来する従来の心理療法の中へ，ネットワークという，ミニマムな「社会」からの言葉が／多声がやってくる。その微小社会からの多声が Cl の心に（≒物語に）治療的な影響と変化を強く及ぼす。通常の社会で流通する「言説」（≒社会的規範，社会

全体の物語）が，人々の心の在り方や行動にまで強い影響を与えるように（だからこそ，先述したように「遺体」に対する姿勢が／「遺体観」が違ってくるのである）「微小社会」からも。

このようなナラティヴ・アプローチの，「社会化・ネットワーク化」した治療の在り方が，これまでの心理療法の主流であった「治療文化」＝ThとClの二者関係の中で閉じて行われる心理療法のスタイルを大きく変えはじめた[*]。

[*] これまでの心理療法の「治療文化」として強固にあった「二者関係」というTh-Cl関係から「脱却」して，ネットワーク（＝微小社会）としっかり往還するTh-Cl関係の成立。すなわち，（微小）社会と往還できる対話形式での心理療法を，ナラティヴ・アプローチは展開するようになり，大きく「治療効果」を上げはじめた。加えて，Th側と微小社会側からの（Clの話を聴いての）「自己開示」の治療促進的／共感深化的側面。従来の心理療法では「タブー」であったTh側の，つまり「聴き手」側の自己開示が「タブー」ではなくなった。逆に共感と治療を促進するものとして，Th側の自己開示が認識されだした。

従来の心理療法は，個人の心を専門家がその専門知でもって「独占的」に「観る」という流れが主軸であった。Clの「語り」は，専門知というカプセルの中で加工・改変されて，その専門知に回収されてきた。このカプセルの外に，Clの語りが，（Clの語った言葉のままの状態で）主観的な「物語」の形として出ることはなかった。しかし，ナラティヴなアプローチが，専門家との間でのみ「共閉」されていたClの語りを，微小社会に（治療的に）開いていくことになる。

Clの語った言葉の中で，Thがもっと聴きたい，もっと知りたいところに「引っかかり」，Clが発話したフレーズやキーワードに対し，説明（や質問）を求めていく。以上に対するClの応答を通して，Clの語ることを（ある意味）Thが編集者のように，「書き手（＝語り手）」であるClと協働しながら，双方にとってより読みやすい／わかりやすい，「対話」という文章に（まさに対話を通して）編集・校正・改訂していく。この過程では，Clの語る「主観」的物語が最大に重要視される（「妄想」でもそのように扱われる）。その主観的物語を形成するに至る，Cl独自の「心の個人的文化」としての「体験知の語り」が最も重視－尊重される。専門家の専門知の語りよりも。

心の内部構造や「機能」を「知っている」（とされる）専門家からの言説を通して心を見るという「これまで」のやり方ではなく，心が具体的に発動する場である（微小）社会で（≒Clの家族や友人などがいる場で），その微小社会を構成する／織りなす文脈や規範に載せて，つまり，そこでの対話から出てくる言葉（のやり取り）でもって，Clの心を多面的にみていく。これらは，Clと家族，その友人，そして，それらの人々と専門家との「対話的協働」から間主観的に構成され続ける臨床的な対話コミュニティとして，その場を治療的に機能させる。だから，専門家の「声」だけが独占的に力をもって響くのではない。Clを身近で密接に包む家族などのネットワーク（というClを包む器＝微小社会）の「声」も治療に関与する重要な声として平等に扱われる。

従来の心理療法のように，Cl以上にClの「心の内部状態」を知っているとする専門家の言説や専門的「語り＝声」よりも，ナラティヴなアプローチは，Clやその家族の声を／言葉そのものを，はるかに重視する。専門家のよって立つ「理論と技法」のほうに，Clや家族の「語り」を閉じ込めない。専門家のよって立つところの「心の理論」に沿うように，Clの「語り」という「心の物語」を専門的理論≒言説によって「再構成」してしまわない。専門家がそのよって立つ「専門的言説」をClに提示し（時には「押しつけ」），それをもとに専門的言説の中にClの「体

験知」からの語りを「専門的に加工」しながら閉じ込めない。

これまでの心理療法（とその「治療文化」）には，まさに上述したことが横行した。それは，専門家の「専門知」によるClの「体験知」への侵襲であり，専門知による（ある意味）Clの体験知の「植民地化」であろう。Clの体験したことに基づく，いわば「体験知」の語りを，「力の強い」（≒権力のある）専門知の言説に加工・転換して，心理療法を行ってきた歴史が臨床心理学には長いことあった。

さて，専門家がClの心（≒語り）を，その「専門知」に合うように閉じ込めるということは具体的にどのようなことなのか？

これについては，『臨床心理学』増刊第12号（「治療は文化である」）の鼎談で東畑開人，北中淳子が的確に指摘している。東畑は述べる。「本来，僕たち心理職はクライエントの物語を相手にしているはずなのに，「専門性」に則って語りはじめた途端，「うつ病を搭載した人間」「病んだ心を運ぶ人間」という見方を取り込んでいく。心理学が文学性を失うというのはそういうことです。僕らの学問が文化を語らなくなったのは，この流れと関係しているように思います」と。

（臨床）心理学における「文学性」とはまさに，Clの主観的な「体験知／体験語り」＝Clが主観的に語り紡ぐ物語のことであろう。それを「相手にしているはず」なのに，専門性に則った途端，それが瞬く間に失われていくと東畑は指摘する。

また，北中は，「専門知」に自分の体験（知）の語りを加工して，自らを閉じ込めていく，当時，北中と同期であった大学院で臨床心理学を学んでいる臨床心理士／臨床心理学者の「卵」たちに言及している。

　　　精神分析を学んだ同級生たちが精神分析らしい言葉で幼年期を語り出す様子を不思議な思いで眺めていました。それはまるで過去を発掘し，真理が発見されたようにも語られるのですが，単に特殊な言語で創られた「真理」が過去を上書きしていくようにも見えました[*]。

[*] このようなことは，上記のように「臨床心理学」を学ぶ人々／志す人々が，その学びの過程で（ほぼ）必ず行うことのようである。私自身も私の周辺の臨床家にも，また教えていた大学院の院生も同様に，自分の語りという体験知の語りを専門知に（ある意味）無理やり「置き換え／あてはめて」語る。このことは自分が臨床の専門家になったとき，今度はそれをClに行うことになる。Clの語りを自分のよって立つ専門知−専門用語に「書き換える」ことで，Clの体験知の語りを専門知の語りに加工して置き換えてしまうのである。その「置き換え」が，「的を射ている」かどうかは「不明なまま」。それにもかかわらず，この（専門的）推測／憶測でしかない「置き換え」が，あたかも「正しいもの」であるとしてセラピーが進展していく。そして，それは大概，「間違っている」ことのほうが多い。だから，セラピーが失敗して中断するか，エンドレスになっていく。

そして北中は「この不思議な現象を学ぶには臨床心理学の外に出るしかない」として，臨床心理学を外から「眺めなおす」ために，医療人類学者になっていくのである。自らの幼年期の語り＝物語を，内向きの，「特殊な言語」によって語り直し，その「専門的言説」に自らの物語を合わせ／あてはめ，その専門的言説でもって加工して閉じ込めていくことへの違和感が，彼女を医療人類学者にしたのである。

これまでの「心理療法」においては，東畑や北中が指摘することが，当たり前のようにClに繰り返し行われ続けてきたし，現在でも「主流」

はそうであろう。専門的言説の枠組みの内にClの心を（≒Clの語りを）その言説に向けて加工し，回収・収納するのである。まさに北中の言うように「単に特殊な言語で創られた「真理」が過去を上書きしていく」ことになる。Clの語りは，専門家の専門知として，その専門家が「独占」する「特殊な言語」で再構成され，この専門知に向けて加工−改変されて，Clに「あなたの心はこのようにあるのだ」と強力な専門的言説でもって，「真理」として宣言されるのである。Clの語りや心情と，どれほど離れていたとしても。Clが，どれほど納得いかないと思っていたとしても（「否認」という「便利」な「専門的言説」で，それは「片づけられる」）。

それに対して，ナラティヴ・アプローチは，Clの語った言葉「そのもの」を取り上げ，その言葉に対してThが（先述したように）「説明と質問」を求めることから始まる。こうして，Clの体験知の語りをより多層的に分厚くしていく。ここには専門家の持つ「専門的・治療的権力」を支える「専門的言説」による強力な支配と加工はない。Cl自ら，自分の語ったことの「説明」を通して，自分の語ったことに「加筆」していくのである。ここにアンデルセンの言う，人の（治療的）変化にフィットする「適切な差異」が，Cl自身の「説明」から生まれてくる。

おわりに

本増刊号の趣意書にはまた，下記のように記されている。

心について饒舌に語ってきたと述べたが，臨床心理学は心を語ってきたのだろうか。とすれば実際はどのように語られてきたのだろうか。社会から見てそれはどのように受け取られてきたのだろうか。社会的展開の試みがまずある。この試みは，私たちが

クライエントたちに何をもたらし，一方で，何を奪ってきたのかを明らかにすることになる（中略）。臨床心理学こそ人の心と生活の脱植民地化に寄与するものである。だが，そのアプローチには，新たな植民地化，代替えの同化政策に陥る落とし穴も潜んでいるようだ。

北中が提示した臨床心理学を学んでいた院生の例と同様，Clの語りを専門的な言説で語り「取り」，専門的な言説で語り直して提示されるこれまでの心理療法は，Clの語りをまさに専門的言説でもって「統治」し制御し（支配し）書き換え，植民地化していると（ナラティヴなアプローチと社会構成主義に出会った）現在の私には見える。

現実の植民地の歴史でも，植民地を支配する側が，支配される側の歴史（の語り）を支配に都合の良いように書き換える。そして，支配される側の「言語」を奪う（日本の植民地統治を受けた台湾，朝鮮，そして，いま，ウクライナでも。支配する側の言葉の使用を支配される側に強要する。以上は，Clの体験知の語りを専門知の言説で「書き換えていく」ことと相似する）。

さて，ナラティヴ・アプローチ，とりわけ，リフレクティングやそれを根幹技法としたオープンダイアローグは「対話」を最重要視する。セイックラ（2014）はオープンダイアローグの目的を次のように述べている。

「対話の第一の狙いは，対話そのものを推し進めることであって，患者あるいは家族の改善は二義的なものです」。

つまり，対話の続行が目的であり，治療はその副産物として訪れるということである。

対話が，ThとClの「二者関係」から三者関係以上の，いわば「社会」に開かれる。そして，ClとThの対話をベースに折り重なるようにして積み上げられるネットワークからの「対話に

ついての対話」。それが繰り返される。それが, Clをエンパワーする。ナラティヴ（≒対話的）コミュニティという「微小社会」を絶えず生成・展開させながら。Clの言葉を専門的言説で「奪わない」, 治療的ネットワークという微小社会を成立させながら。

最後に, これまで述べてきたことに深く関わる「言葉」を紹介したい。

　　言葉のあとに言葉が続き, また言葉が続いて力になる――

『侍女の物語』という, 言葉を「奪われた」女性たちのディストピア小説の作者マーガレット・アトウッドの言葉である。
　上述したセイックラの言葉につなげてみる。
　対話のあとに対話が続き, また対話が続いて力になる。
　まさにそのようになるのだということを, ナラティヴ・アプローチによる自験例やSV, 集団的事例／自例検討で私は深く実感している。

▶註

1　日本で最初にできた臨床心理学の学会「日本臨床心理学会」が, 60年代後半から70年代前半にかけての世界的な政治・社会状況に対する「異議申し立て／学生運動」の激しい展開という「時代精神－時代背景」の影響も受け, （当時の）「資格問題」を契機に「学会改革」が急進的に為された。その結果, 「第一世代」の, （著名な）臨床心理学者の大部分が臨床心理学会から離れることとなった（そして, 後の「日本心理臨床学会」誕生を主導的に担うメンバーとなった）。その後, 臨床心理学会のほうはさらに急速に「社会化・政治化」され, 臨床心理学に関わる政治的－社会的問題も含め, さまざまな社会問題にコミットして, 「社会運動」を積極的に担う学会になっていく。
2　臨床心理学が対応必須の「自殺の問題（とりわけ経済苦による）」や「児童虐待（とりわけ家庭の貧困状況に由来する）」は, まずもって当事者の貧困問題の解決（緩和）が必須である。Clの, 当事者の, 貧困問題が緩和されて初めて（ようやく）, 心理の出番とな

る。このことは東日本大震災直後において「臨床心理士」の出番が「早すぎた」ため, 「臨床心理士お断り」の貼り紙が出た避難所のことが思い起される。まずもって支援が必要なのは, 命－身体の安全・安心の確保のためのそれであり, その次に生活の安定と日常の回復につながる経済の安全・安心の確保であろう。以上が「整ってのち」, 心の安全・安心のために（ようやく）カウンセリング／心理療法など臨床心理学の「出番」となる。なお, 『反貧困』の著者である貧困研究者の湯浅誠氏はその本の中で虐待と貧困の関係について, それに関わる米国の識者の発言を以下のように紹介している（湯浅, 2008）。
　「二十年以上にわたる調査や研究を経ても, 児童虐待やネグレクトが強く貧困や低収入に結びついているという事実を超える, 児童虐待やネグレクトに関する真実はひとつもない」（リーロイ・H・ペルトン）
　個人の心に凄まじい影響を与え, その個人をClとして「心の問題」の形で発動させる「大元」は, まさに家族という微小社会から始まる社会なのである。

◉文献

Andersen T (1992) Relationship. language and pre-understanding in the reflecting processes. Australian and New Zealand Journal of Family Therapy 13-2 ; 87-91.

飯塚訓 (1998) 新装版 墜落遺体――御巣鷹山の日航機123便. 講談社 [講談社＋α文庫].

森岡正芳 編 (2020) 治療は文化である――治癒と臨床の民族誌（臨床心理学増刊第12号）. 金剛出版.

野口裕二 (2002) 物語としてのケア――ナラティヴ・アプローチの世界へ. 医学書院.

斎藤環 (2015) オープンダイアローグとは何か. 医学書院.

Seikkula J (2014) Open Dialogues and Anitcipations : Respecting Otherness in the Present Moment. National Institute for Health and Welfare. （斎藤環 監訳 (2019) 開かれた対話と未来――今この瞬間に他者を思いやる. 医学書院）

田代順 (2016) ナラティヴなグループアプローチを体験する（その6）――多声的対話グループによるナラティヴな集団的「自例」検討の試み. 集団精神療法 32-2 ; 238-244.

田代順 (2022)「ラッピングされた遺体」とのグリーフワーク――「コロナ死」という死, そして「死者と再び対話すること」. 臨床死生学 26 ; 49-54.

矢原隆行 (2016) リフレクティング――会話についての会話という方法. ナカニシヤ出版.

湯浅誠 (2008) 反貧困. 岩波書店.

脱植民地化とサイコセラピー

ニュージーランド・カウンセラー協会員／ナラティヴ実践協働研究センター
国重浩一

文化というテーマについて，もう少し触れておきたいと思います。たとえ実践者がまったく意図してなかったとしても，心理療法が植民地化的な性質を帯びかねないということについて，私は長い間懸念を抱いてきました。トレーニングを受けた理論を，誰にでも適用できる普遍的なものと捉えてしまうと，相談に来た人たちに，文化的・軍事的な帝国主義に似たような形でその理論を課してしまう危険性が生じてきます。帝国側の人たちも，間違った精神観念や野蛮な社会慣習から人々を「救っている」と思い込んでいるのかもしれません。もちろん，私たち心理療法の実践者がこれとまったく同じ危険性にそのままつながっていると，私は考えているわけではありません。しかし，私たちが相談に来た人たちの知識や価値を尊重することに失敗し，その人たちの機能不全を修正するだけの一方的な介入を行うのであれば，そのとき私たちは，心理学的植民地化に従事しているのです。

（Paré, 2013［邦訳，2021, p.ix]）

本稿において，ともすれば心理療法それ自体が有している，支援を受ける者を植民地化してしまう可能性について検討する。そして，植民地化という概念の大切さと当時に，その概念が示唆する権力の所在について日頃感じていること

とも述べておきたい。植民地化をしてはいけないという禁止命令を提示されるだけになれば，それでは何をしたらいいのかということが述べられないままになってしまう。いったいどのように取り組めるのかについても紙幅が許す限り考察してみたい。

植民地化とは何か

本稿で述べる植民地化とは，一般に知られている植民地化と異なるものではない。大航海時代の頃から西欧各国が競って世界中に繰り出していき，アフリカや南米，そしてアジアの国々を次々と植民地化していったことは誰もが学校で教わったであろう。日本も西欧に遅れまいと，近隣の国々を侵略した。歴史を振り返りながら，酷いことをしたものだという感想を持ったのではないだろうか。心理療法で，このような植民地化が生じてしまう懸念があるというのであれば，穏やかに聞くことはできない。

まず，植民地化とはどのようなことなのか，少し見ておきたい。帝国主義にある国は，より力の弱い国に出向き，武力で制圧するだけではなく，その国の言語，文化，風習，宗教などを押しつけていく。それは，人がどのように生きて死んでいくのかという人生観を変えてしまうことである。それまでその部族が長年培ってきた歴史，文化，価値観を壊してしまうので，そ

の部族の威厳や誇りを傷つけてしまう。

　私が住むニュージーランド（NZ）は，ジェームズ・クック船長によって1768年に「発見」され，その後，交易，捕鯨，宣教を目的として，西欧人が住み始めるようになる。この時にはすでにマオリ人がその土地に住んでいたため，「発見」という言葉はまったくもってふさわしくない。発見は，人類の誰もが知らないものに対して与えられるものである。すると，クック船長が「発見」したという描写それ自体，マオリ人を人類の一部であると見なしていないことになる。つまり，自民族こそが標準であり，考え方の基本であるということを，無意識のうちに想定していることになる。

　マオリ人は，個人が土地を所有するという概念を持たなかったのであるが，NZに来た西欧人たちが自分たちの住む場所を勝手に決め，そこに家を建て，その周りにある農地を含めてフェンスで囲い始めた。そして，その土地の中に入ってくるマオリ人を侵入者として扱った。マオリ人は，ある時期に民族としてキリスト教に改宗している。英語が標準語になったために，ある時期マオリ語を話せる人がかなり少なくなってしまった。近年，NZ政府は，マオリ文化やマオリ語を保護する取り組みを始めているが，一度，失われかかったものを元通りに蘇らせることはまったくもって容易なことでなく，今でもマオリ人は「植民地化」によって被った影響を引きずっている。

　植民地化という概念は，権力を持っている民族が他の民族を支配してしまうという構図で理解されてしまうのであるが，対人支援における植民地化というのは民族の間で起こることだけではない。NZのような移民国家に住んでいると，他の民族に対して，西欧文化で当たり前とされる考え方や価値観を押しつけてしまうことがあちらこちらにあるので，その構図を目のあたりにすることができる。例えば，イスラム教

の伝統的な夫婦関係に対して，西欧文化の夫婦関係の価値観を押しつけることに注意深くあるべきなのは，その経験がなくても想像できるだろう。心理療法における植民地化の懸念は，このような民族間だけのことではない。同じ民族内でも起こることなのである。専門家として，社会文化的に価値を置かれている当たり前とされる考え方を手に，より立場の低いものに対して「植民地化」してしまう可能性がある。

専門家に対する誘惑

　人を支援する職業に就いている私たちの視点から，人に関わるということについて考えてみよう。専門家として私たちが人に関わる時，相手（相談者，クライエント，患者など）は，何らかの問題によって悩まされており，自分自身ではうまく対処できない状況に置かれている。自覚の有無にかかわらず，困っている状況にあると言えるだろう。そのため，専門職として自分自身が学んだ知識や介入方法を使い，その困っている人のために役立てようと試みるのは当然なことである。

　相手には，これまでの人生の中で培った経験，技術などがあるかもしれない。しかしそれは，今の状況において役に立たないのである。そのため，誰か他の人からの助けを必要としている。相手が困っていたとしても支援を拒んでいるのであれば話は違うが，多くの場合，相手が私たちの支援を求めてくるのである。「助けてください」と。相手が私たちのアドバイスや介入を求めている時，それを提供しないのは，相手の期待に応じていないことになるし，専門家として能力がないと見なされてしまう懸念を抱くだろう。

　専門職として，自分たちの経験や技術を相手に提示することが植民地化の一端を担うことになるのだと言われても，戸惑うことになるかもしれない。押し売りをしているのではなく，相

手が求めることを提供しているだけなのに，それのどこが悪いのか，という疑問を持つのは当然のことのように思える。

当然とされるものに合わせるという要請

この点について，私たちが置かれている社会的な状況について理解しておく必要があるだろう。ナラティヴ・セラピーに取り組んでいるジョン・ウィンズレイドとマイケル・ウィリアムズは，フランスの哲学者ミッシェル・フーコーを参考にしつつ，次のように述べる。

> フーコーは，現代では社会支配のために暴力的な弾圧政治はあまり行われず，代わりに「規格化された判断（ノーマライジング・ジャッジメント）」や人々を位置づける正規分布など，もっと洗練されたテクノロジーが用いられることを示した。実際，あらゆる人にとって普通でありたいという願いは，人生を考える上でかなり重要な要素となっている。ここで問題なのは，「これが普通である」という定義それ自体が，特定の人たちを自動的に社会の周辺へ追いやり，周辺的存在というアイデンティティを押し付けることにつながるという点である。こうした周辺化の過程で，人はさまざまな心理的体験をする。その一つが，疎外感である。
> （Winslade & Williams, 2012［邦訳, 2016, p.12]）

この引用から，「専門家」と「その支援を受ける人」という二項対立的な視点で私たちが置かれた状況を見るのではなく，現代社会において，私たちは「普通」「当たり前」「当然」とされるものに「合わせる」ことを強いられており，それから外れていると「異常」「おかしい」「変だ」と感じるように仕向けられている，と気づ

くことができる。

問題に悩まされている人が，それを何とかしてほしいと訴える時，その人は，本当にその人自身が価値を置いているものの見方や考え方を基盤として訴えているのだろうか。それとも，その人自身の中では心底そうは思えていないものの，周りが口をそろえて言うので，その問題を何とかしないといけないと思わされ，「何とかしてほしい」と言ってしまうことはないだろうか。前者の場合もあるだろうが，後者の場合が圧倒的に多いだろう。何より，自分の訴えが，どこからきているのかを自覚できていることはそれほど多くない。

> 単に「あたりまえの考え方」を受容するということは，「その人」を受容しているのではなく，その人にそう思わせている「常識」を受容することになる可能性があるのだ。
> （国重, 2021, p.67）

私たちは，問題解決という取り組みに着手する前に，その問題を吟味し，どのようにありたいのかについて，相手としっかりと話す必要がある。ところが，一般常識的なものの見方で問題解決に着手する時，それは私たちの社会文化に根ざす「当然」「当たり前」に適応させることだけ，つまりは，その価値判断で人を植民地化してしまう一端を担うことになるかもしれないのである。

単一の原因を見出せない

少し話題が変わるが，組織論，組織開発の領域において，私たちが直面する問題を「技術的問題」と「適応課題」に分けて考えることがある。宇田川元一は，『他者と働く』の中で，この分類をリンスキーとハイフェッツから引用し（Linsky & Heifetz, 2002），次のように説明する。

（リンスキーとハイフェッツは）既存の方法で解決できる問題のことを「技術的問題」（technical problem），既存の方法で一方的に解決ができない複雑で困難な問題のことを「適応課題」（adaptive challenge）と定義しました。 （宇田川，2019）

対人支援の領域においても，私たちが直面する問題は実に多様な側面を有する。

一つの事例を想定してみよう。長男が不登校で，次男が発達障害の診断を受け，夫はギャンブル依存とアルコール依存である。妻は，自分の持病に苦しみながらも，なんとかパートを続けている。学校からの要請により，この母親が心理士の元に相談にやってくるという状況があるとする。さて，いったいどのように解決できるだろうか？　解決とは言わないまでも，どのように取り組むことができるだろうか？　この母親は，新しいことに取り組む精神的な余裕もなければ，時間もない状況なのだが，有効だと信じられる介入プランを考えることができるだろうか？

ここで重要なのは，複数の問題があり，それぞれにさまざまな要因があることである。そして，それらが複雑に絡み合っているので，何か一つの原因だけに取り組むわけにはいかない。

このような状況を目の前にして，多くの場合，私たちは途方に暮れる。対人支援の現場で直面するのは，相手の背後に見え隠れするさまざまな要因に対して，単なる傾聴や共感は無論のこと，手持ちの技法やアドバイスではどうにもなりそうにないということなのである。さらに私たちは，すべてのことに対応するだけのリソース（時間や人材）を持ち合わせていない。

このような状況において，もし仮にこの母親が，こちらの下手なアドバイスを聞いてしまったら，今までなんとかやりくりしていたパターンが狂ってしまい，生活が回らなくなってしま

うこともあるだろう。さらに，下手なアドバイスをすることは，これだけの状況を何とかやってきている母親に対して，「でも，それでは十分ではない」と伝えることになり，これまでの取り組みの価値を蔑ろにしてしまうかもしれない。これでは，この母親を少しもエンパワーすることにはならないだろう。

そして，この母親は，自分が歩んできた歴史，経験に価値を見出せなくなり，新しい異文化のものが良いと思い，それに取り組むことに熱心になってしまう。このようにして，この母親は，みずから望んでいるかのような形で，植民地化が進んでしまうのである。

「既存の方法で解決できる問題」はあまり残されていない中で，そして限られたリソースの中で，私たちができることはいったい何なのだろうか？　コラボレイティヴというキーワードで後ほどもう少し検討してみたいが，少しだけ触れるとすれば次のようなことになるのではないか，と筆者は考えている。それは，相手がどれほど問題を抱えていようが，どれほど能力的な偏りがあるように見えようが，相手が自分自身の人生のことを一番よく知り，それを何とかやりくりするノウハウを持っているのだと見なし，その人自身が持っているものをどのように活用できるのかを話し合っていくということである。

「植民地化」という概念に潜む優越性

私たちの心理療法の実践が「植民地化」になってはいけないのだという主張を時おり聞くことがある。このような主張に耳を澄ませていくと，あるニュアンスを汲み取ることができる。そのことについて述べておきたい。

NZで臨床をしていると，日本人である私は，さまざまな位置づけを取ることがある。例えば，

英語を基盤とする白人文化を前にして，私は，植民地化されてしまう対象として語られることがある。つまり，西欧文化で培った専門知識などによって，私の持つ日本の文化や歴史を蔑ろにしてしまうことを懸念しているのだという声を聞く機会があるということである。これは，私の背景にあるものを尊重しようとする姿勢であると理解できる。私の文化的背景に配慮してくれているのだ。

一方で，私は，臨床経験のある男性カウンセラーとして，クライアントの背後にあるものを踏みにじり，植民地化してしまう位置づけを取ることもできる。ここでは，私が学んできたこと，経験してきたことをもって，相手を自分の色に染め上げてしまうように取り組むこともできる。

英語を基盤とする白人がみずからの影響力を自戒し，「植民地化」が生じてしまうことを憂い，そのことに取り組むのは実に大切なことであると心底思える。日本人男性として，自分の位置づけをしっかり見定めて，自分が有する権力をむやみに行使してしまわないように内省していきたい。

さて，英語を基盤とする白人から植民地化姿勢に対する懸念の話を聞く時，ある側面が不在であると感じることが往々にしてある。それは，そのように語る人自身が，植民地化の対象となる可能性を思い描くことがないのではないか，ということである。先ほど述べたように，私はそのように言われるので，自分自身が植民地化の対象となることを思わざるをえない。ところが，他の民族から，そのように言われることはないであろう。

植民地化される可能性があると言われてみると実感できるのであるが，そこに力の格差が示唆されていることを感じ取れる。西洋文化はあまりにも強く影響力があるので，極東の片隅にある文化をいとも簡単に植民地化してしまう可能性がある，だから権力を持つものとして気をつけていたい，というようなニュアンスである。つまり，この植民地化の内省は，「上から目線」の考え方なのである。

まだ実際に伝えたことがないのであるが，「日本の車や電気製品，アニメ，ゲームなどが西欧文化を植民地化してしまうかもしれないので，日本人として気をつけたいんです」と，安易に植民地化のことを話す白人に伝えたいと妄想することがある。その時に，植民地化される立場でこの言葉を聞くとどのように感じるのか，少し分かるのではないかと思うのである。

植民地化という概念が伝える警告，つまり，専門職に就く私たちは，問題に苦しまされている人々を植民地化してしまうことがあるので注意すべきであるというメッセージは，真摯に受け取る必要がある。ところが，その一方で，この概念は，権力の上下関係を示唆してしまっている以上，言われる方は穏やかに聞くことができないかもしれないし，自分には力がないことを痛感させられるかもしれない。

この植民地化という概念に内在する優越性は，他文化や他民族に対して配慮したいのだという姿勢から生じている。私たちの専門家としての地位は，社会文化的に構築され，維持されている以上，力の格差があることは明らかであろう。そして，その力の格差をむやみに行使しないために，力の弱いものを「植民地化」してしまう懸念に十分配慮しながら，相手に接していくことは大切である。しかし，この概念の中に，ここまでに述べたような優越性が含まれているのだということを忘れないようにしておく必要があるだろう。

植民地化によって
完全に支配することはできない

　私たちがもう一つ気づいておくべきことは，ここまで見てきた優越性のことだけではなく，植民地化によって，人を完全に支配することはできないということである。そしてこれは，人を支援する場面において，微かにではあるが希望の光を灯してくれる。このことについても述べておきたい。紙幅の関係上，詳しく論じることはできないが，ナラティヴ・セラピーは，この希望，つまりは「ユニーク・アウトカム」「例外」を積極的に臨床に役立てている（e.g., White & Epston, 1990 ; White, 2007）。

　私の文化的背景に配慮し，西洋で発展してきた心理学的な考え方によって植民地化されるという懸念を表明される時，即座に思うのは，「そんなに簡単に西洋的な考え方一色に染まることはない」ということである。確かに影響は受けるだろう。しかし，私たちが今まで培ってきた伝統や文化がなくなってしまうことはない，と思うのだ。NZ では，インドや中国，中近東，アフリカ，南米から来た人々に出会うが，英語を話すようになり，NZ に根ざしている西欧的な考え方を理解し，実践していくようになる。しかし，それぞれの背景文化をまったく手放すわけではない。

　先ほど述べたマオリ人も，自国を植民地化される事態に陥り，マオリ語を話すことができる人も本当に少なくなってしまったが，それでも，マオリ語でテレビ放送ができるほどマオリ語を話せる人は生き残ったし，マオリ文化も残っている。

　植民地化によって完全に支配することができないという事実は，対人支援の場では，幾重にも重なった困難によって苦しめられている状況に遭遇した時に，微かではあるが希望の光となる。

　苦難に満ちた人生を送ってきた人の話を聞く時，その苦難の大きさに圧倒されることがある。そして，そこまでして生き残ってきたこと，つまりその人の生命力の大きさを実感できる時がある。そのような時，その人は自分に降りかかってきた困難に抵抗してきた，と見なすことができる。

　ナラティヴ・セラピーの文献でよく引用される言葉に次のようなものがある。

　　　力関係が生じるや否や，抵抗の可能性が生
　　　じる。　　　　　　　（Foucault, 1977, p.123）

　この言葉が意味するところは，何かを強いられると，何らかの抵抗が生じるということである。つまり私たちが，近代社会で培ってきた心理学的な知を手に，人に影響を及ぼそうとしても，相手は抵抗するということである。

　これまで見てきたように，心理学的植民地化が生じないように配慮することは大切であろう。ところが，植民地化をしようとした途端，つまり相手を矯正しようとした途端，相手の抵抗に直面するということである。このような類いの抵抗は，相手を治療しよう，考え方や行動を正そうとすることが使命となっている領域で勤務している専門家が直面していることだろう。皮肉なことに，このような領域では，人に対する影響力のなさを実感することになる。

相手の文化を尊重することと，
賛同することの違い

　異文化のことを調べていくと，その文化圏に住んでいる人にはまったく違和感もなく受け入れられているものがあるが，外から見ると受け入れがたいものがある。これは，私たちをむずむずさせ，介入し正したくさせる。

　例えば，NZ 人が日本に行き，日本文化にふれれば，不条理な文化的実践に気づくであろう。

同様に，日本人がNZに来て，NZ文化を見れば，納得できない文化的実践に気づく。文化というものはそのようなものである。どの文化も完全ではなく，これから取り組むべき課題を有している。

人に取り組む時，その人自身が培ってきた経験やものの考え方を全面的に受容することなどできないと思うことは多々ある。暴力や虐待があることもある，偏見に満ちた考え方をしていることもある，自分の利益ばかり考え他者を利用することを考えている場合もある。このような時に，相手の考え方を正したくなる欲求が生じる。しかし，植民地化をしてはいけないということになれば，どうしたらいいのだろうか？

ここで，相手を尊重するということと，相手の行動や考え方に賛同することの違いを区別する必要がある。相手は今までさまざまな困難を抱えながらも何とかやってきて，その人なりに持っている価値観などがある。このことに対して，私たちは尊重することができる。このとき，それに賛同するのではない。

例えば，夫が妻を殴ったとしよう。夫からみたら，それは自分が育ってきた家族では当然のことであり，妻があまり小うるさく言うときには，殴るのは当然のことであると主張したとしよう。

私たち専門家は，この夫に対して介入する必要がある。なぜならば，対人支援に就く専門職に課せられた倫理観は，そのことを良しとせず，そこにできるだけの影響力を行使して，そのような実践を止めるように伝えるからである。

私たちは，このような夫に対して，その夫が経験してきたこと，大切にしていること，価値を置いていることをしっかりと聞き取り，そのことを認証することができる。その上で，人を殴るということについて，何か違いをもたらしたくないかと問いかけることもできるだろう。殴ることを正当化するためにやっきになること

から離れて，どのようになりたいのかと問われれば，みずからの行動を異なるものにしたいという希望が語られることがある。そうなれば，どうやってそこに取り組むことができるのかについて，一緒に話し合うことができる。

当然のことながら，そのような話し合いに応じる状態にない人もいる。その場合には，被害者の保護を優先し，法的な措置に移行する必要があるだろう。それでも，そのような人も法的な処罰を受け，時がたてば，このような話し合いについてくれることもある，と信じたい。どこかの時点で話し合いについてくれる可能性があるのだという信念は，幾重にも積み重なっている問題を前にして，希望を失わないために必要なものである。

コラボレイティヴ（協働）という 方向性

協働という語は，現代における専門的実践を記述する用語のなかでは，良い意味で頭一つ抜けている。［…］

協働的な実践において鍵となるのが，対話である。対話という語からは，二つ以上の声があってそれらが相互にやりとりしているイメージが浮かぶだろう。一方，相談，治療，介入といった用語は，協働の精神を捉えるには不十分である。というのも，これらの用語には一方向的な行為——一人の人がもう一人に何かを施したり，適用したり，何かを行ったりするなど——のイメージがあるからだ。しかし，カウンセリングを有益なものとするためには，それ以上のこと，つまり共に行うというところまで行く必要がある。

(Paré, 2013［邦訳，2021，pp.27-28］)

家族療法の領域で，コラボレイティヴ・セラ

ピーとは，ハーレーン・アンダーソンの提唱する
アプローチに対して用いられてきたが（Anderson,
1997），ここでいう「コラボレイティヴ（協働）」
とは，特定の手法のことではない。コラボレイ
ティヴ（協働）という言葉が示唆する人との関
わり合いのことである。

　心理療法において，専門家が主導的に何かを
するという姿勢と，クライエントの自主性や主体
性に任せるという姿勢のいずれかに重点を置く
という形で，アプローチが検討されがちであっ
た。コラボレイティヴという概念は，そのいず
れかに与するのではなく，両者が共に取り組む
ということに目を向け続ける。

　植民地化に対する懸念は，私たち専門家に実
に重要な気づきを与えてくれる一方で，それでは
どのように取り組んだらいいのか，ということ
までは提供してくれない。私たちが何をするの
かということについては，このコラボレイティ
ヴ（協働）という概念が必要になるであろう（こ
の内容について十分に知りたいのであれば，本稿で
何度も引用した『協働するカウンセリングと心理療
法』（Paré, 2013）を参考にしていただきたい。『多
重困難を抱えた家族に対するコラボレイティヴ・セ
ラピー』（Madsen, 2007）も将来翻訳して，日本の
読者に届けたいと思っている）。

　心理療法が文化的な実践であるということ，
その文化的な側面について私たちが気づいてい
く努力をする必要があることに大いに共感して
いる。本企画をしてくれた森岡正芳さんと東畑
開人さんに感謝の意を伝えて本稿を締めくくる。

◉文献

Anderson H (1997) Conversation, Language, and Possibilities : A Postmodern Approach to Therapy. Basic Books.（野村直樹，青木義子，吉川悟 訳（2019）新装版 会話・言語・そして可能性——コラボレイティヴとは？ セラピーとは？．金剛出版）

Foucault M (1977) Truth and power. In : C Gordon (Ed & Trans) Power/Knowledge : Selected Interviews and Other Writings 1972-1977. Vintage, pp.109133.

国重浩一（2021）もう一度カウンセリング入門——心理臨床の「あたりまえ」を再考する．日本評論社．

Linsky M & Heifetz RA (2002) Leadership on the Line : Staying Alive through the Dangers of Leading. Harvard Business Review Press.（野津智子 訳（2018）新訳 最前線のリーダーシップ——何が生死を分けるのか．英治出版）

Madsen W (2007) Collaborative Therapy with Multi-Stressed Families. Second Edition. Guilford Press.

Paré D (2013) The Practice of Collaborative Counseling and Psychotherapy : Developing Skills in Culturally Mindful Helping. Sage Publishing.（能智正博，綾城初穂 監訳（2021）協働するカウンセリングと心理療法——文化とナラティヴをめぐる臨床実践テキスト．新曜社）

宇田川元一（2019）他者と働く——「わかりあえなさ」から始める組織論．NewsPicks パブリッシング．

White M (2007) Maps of Narrative Practice. W.W. Norton.（小森康永，奥野光 訳（2009）ナラティヴ実践地図．金剛出版）

White M & Epston D (1990) Narrative Means to Therapeutic Ends. W.W. Norton.（小森康永 訳（2017）物語としての家族［新訳版］．金剛出版）

Winslade J & Williams M (2012) Safe and Peaceful Schools : Addressing Conflict and Eliminating Violence. Corwin.（綾城初穂 訳（2016）いじめ・暴力に向き合う学校づくり——対立を修復し，学びに変えるナラティヴ・アプローチ．新曜社）

フェミニズムと臨床心理学

原宿カウンセリングセンター
信田さよ子

はじめに

イズムとは主義・主張のことを指す。一種の全体主義的で硬直化したイメージとともに用いられているが，60年代から学生たちに多大な影響を与えたマルキシズムに比べると，フェミニズムは今でもイズムの輝きを失っていない。それどころかこの5年ほどはフェミニズムという言葉がSNSを通して多くの若い人（女性）たちに改めて共有されつつある気がする。しかし心理学や臨床心理学の領域では，イズムへの警戒感は強い。特に心理系学会においては，村本邦子（2000）も指摘するようにフェミニズムという言葉は強く忌避されてきたのではないだろうか。

臨床心理学の研究および実践とフェミニズムはどのような関係をつくってきたのか。本稿では河野貴代美の『フェミニスト・カウンセリング』（河野，1991）を参照しながら，フェミニズムと臨床心理学との関連について歴史的にひも解き，筆者自身の臨床におけるフェミニズムとのかかわりについて述べたいと思う。

フェミニスト・カウンセリングの誕生

河野はソーシャルワーカーとしてスタートし，アメリカに留学しシナノン（薬物依存症者の治療共同体）などでの実習経験を経て，1980年に日本最初のフェミニスト・カウンセリング機関である「フェミニストセラピィなかま」をスタートさせている。そこではアメリカの第2波フェミニズムの影響が大きかった。1963年にベティー・フリーダンの著書『フェミニン・ミスティーク』（Friedan, 1963）がベストセラーになったのが，第2波フェミニズムの嚆矢となったと言われる。日本でも1965年に邦題『新しい女性の創造』として出版されている。フリーダンは心理学専攻であり，エリク・エリクソンの指導を受けた経歴をもつ。またフロイトの精神分析に対して批判的だったこともよく知られている。フェミニストセラピーという呼称を誰が最初に使ったのは不明だが，1971年にはこの言葉を用いた論文がいくつか書かれていたという（河野，1991, p.16）。河野は日本に導入する際に，セラピーという欧米の一般的な呼称を用いたが，のちにカウンセリングという言葉も使うようになった。その理由として，日本ではセラピーという言葉が治療と混同されがちだが，フェミニスト・カウンセリングは生き方を扱うためだと述べている。

フェミニスト・カウンセリングの柱ともいうべき活動がCR（Consciousness Raising）である。これは60年代末にラディカルなウーマンリブの活動グループ「レッド・ストッキング」から始まった。フロイトの精神分析理論を援用しつつ，当時の中国で起きていた文化大革命での話し合

いの技術なども影響していたと言われる。CR は 10 名程度の参加者が「平場」で話し合うことを中心とする。そこにはリーダーも専門家もいない。1960 年代のアメリカで誕生したこの流れは，アメリカの，そして日本の精神医学・臨床心理学へと受け継がれる「専門家主義を問う運動」とも言えよう。

河野は 80 年代の日本臨床心理学会の活動にも共感を示している（河野，1991，p.80）。1965 年から始まったベトナム戦争は，現在のロシアによるウクライナ侵攻に対する抗議と同じく，先進国の若者を中心とした反戦運動や学生運動の高まりを生んだ。そのことと第 2 波フェミニズムの広がりはつながっていることも強調しておきたい。

近親姦への取り組みと 過誤記憶論争

河野（1991）はフェミニスト・カウンセリングの活動を 2 つに分けて，1970 年から 1980 年を抑圧からの解放（第 1 期），1980 年以降を虐待からの回復（第 2 期）としている。本著の書かれた時期（1990 年代）を考えると，この分類はアメリカや日本の実情とも重なり興味深い。女性個人の抑圧からの解放は，フェミニスト・カウンセリングのスローガンでもある "The Personal is Political"（個人的なことは政治的である）を意味する。これにより，個人化や病理化ではなく，社会構造におけるさまざまな被害女性への援助も射程に入ってきたのである。

第 2 期である 80 年代のアメリカで起きていたのは，75 年のベトナム戦争終結後の厳しい財政状況と，アルコール・薬物問題の深刻化，家族における暴力問題の表面化などである。AC（アダルト・チルドレン）や共依存といった言葉が誕生し，心理学の大衆化も生まれた。そんななかで記憶回復療法などによって性虐待を想起し，親

を法廷で訴える事例が多発した。加害者とされた親たちはその記憶を誤り（偽り）として 1992 年に過誤記憶症候群財団をつくり，セラピストたちを逆に訴え，オフィスにデモをかけるといった行動に出た。結果的に裁判所はセラピストたちに賠償を求めた。この件は一種のバックラッシュと言えるものだが，フェミニストたちの間にも，反省が生まれた。一連の出来事は「個人的なことは政治的である」を逆に証明したともいえる。

ちなみに，2003 年に『論座』という朝日新聞社刊の総合論談誌（現在は廃刊）で，筆者が矢幡洋の『危ない精神分析——マインドハッカーたちの詐術』（矢幡，2003）への反論（信田，2003）を書き，それに対する矢幡からの反論（矢幡，2004）が掲載されるという「ミニ過誤記憶論争」ともいうべき動きがあったことを述べておく。筆者の主張の要点は，日本ではまだ精神科医や臨床心理士も性虐待や近親姦被害に注目していないのに，アメリカからバックラッシュだけを輸入する意味はどこにあるのか，という疑問にあった。20 年近く前の出来事だが，被害者の記憶を偽（フォールス）とするとらえ方は日本社会に根強いことは今でも変わらない。

家族の暴力に対する フェミニストたちの先駆的役割

1980 年代は，アルコール依存症をはじめとするアディクションの援助者たちが家族への介入を積極的に行うようになった時期である。筆者が 1985 年から 10 年間勤務した民間相談機関はソーシャルワーカーを中心とし，依存症家族への初期介入を行うことを主たる目的にしていた。医療機関ではなく，保健所や福祉事務所などの地域精神保健のネットワークのなかで見えてくる依存症の家族は，まさに暴力に満ちた世界だった。このことは現在に至るまで筆者にとっ

て大きな影響を与えている。女性の依存症者たちのグループカウンセリングを担当しながら，彼女たちの原家族や現家族におけるさまざまな被害の語りに直面させられたのである。当時の実質的スーパーバイザーだった精神科医の斎藤学は，フェミニストたちとも積極的に交流しており（斎藤・波田，1986），アメリカのバタード・ウーマンに関する論文や性虐待・ACに関する情報などにいち早く触れることができたのは幸いだった。また臨床家ではないが女性の心理学者による，いくつもの著書も出版された（しま，1985；小倉，1988）。

アディクション臨床を通して多くの被害者やクライエントを支援するために草の根的な女性被害者支援のメンバーとつながり，シェルター設置に協力した。「女性の家HELP」や「AWS（Abused Women Support）」とのつながりはその後も大きな役割を果たした。

家族の問題に重点を置く

1995年に筆者は開業（私設）心理相談機関（以下，センターとする）を立ち上げた。このことがフェミニズムとの関係を大きく規定することになった。それからの10年間は，国家資格ではない臨床心理士として，名もないカウンセリング機関として，精神科クリニックとの差異化を図ることがすべての急務だった。患者ではなくクライエント，治療ではなく相談援助といった言葉の弁別使用についても細心の注意を払う必要があった。アディクションアプローチを定式化したり，依存症について非医療モデルの立場から詳述するという執筆活動を通して，次第にターゲットは家族問題へと絞られていった。偶然の一致だが，1995年にはDV（ドメスティック・バイオレンス）という言葉が日本で使用されるようになった。精神科クリニックでは，当時ACを病理化することでデイケアを中心とした外来精

神科医療の対象として取り込む動きも見られた。私たちがセンターを維持継続するためには，医療の対象領域とバッティングしないように，間口を別方向に極力広げる必要もあった。これらの要請からセンターは家族問題一般を扱うこと，プライマリーケア的にどのような困りごとにも対処できることを打ち出していった。そのためにはフェミニズムという言葉の使用を制限した。

このように一部制限し，来談者への間口を広げることは，2022年現在かなり成功したのではないだろうかと思う。あえてフェミニストと名乗らなくても，親子・夫婦関係を対象とした臨床活動の内実そのものが，他のどの相談機関よりもフェミニスト的であることを心掛けてきたと言ってもいい。

女性学と家族と暴力

その頃，フェミニズムとのもうひとつの出会いが生まれた。女性学を学ぶ機会が与えられ，カウンセリング業務の傍ら，大学院のゼミに参加することになった。そこで得られたものは，日本の家族も含んだ近代家族の歴史的背景の知識であった。とりわけ近代国家と近代家族，そこにおける家父長制の諸問題を学ぶことで，それまでのさまざまな臨床経験が構造的歴史的に把握できるようになった。目の前のクライエントの語る言葉，親から，夫から受けてきた被害としか言いようのない経験が，歴史の流れのなかに位置づけられたのである。

家族という制度のなかで生じる権力，そして権力そのものの発生をたどることは，心理学や臨床心理学よりもはるかにスリリングでグローバルであり，リアルでもあった。それを取り込んだフェミニスト心理学を構築するという方向性もあったが，筆者は心理という言葉を不要とする援助学を実践するほうにはるかに強く牽引されたのである。当時は開業カウンセリング機

関を運営することが至上命題だったからである。そこでは心理という言葉はほとんど必要ないと感じられたのだ（上野・信田，2004）。

ACを家族における権力関係から読み解き，親の加害性と子の被害性という視点を投入した背景には，女性学で学んだことが大きく影響している。それと並行して，筆者はDV被害女性のグループカウンセリングを開始し，さらには内閣府の調査・研究班の一員としてDV加害者プログラムにかかわる機会を得た。

ヒューマニズムの要請にしたがう児童虐待防止とフェミニズム的視点に立つDV防止とを同時に扱うことが，日々のカウンセリングでは求められる。そのときほどフェミニズムが試されることはない。ACの問題，母と娘の問題を対象とするときほどフェミニズム的視点が必要なことはない。しばしば対男性の問題だけがフェミニズムと誤解されているがそうではない。ソフトな家父長制という視点で日本の家族をとらえること，そこでの権力関係を読み解くことがフェミニズムの要なのだ。

哲学者ミシェル・フーコーやピエール・ブルデューなどに触れると，権力という視点がどれほど一個人を見つめる際に重要かを思い知らされる。力動的な世界は，今も世界で現実に生起しているのだ。個人が押しつぶされないために「こころ」「内的世界」を守ることは何より重要だが，それすらも奪われた人たちが多いこと，その人たちも臨床心理学の対象にしていく必要があること，身体の安全とこころの安全は分離できないことを痛感している。

おわりに
──イズムを超え続ける

数の上では他の学会より学会員を構成する女性の比率が多いのが日本心理臨床学会であり，日本臨床心理士会の会長はこのところ女性が選

ばれている。にもかかわらずフェミニズムが忌避されるのはなぜなのか。そこにはイズムという言葉への抵抗感があるのではないか。個人的経験になるが，60年代末の学生運動・全共闘運動の渦中を経験した筆者は，70年代半ばにそれらの運動が凄惨な経過をたどったことの記憶がぬぐえない。「イズム」は危険であるという感覚は，日本心理臨床学会が誕生した当時の理事の方たちと共通しているのではないかと推察する。ある方向性を持った運動（ムーブメント）とイズムが合体することへのブレーキ感とも言えるかもしれない。

DVや性虐待や性暴力の被害女性とのカウンセリングで，いつも脳裏に浮かぶのは，「フェミニズムは弱者の思想である」という言葉である。今やインターセクショナリティという言葉，セクシュアルマイノリティの問題，アウティング，トランスジェンダー差別・排除，ブラック・ライブズ・マターといった言葉が飛び交っている。その一方で，世界各地では宗教差別や民族による排斥・弾圧も生じている。またSDGsという言葉は，企業や組織体が存立するためのパスポートであるかのように，あらゆる機会に連呼される官製のスローガンと化している。

世界中で生起するあらゆる差別や暴力を視座に入れようとするなかで，女性差別だけを言い立てるのがフェミニズムだと矮小化されることの危険性を自覚しなければならない。ジェンダー平等指数において先進国中最悪の現状や，虐待・DV防止法が今一歩加害者処罰に踏み込めない根幹にあるのが，明治憲法から受け継がれてきた「法は家庭に入らず」の精神であることももっと知られるべきだろう。

フェミニズムは，あらゆる差別のなかでもっとも根源的な差別──性別二分法にもとづく女性差別──に立脚した思想であり，力関係における弱者の立場である女性について女性が研究する当事者学の先駆けでもある。このようにと

らえることで，日本でやっと表面化しつつある
セクハラや性暴力の実態から，アジアでアフリ
カで起きている民族差別の問題までをも視野に
入れることが可能になる。そのような弱者の思
想としてフェミニズムをとらえれば，権力や暴
力がなくならない限り，イズムを超える思想とし
てのフェミニズムの意味はなくならないと思う。

◉文献
Friedan B (1963) The Feminine Mystique. W.W. Norton.
　（三浦冨美子 訳 (2004) 新しい女性の創造. 大和書房）
河野貴代美 (1991) フェミニスト・カウンセリング. 新
　水社.
村本邦子 (2000) 日本におけるフェミニスト心理学の歴
　史と展望. 女性ライフサイクル研究 10 ; 28-35.

信田さよ子 (2003) 記憶をどうとらえるか——『危ない
　精神分析』を読んで. 論座 103 ; 198-205.
小倉千加子 (1988) セックス神話解体新書——性現象の
　深層を衝く. 学陽書房.
斎藤学, 波田あい子 編 (1986) 女らしさの病——臨床精
　神医学と女性論. 誠信書房.
しまようこ (1985) フェミニストサイコロジー——女性
　学的心理学批判. 垣内出版.
上野千鶴子, 信田さよ子 (2004) 結婚帝国——女の岐れ
　道. 講談社 (再版：結婚帝国. 河出書房新社 [河出文
　庫] (2011)).
矢幡洋 (2003) 危ない精神分析——マインドハッカーた
　ちの詐術. 亜紀書房.
矢幡洋 (2004) フェミニストも一緒に神輿を担いだので
　はなかったか——信田さよ子氏「記憶をどうとらえる
　か」に反論する. 論座 105 ; 236-243.

臨床家であることを問う
精神分析の倫理的転回

甲南大学文学部
富樫公一

何があなたを臨床家になろうとさせたのだろうか。

読者のなかには「苦しんでいる人を助けたかったから」という人もいるだろう。「心理学や医学を学んでいるうちに興味を持った」という人もいるだろう。「自分には心の病を治す力があると思った」と考える人もいるだろう。「社会的不公正に立ち向かいたかった」という人もいるだろう。「他にやりたいことがなかった」という人もいるかもしれない。そしておそらく、最も率直でよくある答えは、「自分が傷ついていたから」「自分が苦しかったから」「自分のこころが手に負えなかったから」というものだろう。

私たちが苦しんでいる。私たちが悩んでいる。私たちが傷ついている——臨床心理学や精神医学を志す学生たちに尋ねると容易に出てくるこの声は、経験を積んだ臨床家からは聞かれないように見えても、彼らにとっても原点である。私たちは、自分の人生の多くを決める心がいかに脆弱で、摑みどころがなく、頼りないものであるかをよく知っている。

傷ついた者はやがて、臨床心理学や精神医学、各種心理療法に出会い、それに呼び掛けられる——「こんな理論や考え方がある。あなたはどうだろうか？」と。私たちは、摑みどころのない自分の心を捉えてくれるかもしれない理論があることを知る。そのとき私たちの原点であったあの声——私たちが苦しんでいる。私た

ちが悩んでいる。私たちが傷ついている——は、自分を照らす理論があることを知って歓喜するかもしれない。私たちは、それを用いて自分の心を描きだしてみるだろう——なるほど、自分の心が見えるようだ——私たちは、理論を学べば学ぶほど、そのメカニズムを捉えられるのではないかと期待する。では、そこで描いた自分の心は、初めからそこにあったものだろうか。違う理論に出会ったら、私たちは異なった形で自分の心を描いたかもしれない。そうした理論がなかった中世に生まれていたら、私たちはどのように自分の心を描いていただろうか。

心を描く理論があることを知った者はやがて、それを深く学ぶことを志し、臨床家になるための訓練を受け、現場に立つ。そこで私たちは、もう一人の傷ついた者に会う。それは、私たちの患者である。そのとき私たちの原点のあの声は、どこにあるだろうか。おそらく、多くの臨床家はその声とともに仕事をする。私たちは、その声を忘れることはあっても、失うことはないだろう。私たちが真剣に仕事に携わるならば、その声は専門性への迷いと力量への不安と混ざり合うだろう——うまくできない。患者がわからない。どうも患者が良くならない。立派な先生たちと同じように患者に向き合えない。患者に苛立ってしまう——そして、こう思うかもしれない。自分はこの仕事に向いてないのではないか。

専門性に迷う者はそこで，さらに学ぼうとするだろう。研修会や勉強会では，自分が目指す力をすでに獲得したように見える先輩に出会い，自分と同じように悩む同僚を見つけるかもしれない。そうした「闇のなかの同胞」（Stolorow, 2007）は，私たちを専門家のコミュニティにいざない，私たちに専門家としてのアイデンティティを与えてくれるかもしれない。やがて，ある程度まとまった考えが自分のなかにできあがり，時間の経過とともに患者が良くなっていく姿を目撃できるようになると，私たちは患者やその治療的作業を随分わかるようになり，自分には患者をよくする力がついてきたと感じる瞬間が何度か訪れるようになる。なかには，自分は正確に患者を理解し，確実に患者を治療できると思う者も出てくるかもしれない。そのとき，原点にあったあの声は，どこにあるのだろうか。私の答えはこうである——それでも，その声はなくならない。患者や理論を学べば学ぶほど，自分の本来の苦しみが思いだされるからだ。患者のトラウマの語りに応じて，自分のトラウマの語りがそこに生まれるからだ（富樫，2019）。

臨床家は苦悩する。私たちは，もともと苦悩していたし，傷ついていた。この仕事をすればするほど，ますます苦悩する。自分の力のなさや臨床の不確かさ，生きることの難しさに改めて驚く。さらに私たちは，そうした苦悩に正直に向き合えないことに苦悩し，そこから逃れようと権威にすがる自分に苦悩する。私たちは語り合う——こんな患者に困っている。自分の生き方に困っている。自分はうまく治療ができない。自分はどうすればよいのだろう——それに対して，わかったような顔で回答をする権威者もまた，自分が困っていることを知っている。

私は，倫理的転回をテーマにいくつかの論考を世に送り出してきた（Togashi, 2020；富樫，2016, 2018, 2021a）。精神分析の倫理的転回は，苦悩する者に対する責任＝応答可能性（responsi-bility）の追求から始まった（Orange, 2014）。このムーヴメントが患者の心のメカニズムの解明ではなく，患者に向き合う私たちの姿勢や態度の探究へと向かうのは，そのためである。本稿では，苦悩する臨床家への応答可能性について論じてみたい。

倫理的転回

精神分析の倫理的転回は，倫理を第一のものとして，臨床家の人としての生き方，あるいは，専門家としてのあり方を問うものである。Goodman & Severson（2016）はそれを「第一の心理学（The First Psychology）」と呼ぶ。それは，臨床心理学や精神分析を学んだあとに，そこから倫理を考えるといったものではない。私たちが臨床心理学や精神分析を学ぶなかで出会う倫理綱領や臨床倫理は，臨床心理学や精神分析をまず身につけた私たちがいて，その**専門性のための倫理**を提供するものである。私はその重要性を否定しないが，それが専門性を前提とする点で非倫理的な側面を内包していることも強調したい。まず倫理があり，私たちがどのように患者に出会うのかを考えたのちに臨床の仕事に携わろうとすると，私たちは専門性を身につけた自分を超えることを求められる。倫理綱領や従来の臨床倫理と，倫理的転回の大きな違いはここにある。

倫理を第一に考える臨床家は，専門家として臨床的な手続きを進めるために，倫理綱領の注意事項を思い浮かべるわけではない。倫理を第一に考える臨床家は，苦悩する人に呼び掛けられることに開かれる。そこで私たちは，彼らに応答する。そのなかでは，自分もまた苦悩する人であることを呼び覚まされるだろう。それは，虐待を受けた患者に自らが専門とする臨床技法を提供しようとして，患者の状態に配慮するようなものではない。それは，専門性を第一に考

える姿勢である。虐待を受けた患者に呼び掛けられると，私たちはその声に応答してしまう。それを無視することは暴力である。そこで私たちは，自分もまた虐待を受ける可能性を持った存在であったことを自覚する。それは，患者の苦悩を自分の苦悩として引き受ける姿勢である。

最近私は，臨床家が「当事者性(being a Player-witness)」に自覚的になることの重要性を述べてきた（Togashi, 2020；富樫，2021a）。私が述べる当事者とは，トラウマの体験者本人のことではない。当事者性とは，私たちが彼らになり替わることや，彼らの体験に共感的にかかわることを意味するものではない。それは，私たちが目の前の患者でなかったのはただの偶然によるもので，別の世界では，自分がその患者であったかもしれないことを自覚することである。私が虐待を受けた者でなかったのは，私が必然的に世の中に守られる存在であったからではない。私がレイプされた者でなかったのは，私が特別に注意深かったからではない。それはただの偶然である。別の世界では，隣人は私であったかもしれない。

臨床家にとってその自覚が重要なのは，それを失った治療者は，自らが組み込まれた専門家のコミュニティが正しいと考える方法で患者を対象化し，その苦悩を分類し，社会が求める健康さに変えていこうとするからである。それのどこが悪いのか。それで良いではないか──という声が聞こえてきそうだ。しかしそう考える者は，すでに専門性を第一に考える文化に組み込まれている。患者もまたその文化に組み込まれることで幸福になるならば，それもよいのかもしれない。しかし専門的に規定された健康さがその患者に幸福をもたらすと，誰が確証を持って言えるのだろうか。もしそれが間違っていれば，私たちは患者を統制するか，さもなければ，患者をもともとの苦悩のなかに独り取り残すだけである──「それはあなたの苦しみで

しょう。私が苦しんでいるわけではない」と。

倫理を第一として患者に会い，患者の苦悩が自分のものだった可能性に自覚的な臨床家は，患者に応答するために専門知識を利用することはあるが，専門知識を使うために応答するわけではない。そのような臨床家は，患者をこの世の苦悩のなかに独り取り残すことができない。私たちが臨床的に出会う患者の苦悩は，本来的に治すことができないものも少なくない。虐待，戦争，災害，信頼した人の裏切り，差別，マイノリティとしての生きづらさなど──挙げればキリがないこうした苦悩は，この世で生きる上で誰もが背負う可能性があったものである。ここから，人は自分の姿を描きはじめ，多かれ少なかれその体験とともに生きる。トラウマは，世界がそこから生まれ，そこに還元されるゼロのポイントである。トラウマが人の世を壊すのではなく，トラウマが人の世を作る（Togashi, 2020, 2022）。当事者性に自覚的な治療者は，その点においてのみ，患者と自分が結びついていることを知っている。彼らは，そこで世界を共有することでしか，患者への応答や，患者の苦悩への専門的作業が生まれないことを知っている（Togashi, 2022）。

精神分析の倫理的転回は，臨床家の各種理論の学び方や使い方，患者を理解し治療しようとする態度，健康さに対する価値観，そして，臨床コミュニティに臨床家が組み込まれる形を再考する。具体的にはそれは，(1) 精神分析の理論モデルの再考 (Orange, 2011；Drozek, 2018)，(2) 臨床家の加害性と植民地化の欲望の考察 (Orange, 2015；Togashi, 2020；富樫，2021a)，そして (3) 教育訓練システムの再考 (富樫，2021b)，といったテーマとして論じられる。

精神分析の理論モデルを再考するのは，その理論の妥当性や正しさを考えるためではない。それは，転移，抵抗，解釈，共感，病理，発達といった精神分析の概念モデルがどのように作ら

れ，私たちがそれに対してどのようにかかわり，それを使用しているのかを知るためである。臨床家の加害性と植民地化の欲望を考えるのは，私たちが専門的技法を使う際の注意事項を知るためではない。それは，私たちが精神分析理論とコミュニティにどれだけプライドを持ち，それを正しいと考え，知らず知らずのうちにそれを患者に適用しているかを知るためである。そして，教育訓練システムを再考するのは，臨床家をより洗練された，適切な専門家に導く方法を考えるためではない。私たちが教育や訓練システムのなかでどのように専門家としての主体を築き，専門性を第一に考えるようになるのかを知るためである。

　私はこうした倫理的転回の議論を各所で行ってきた。今私は，それを振り返らなければならない。私の行ってきた倫理的転回の議論はいずれも，臨床家に対して「あなたは患者の苦悩に応えることができているのか」と問うものだったからである。多くの場合，私の答えは，臨床家は権威主義に陥りやすく，患者を傷つける存在であり，自らの加害性に無自覚で，知らず知らずのうちに患者を植民地化していることを知らなければならない，というものだった。しかし，私は臨床家の苦悩に応答することができていたのだろうか。

倫理的転回が描く治療者

　倫理的転回の議論のなかで私が描いた治療者は，権威者であり，植民者であり，マジョリティであり，加害者だった。権威者であるというのは，正しい心のあり方を知り，患者を専門的正しさから理解しようとする者という意味である。植民者というのは，劣った患者を啓蒙し，自らが正しいと信じる文化を植え付けようとする者という意味である。マジョリティであるというのは，自らをその文化を代表する人だと信

じ，患者を文化の端に位置づけ，差別する者という意味である。そして，加害者であるというのは，正しい知識と進んだ文化によって，マイノリティを力によって変えてしまおうとする者という意味である。

　私はここで，自分の議論が間違っていたと述べるつもりはない。臨床家が，権威者，植民者，マジョリティ，加害者になりやすいという主張は変わらない。私はまた，これまでも臨床家自身も苦悩する者であり，自らの本来的な脆弱さにおびえる存在であると主張してきた。それは，臨床家が権威者，植民者，マジョリティとして自らを位置づけ，自分の加害性に無自覚になるのは，その脆弱性（fragility）と可傷性（vulnerability）を否認しようとするからだという議論によってである。そして私は，臨床家が患者に応答することができるのは，否認することなくそれに向き合うときだと述べてきた（富樫，2021a）。その主張も変わらない。問題は，こうした議論に対する私の姿勢である。それは私が，臨床家もまた――権威者になっている場合であっても――苦悩し，応答を求める者であることに応答できていなかったかもしれない，と思うからである。

　倫理的転回の議論において，臨床家が権威者，植民者，マジョリティ，加害者として描かれやすいのは，臨床的関係が非対称だからである。倫理的転回が前提とする倫理は，応答の倫理である。Orange（2014）は，その起源を，倫理的次元に引き伸ばされたLévinasの絶対的他者の議論に求める。あるいは，私たちはこれを，Gilligan（1982/1986）のケアの倫理に求めることもできるだろう。それは，「ケアの倫理が目指す理想は……応答（response）することができること（responsibility），すなわち責任を担うこと」（品川，2007，pp.265-266）にあるからである。臨床家はそこで，「私」を認識する前に，傷ついた患者の訴えに応えることができるのか，と問われるわけである。しかし，臨床心理学や精神分析

を第一に考えるように訓練された臨床家にとって，私を超えてそうした訴えに応答することは簡単ではない。それは，そうした訴えが，自分の脆弱性やうつろいやすさの自覚を迫り，生きることの苦悩を引き受けることを求めるからである。

しかし，改めてここで問うてみよう。このような私の議論は，私の置かれている状況性のなかでこそ行われてきたものではないか，と。最近出版した書籍のなかで「これは私の反省である」と述べたように，私は自分の臨床を振り返り，自分が考え続けてきたことを記述してきた。それは，私が出会ってきた患者の声に応える作業でもあり，自分の脆弱性に応える作業でもあった。しかし私は，それなりの臨床経験を持ち，米国で訓練を受け，論文や書籍を通して自らの声を世の中に訴えることができる立場にある。社会的に見れば，私は十分に権威者である。その私が，「臨床家のあなたは，患者の声に応えずに，権威者，植民者，マジョリティ，加害者になっていないか」と問いかけることは，それ自体が倫理的でないかもしれない。それは，私が臨床家の苦悩に応答していないというだけでなく，臨床家をますます権威者，植民者，マジョリティ，加害者にすることに加担しているかもしれないからである。苦悩する者に対して，あなたは自分の脆弱性に目を向けられておらず，それを自覚しなければならないと迫ることは，権威的な精神分析家の態度そのものではないかということである。臨床実践をする者に対して，あなたはまだまだ倫理的ではないと迫ることは，私が信じる価値観によって，彼らを植民地化しようとする作業ではないかということである。私の考えに賛同した読者に対しては，Foucault（1975）の言説を用いるならば，無自覚なまま私の記述に内包された権力は，彼らが自分の態度や考えを規律的権力のもとで管理されうるものとして，自己服従するように働

くのではないか，ということである。

私は，「読者との対話」と言いながら，自分を超えて，臨床家である読者の苦悩に応答することができていなかったかもしれない。私は，臨床家である読者の苦悩を，自分の苦悩として引き受けることができていなかったかもしれない。

臨床家の苦悩

臨床家は苦悩する。それは，臨床家もまた脆弱な存在だからだ。私たちは臨床心理学や精神分析の知識を正しいものと信じ，それを用いて患者や人を理解することしかできないし，そのコミュニティのなかでしか生きることができない。私たちは，コミュニティの権威を頼りにし，そこで承認されることを求めてしまうし，患者を精神分析的に理解する方法を論じ合うことしかできない。しかしそのコミュニティは，私たちにとって脅威でもある。コミュニティのなかで「あなたはわかっていない」「あなたは未熟だ」「あなたの理解はおかしい」と言われ，そこで生きることを否定され，コミュニティの外に独り取り残されたように感じたことは，誰にでも経験があるのではないだろうか。

私たちはまた，「自分は患者をわかっていない」とたびたび失望する。患者をからかうようなことを同僚と語り合ってしまった自分の罪深さに落ち込む。それでも，私たちはそれをやめることができない。普通に善良な臨床家ならば，自分の臨床実践が本当に正しいのかについて，確実なことは何も言えないことを認めるだろう。そしていつも，私たちは「やっぱりうまく治療できない。もっとうまくなりたい」と思う。私たちは，同僚との対話において，スーパーヴァイジーとの議論において，そんな声をいくらでも聞くことができる。

そして私たちは，自分の精神分析や臨床心理学ではうまく対処できない患者に対して，厄介

な患者だと思う。あるいは，そんな患者は自分のスタイルには合わないのだと考える。私たちは，患者が自分の考える心理的健康さを獲得することを患者の幸せだと考えてしまうし，そのように導くのがより良い臨床家だと考えてしまうだろう。その割に，私たちは自分が患者に与える影響については無自覚で，自分のせいで患者が悪くなったとは思わない。そして私たちは，「やっぱり患者は良くならない。患者がもっと素直ならばいいのに」と思う。

　私は，臨床家が患者に向き合うときに，そのような態度でいることが善いこととは思わない。一方で私は，それは臨床家が正直に悩む姿だとも思う。それは，自分の脆弱性に正直に向き合うなかで生まれる態度かもしれないからだ。臨床家のそうした苦悩に素直に耳を傾けるならば，それは私の苦悩そのものである。それは，そこから永遠に抜け出すことができないまま，それでも仕事を続けていくしかない自分の悲しさとして，私が引き受けざるをえない声だろう。私はそれを，「私たちはそのようにしかできないのだよね」と言いながら，この仕事をしていく同僚と語らい，自らの罪を感じ，恥を覚えながら仕事を続けていくことしかできない。

　誤解しないでいただきたいのは，私がここで臨床家に甘くあろうとしているわけではないことである。臨床家は苦悩する患者に出会うとき，彼らの苦悩を自分のそれとして引き受ける上で，自分を超える厳しさを持たなければならない，という私の主張は変わらない。しかし，私が権威や権力によってそれを臨床家に求めるならば，それは臨床家が患者に加害的であるときの姿と同じである。それは，精神分析や臨床心理学といった専門性によって自分を権威化することと同じである。臨床家の声に応答できないとき，臨床家はその背景にある苦悩と脆弱性を否認し，患者に対して加害的になるだろう。

　私が本稿でこうした議論をするのは，臨床家もまた苦悩する存在であると認めることこそが，臨床家として患者に向き合う上での倫理的転回の作業だと思うからだ。本稿の冒頭を臨床家が経験を積むごとに感じる体験の記述から始めたのは，そうした理由からである。あの記述は，よくある臨床家の専門家として発達段階とは全く主旨の違うものである。臨床家の発達段階説の多くは，専門性を第一に考えたものである。私の記述は，倫理を第一に考えたものである。

　私たちは，自分の原点が自分の脆弱性や可傷性であることを知るからこそ，さまざまな学習をする。私たちは私たちが出会う患者が，同じ脆弱性と可傷性に苦しむからこそ，それに応じようと訓練を進める。そのために学んだことが，私たちを権威者，植民者，マジョリティ，加害者にすることがあるかもしれない。それもまた私たちの苦悩になる。一方で私たちは，自分の原点が自分の脆弱性や可傷性にあることを知るからこそ，患者の呼びかけに対して，彼らの苦悩を自分の苦悩として引き受ける瞬間に身をゆだねることができる。もちろんそれは，いつでも可能なわけではない。ほとんどの場合，私たちはそれに成功しないかもしれない。私たちは常に，権威者，植民者，マジョリティになる誘惑にさらされているからだ。

　私たち臨床家は，患者の苦悩を自分の苦悩として引き受けようとすることと，患者の苦悩を自分の専門性によって取り扱おうとすることの，両者の間で常に揺らいでいる。私がこれまで述べてきたように，臨床家は専門家として患者を分類し，理解し，それを植民地化する誘惑に負けながら，患者の苦悩にいつも耳を傾け，応じようとしている。そうでなければ，私たちはわざわざこのような骨の折れる仕事をしていない。健康な臨床家は，自分がその誘惑にいつも負ける人間であることをよく知っているだろう。だからこそ，明日来る患者が自分を厳しく批判したとしても，患者を厄介だと思いながらも，自

分もよくなかったかなとほどほどに振り返りつつ，それに付き合っていくわけである。彼らの自分に対する怒りに曝されながらも，私たちは，それを患者の悲しみとさみしさだと理解することもできる。それは，自分もまた思い通りにならない他者に苛立ち，生きることに苦しむ者だからである。当事者性──その患者は自分だったかもしれない──というのは，私たちがどこかで当たり前のように知っていることでもあるだろう。

◉ 文献

Drozek RP (2018) Psychoanalysis as an ethical process : Ethical intersubjectivity and therapeutic action. Psychoanalytic Dialogues 28 ; 538-556.

Foucault M (1975) Surveiller et punir : Naissance de la prison. Paris : Gallimard. (田村俶 訳 (1977) 監獄の誕生──監視と処罰．新潮社)

Gilligan C (1982) Moral Orientation and Moral Development. Totowa, NJ : Rowman & Littlefield Publishers. (岩男寿美子 監訳 (1986) もうひとつの声──男女の道徳観のちがいと女性のアイデンティティ．川島書店)

Goodman DM & Severson ER (2016) Introduction : Ethics as first psychology. In : DM Goodman & ER Severson (Eds) The Ethical Turn : Otherness and Subjectivity in Contemporary Psychoanalysis. New York : Routledge, pp.1-18.

Orange DM (2011) Suffering Stranger : Hermeneutics for Everyday Clinical Practice. New York : Routledge.

Orange DM (2014) What Kind of Ethics? : Loewald on responsibility and atonement. Psychoanalytic Psychology 31 ; 560-569.

Orange DM (2015) Nourishing the Inner Life of Clinicians and Humanitarians : The Ethical Turn in Psychoanalysis. New York : Routledge.

品川哲彦 (2007) 正義と境を接するもの──責任という原理とケアの倫理．ナカニシヤ出版．

Stolorow RD (2007) Trauma and Human Existence : Autobiographical, Psychoanalytic, and Philosophical Reflections. New York : Routledge.

富樫公一 (2016) 精神分析の倫理的転回──間主観性理論の発展．In：岡野憲一郎 編著：臨床場面での自己開示と倫理──関係精神分析の展開．岩崎学術出版社，pp.1560-1572.

富樫公一 (2018) 精神分析が生まれるところ──間主観性理論が導く出会いの原点．岩崎学術出版社．

富樫公一 (2019) 認識論的トラウマ・他者・偶然性──脱・ポスト植民地主義からの考察．In：富樫公一 編著・監訳：トラウマと倫理──精神分析と哲学の対話から．岩崎学術出版社，pp.238-268.

Togashi K (2020) The Psychoanalytic Zero : A Decolonizing Study of Therapeutic Dialogues. New York : Routledge.

富樫公一 (2021a) 当事者としての治療者──差別と支配への恐れと欲望．岩崎学術出版社．

富樫公一 (2021b) 精神分析の訓練と文化の問題．東京大学職域・地域架橋型TICPOC第4回公開シンポジウム「当事者中心の時代の専門性」発表原稿．

Togashi K (2022) Twinship, alter-ego and being a player-witness. Paper presented at the 2022 Psychoanalytic Conference at Tel Aviv University.

トラウマに追いつく

甲南大学文学部
森 茂起

問 題
——トラウマの量は測定できるか?

ここで私は,臨床心理学はトラウマの解決にどれほど貢献できるか,という問いに取り組んでみたい[註1]。しかし,これを科学的に検証することは極めて難しい。どういうものを「トラウマ」と見なすかという定義も,その測定方法も難しい。そもそも世の中に存在するトラウマの数や量を測ることが不可能だとすれば,どれくらい解決したのかを測ることはできない。

対象を限定して,たとえば精神医学によってPTSDと診断された数の統計をとれば,その数の増減がひとつの指標にはなるかもしれない。しかし,それが減ったとしても臨床心理学の貢献度を測ることがまた不可能である。減少は,さまざまの対応の総合によってのことであって,臨床心理学の貢献を,他の分野の貢献から切り離して測るのは難しいだろう。

また,PTSDがひとつの指標になるかもしれないと言ったが,それはあくまで理屈としてのことであって,実際にはあまり有効な指標と思えない。なぜなら,「トラウマ」のうち,医療の対象となってPTSD診断として現れるものはごくわずかと思われるからである。PTSDと診断されるような状況にあっても医療にかからない方が数多いであろうし,PTSDという診断名で表すことができないようなトラウマの影響が広

範にある。

ほかにも検証が難しい理由をあげることができるであろう。それを前提にここで試みたいのは,実証的な検証ではなく,思考実験である。トラウマへの取り組みが,臨床心理学のひとつの重要な課題であったし,現在もそうであるという判断が編者にあって,特集にこの章が設けられたと想像する。であれば,今の時点でどれくらいその課題を果たせているのかを考えることに,何らかの意味があるだろう。

準 備
——トラウマ現象の範囲

トラウマへの対処の歴史は,精神医学と臨床心理学の両者にまたがっていて,臨床心理学の側だけで論じることは本来できない。臨床心理学という学問および実践の領域は,多くの糸のよりあわされたもので,その糸のかなりの部分を精神医学と共有している。しかし,ここでは『臨床心理学』という媒体の特集であることを意識して,「心理学」の部分にできるだけ焦点を当てることにする。

トラウマによる精神障害は,最近までPTSDだけが正式の診断名として用いられており,トラウマが関与しているがPTSDと診断されない状態については,DESNOS(特定不能の極度ストレス障害)という名で議論されたり,「トラウマ関

連障害」としてトラウマが要因となる他の障害（例えば解離障害）との関係が理解されたりしてきた。しかし，ICD-11が複雑性PTSD（CPTSD）という診断名を採用してから，PTSDより広い範囲の現象がトラウマ性障害として理解されるようになった。日本でも近年，CPTSDに関する議論が活発化している。PTSDより広い範囲のトラウマ関連現象を扱うことができるようになったのは好ましいことである。

その際，もともとPTSDの理解に力を発揮してきた，「生物－心理－社会モデル（Bio-Psycho-Social Model）」（飛鳥井ほか，2022, pp.77-80）の重要性がいっそう高くなる。つまり「心理」の側面だけではトラウマ現象を捉えられず，生物学的なメカニズムと社会的な要素の両方を視野に入れなければならない。「臨床心理学」に絞ると先に言ったが，それでうまく捉えることができるのかという疑問が起きかねないところである。しかし，『臨床心理学』という媒体で組まれたこの特集こそが，「心と社会の交わりの扉を開こう」と言い，「心理－社会」の部分を覆うことをその目的としている。「生物」の方は，医学寄りにならないようにしながら，心と「身体」の関係も視野に入れて考えることにする。

起　源
——臨床心理学の誕生とトラウマ理論

まず，そもそも臨床心理学が生まれた背景にトラウマへの取り組みがあったことを確認するところから始めよう。「トラウマ」を意識的に主題としていたという意味と，のちの目から見てトラウマを扱っていたという意味の両方からである。

まず前者だが，19世紀の終わり頃に生まれた臨床心理学（サトウ，2021）には，「ヒステリー研究」で「神経症者は想起に病んでいる」ことを見出したフロイトや，「トラウマ性記憶」の

概念を用いたジャネなど，トラウマの理解と治療の試みがすでに含まれていた。理論にも実践にも相違があるとしても，フロイトもジャネも「トラウマ」という現象を発見し，それへの対応を自らの臨床実践の重要な課題と考えていた点で共通する。そして，トラウマの治療が可能であるという希望がそこに伴っていた。その後の歴史で，トラウマに特に注目したフェレンツィへの批判がひとつの契機となって，精神分析がトラウマ主題から離れる傾向があったが，近年では多くの精神分析家がトラウマの理解や治療に取り組んでいる。

後者に相当するものとしては，少し遅れて20世紀に入ってからになるが，パブロフによって発見された「古典的条件付け」や，とりわけワトソンによる「恐怖条件付け」の発見がある。それらによる行動主義心理学の誕生は，現在の認知行動療法につながる心理学の大きな潮流を生み出した。認知行動療法にとって，不安障害（現行のDSM-5以前，PTSDは不安障害に含まれていた）の治療は最も重要な課題でありつづけている。

つまり，誕生以来の臨床心理学の歴史は，トラウマへの対処の歴史でもあり，それがどのような地点にまで到達しているのか，そして今後どこまで到達できるのかを——目分量にせよ——測ってみたいという思いが湧く，それが冒頭の問いになったわけである。

生物－心理－社会モデルに照らすと，精神分析は，フロイトがキャリアを開始した生物学的神経学研究から，心理モデルへ移行して生まれた。トラウマの理解は，「想起」という心理的現象に問題の起源があることへの注目でもあり，そこに「心理学」への移行の契機があった。

他方，古典的条件付けや，道具的条件付けの理論は，フロイトのように「内面」に注目したものではないが，神経組織ではなく，「行動」の変容に注目することで，「行動科学」としての

「心理学」に移行した。精神分析と行動科学は当時も，またその後の歴史でも大いに対立したのだが，「生物モデル」から「心理モデル」に移行したという意味では——心理学の誕生なのだからあらためて言うほどのことではないが——同じ方向への移行であった。心理モデルとしてのトラウマ理論は，心理学の誕生とともに生まれたのである。

治　療
——トラウマ低減への試みとして

　精神分析も行動主義心理学も，トラウマについて，その発生メカニズムと解消法とをセットで理解した。したがって，当初から予防と治療のいずれについても方法論が伴っていたはずだが，差し当たっては治療法の開発に努力が集中した。臨床心理学の「臨床」は，まずは臨床医学と同じく，患者を前にして援助を試みることがその役割だった。トラウマという概念は常に起こってしまったことを事後的に振り返るものであり，後からそれに「追いつく」ことが治療の試みである。精神分析と行動主義心理学のその後の展開を，「追いつく」作業として見てみよう。

　フロイトは，トラウマ性記憶からトラウマ性を取り除くことを当初試みた。その意味では，今日のトラウマ焦点化認知行動療法と同様の治療メカニズムを模索していた。しかし，その後の発展のなかで，錯綜した記憶ネットワークの意識化と，治療者との関係性を通した自身の心への洞察へと目標が移行した。言い換えれば，トラウマによって起こってしまったことの後追いの要素が減ったことになる。

　しかし，それでも，もし精神分析の行う心の作業（徹底操作／反芻処理）が目指す通りに十分行われたら，トラウマが残したものはほとんど処理され，トラウマを経た自己を受け入れ，前に進むことが可能になるのだろう。トラウマの

作用に晒されつづけるとか，次の世代にそれが受け継がれていくといった事態を避けることが可能になるのだろう。もちろん理想的な場合には，である。

　次の問題は，そのような意味で精神分析を徹底的に受ける経験を，トラウマを受けた人のうちどれほどの割合の人が持つことができるかである。数値で表すことはできないが，ごくわずかだと見積もるしかない。個人としては「追いつく」ことができるが，世の中のトラウマの総量を考えると，全く「追いつかない」だろう。その理由には，精神分析が時間がかかりすぎるとか，精神分析家の数が足りないとか，量的な問題が考えられるが，どのようにかしてその量的な問題が解消されるとは思えないので，何か原理的な限界があるとも言える。つまり，精神分析は，必要なすべての人に行き渡るような仕組みになっていないということである。精神分析を専門とする現在の臨床家でも，すべての人に行き渡ることを現実的な目標と考えている人はおそらくいないだろう。変なことを言っているように聞こえるかもしれないが，精神分析の創成期には，皆が分析を受けるユートピアのような発想を持った人もあったので，「どれだけ貢献できるか」を考えている本稿としては見積もっておく必要がある。

　認知行動療法の起源は，不安障害を対象とする行動療法にあるが，トラウマに起因する認知の歪みの修正にも対象を拡大して，トラウマ焦点化認知行動療法として発展している。トラウマ性記憶に結びついた不安（恐怖）の低減に焦点を当てた持続暴露療法（Prolonged Exposure Therapy）とともに，心理学研究の成果を治療に活かした技法である。認知行動療法とは別の起源から生まれたEMDRは，トラウマ性記憶の処理に両側性刺激が有効であることの発見から生まれた技法で，情報処理理論という心理学理論と結びつけられているが，生物モデルに基づく面も大き

いユニークな技法である。私が日本に導入したNET（ナラティヴ・エクスポージャー・セラピー）もこのリストに加えたいところである。

さて、このようなまとめはともかくとして、こうした治療法の全体によってどれだけトラウマの治療が進んで、「追いついた」かが問題である。どの治療法も同様だが、トラウマに対する方法が開発され、実際その有効性が示されることで、トラウマに対処することが可能になったという希望が生まれたと思う。かつてであれば治療に難儀し、治療関係が複雑化したり中断したりした、PTSDを併存するクライエントに有効な治療を提供できるようになったのは事実である。

このように粗くまとめたところで、この状況を臨床心理学の発展と言っていいのか、むしろ医学の発展ではないのか、という問題に触れておこう。実際、上記のいくつかの治療法を普及させていった多くの専門家は精神科医であり、臨床心理専門家ではなかった。心理療法という実践は、精神分析にせよ認知行動療法にせよ確かに心理学への移行によって発展したが、その担い手の多くが医師であった。本稿にとって重要な内容が語られている『複雑性PTSDとは何か』（飛鳥井ほか、2022）という本が最近出版されたが、著者の４人は全て精神科医である。トラウマに焦点化するものに限らず、心理療法の多くが医学から生まれたという事情が関わっている。その点、本特集の執筆者たちは、ほとんどが臨床心理学の専門家である。「臨床心理学」には医学では扱わない広範な領域があり、その「治療文化」がある。しかし、トラウマ治療を考えると、どうしても臨床心理学と精神医学の両者にまたがる専門領域を対象にしながら語ることになる。この問題は、最後にもう一度扱うことにして、「心理療法」について続けて考えていこう。

トラウマが心理療法によって扱うことのできる対象になったのは、臨床心理学が生まれた19世紀末から現在までの心理療法の発展による。その意味では、トラウマの理解と個人の治療の方法論については、ずいぶん「追いついて」きた。しかし、まだ治療の対象となっていないトラウマを抱える人々にその手を広げ、蓄積されたトラウマの処理速度を一段上のレベルに上げるのは容易ではない。そのために求められるものとしては、あらゆる地域で実践を可能にするための治療者の養成、治療現場の共通理解と制度がある。心理療法の普及のために本来必要な保険制度はそのひとつである。かつてドイツで在外研究の機会を持ったときに、ドイツにおけるトラウマ治療の一端に触れたが、トラウマ概念の普及と保険制度の適用、トラウマ焦点化心理療法を身につけた心理療法家が街の至る所で開業していることなど、日本と比べてはるかに普及が進んでいることが印象深かった。日本では、トラウマ焦点化心理療法に関心を持つ医師、臨床心理士の数こそ増加してきたが、現制度のなかで可能な普及が進んだところで、「追いつく」ペースが鈍化しているのではないかという感触もある。医師がトラウマ治療を行う体制がない一方で、臨床心理専門家がさらに広範に実践するには、開業心理療法の可能性を拡大する必要があるものの、ドイツのように普及するには保険制度の適用が欠かせない。

予 防
——トラウマへの最大の対策

私はかつて、トラウマへの最大の対策は予防であると述べた（森、2005、pp.185-189）。ひとつのトラウマ的事象をなくすことによる将来のトラウマの予防効果は巨大である。予防に力を注ぐことは治療の努力と成果を測る経済学から考えて、あらゆる対策に先立つ第一優先課題である。

では、臨床心理学はトラウマの予防にどれほど関わっているだろうか。トラウマへの対処の

ためには，治療だけでなく，ファーストエイド（応急処置）や，トラウマインフォームドケアによって，重症化や二次受傷を防止する対策が重要である。臨床心理学の実践に含まれる課題であり，実際に心理士が担っている。トラウマ的事象が発生する前の予防では，たとえば虐待，いじめ，DV，犯罪，自然災害などについて，防止対策が行われていて，臨床心理学的視点は対策の重要な要素である。私も，虐待，いじめ，DVについては防止対策委員会に参加したことがある。

その際，対策の前に，臨床心理学から見えてくる「予防の必要性」を伝えることが重要な役割となる。トラウマに起因する困難を臨床経験から認識するほど，予防の必要性を知り，どのような時点でどのような予防が可能だったのかを理解し，それを次の対策に活かすことができる。一例は性被害である。トラウマ臨床でいわゆる複雑性PTSDの治療を行うと，家庭内，家庭外のさまざまな状況で，子ども時代から青年期に至るまでのさまざまな時期に発生する性被害の実態を知ることになる。臨床心理学に限らず，支援実践家すべての役割であるが，実態を踏まえた対策の必要性を伝え，方法を提案することが必要である。

これを書いている直前にも，意外な成り行きで発生した性被害事例を経験した。具体的に書くことはできないが，対策に非協力的であったため不信感が向けられていたある人物が，実は性加害を行っていたことが発覚した。それは当事者にとって支援者への信頼を失わせ，関係性を一層混乱させる出来事だった。支援者側に紛れ込む加害者性を持つ人物に注意し，こうした出来事を予防することが必要だが，関係者の認識の不揃いから事態の進行を未然に防ぐことができなかった。

こうした事態を防ぐためには，性加害のリスクに対する感度を共有しなければならない。あ

る立場の者が危険を感じて問題提起しても，その加害者の直接の上司に当たるような立場の人物あるいは集団が，そのリスクを感知しなければ，注意しながらの現状維持程度の方針で進んでしまう。性加害が常に起こりうるという認識を共有するための情報交換，あるいは前もっての研修が必要であり，また行われているのだが，実際にそのような事態を前にすると，その困難をあらためて痛感する。

ひとつの出来事に視線を向けてみたが，そこから見えるのは，トラウマ的事象に対する感度の個人差，集団差である。おそらく，その差自体が，トラウマ的な出来事の蓄積によって生まれていると私は考えている。トラウマ的出来事は，トラウマへの感度を高めるとともに，麻痺や回避を通して感度を弱める方向にも働く。体罰の文化を持つ集団が体罰を止めることが難しい理由のひとつは，体罰があって当たり前であり，体罰に耐えて，期待に沿って強くなることをよしとする文化がそこに生まれ継承されているからである。その文化自体が，トラウマ的出来事の蓄積によって生み出されている。

その蓄積を考えると，「追いつく」ためには，トラウマ的出来事が繰り返されるほど，トラウマを予防することが困難になるというスパイラルへの対策が必要である。膨大な資源をかけて予防を講じていても，予防策の防壁がどこかで破られると，それによるトラウマの作用が膨大な資源の量を易々と超えてしまうかもしれない。第2次世界大戦のトラウマへの対処に膨大なエネルギーが注ぎ込まれてきたが，ウクライナへの侵攻が引き起こしたトラウマ的作用を考えると，その波及から起こるトラウマの予防に要する資源は膨大である。

悲観的な見積もりになってしまったが，私たちは果たしてトラウマに追いついているのかと，今ふたたび問うてみる必要があるだろう。

目　算
——トラウマに追いつく治療文化

「トラウマに追いつく」とはどういう意味か。書き手によってさまざまの捉え方があるだろう。私はこれを，近代以降に発展してきた心理療法の一側面を表すものとして捉えたい。心理療法は，個人の人生におけるトラウマ的出来事が残した傷を修復することをひとつの，しかもとりわけ重要な，目的として生まれた。

トラウマは常にすでに起こったものとして理解され，それ自体を「なかったことにする」ことはできないが，修復によって，トラウマがなかったならありえたであろう人生を相当程度取り戻し，かつトラウマから資源を発見することもできる，と考えるところに心理療法の役割がある。先に触れた本で飛鳥井氏が言う，回復とともに到達する，「後光が差している」「人間として変わったな」というレベル（飛鳥井ほか，2022，p.37）がその「追いついた」状態だろうか。

こうして問いを立てた上で，かつて拙著の結論部分に引用した中井久夫氏の言葉に戻ってみたい。それは，「世界中で起こっている……悲惨を思う時，……そこから日々生まれているであろう心的外傷（トラウマ）の質と量との巨大さに私はめまいを起こさないではおれない」（中井，1999，p.414）というものである。治療を含むトラウマへの対処に要する時間と努力を思うとき，戦争，事故，自然災害，子ども虐待，家庭内暴力，犯罪などで引き起こされつづけるトラウマの作用を臨床心理学および精神医学の力で解消することなど不可能に思えてしまう。ウクライナで起こっている戦争の情報を見るにつけその思いは一層強くなる。その惨状を考えると，第2次世界大戦が個人と地域と社会に与えた衝撃に匹敵するものが被害地域に発生しているのは間違いない。

トラウマの蓄積と追跡の見積もりを，地球温暖化，あるいは環境破壊への対策のモデルで考えるのも良いのではないか。近代化以降に徐々に積み上げられてきた環境破壊はすでに1960〜1970年代の公害問題から顕在化していたが，表面的な対策で抑えながら新自由主義に押された経済発展，グローバリゼーションも寄与してであろうか，ここ20年ほどで一気に世界的な規模で顕在化した。トラウマという臨床心理学的視点から見た「心の災害」（森，2005，p.202）が心の資源を蝕んで，より巨大な集合的な心の災害を生み出しつつあるのかもしれない。まさに最初言ったような，思考実験としての見積もりだが，そんな見方をしながら個人ないし小集団への治療，予防対策に務めていくのが臨床心理学だとすれば，どれだけ「追いつく」ことに貢献できているのかと不安になる。しかし，他方で，心の理解を通してトラウマへ「追いつく」モデルは，「治療文化」の重要な一部で，その普及の意味は大きいと考える。

▶註
1　この課題には，拙著『トラウマの発見』（森，2005）の最終章ですでに扱った。ただ，そこでは臨床心理学に絞ったものではなく，あらゆる分野を含んで，しかもごく粗い見積もりを記すにとどまった。本論はそれに若干の考察を加えるものである。

◉文献
飛鳥井望, 神田橋條治, 高木俊介, 原田誠一（2022）複雑性PTSDとは何か——四人の精神科医の座談会とエッセイ. 金剛出版.
森茂起（2005）トラウマの発見. 講談社［講談社選書メチエ］.
中井久夫（1999）訳者あとがき. In：ジュディス・L・ハーマン：心的外傷と回復 増補版. みすず書房, pp.405-417.
サトウタツヤ（2021）臨床心理学史. 東京大学出版会.

いま，「個」を語るユング心理学

大塚プラクシス
大塚紳一郎

「自分らしさ」の影

かつて「自分らしさ」が叫ばれる時代があった。「自分らしい結婚」とは，親や親族の意向ではなく，自分自身の意思によってパートナーを選び，そしてそのような相手として選ばれることだ。それまではもっとも一般的な形式だった「お見合い」を通じて結婚する人は少数派となり，「自由恋愛」の進展としての結婚が通常と見なされるようになった。

「自分らしい仕事」とは，親族の意向や社会的合意ではなく，自分自身の興味や関心によって，あるいは「自己実現」の可能性に基づいて選ばれた職業のことだ。家業を継承することは必然ではなくなり，都市部に集中する第三次産業はもはや就業の第一選択肢となった。

そして「自分らしい生き方」とは，社会通念や他者からの期待ではなく，自分自身の価値観に基づく生き方のことである。「男らしい」「女らしい」「子どもらしい」「大人らしい」「高齢者らしい」「既婚者らしい」「先生らしい」「アイドルらしい」など，ありとあらゆる集合的規範から適切な距離を取り，他ならぬ自分自身の選択だということをたえず確認しながら生きていくということだ。

こうした「自分らしさ」の追求は家父長的かつ封建的な旧世代の世界観からの必然的な脱却として，また時代に合った新たな生き方，価値観として，個人の人生の中でもマスメディアの次元でも盛んに美化されるようになった。

個人の人権という，民主主義社会の根幹となる価値観を根づかせていく上で，こうした「自分らしさ」のナラティヴには一定の歴史的役割があったのだろう。そして，あらゆる人の人権が十分に尊重されているとは言いがたい社会の中で私たちがいまも生きている以上，その役割は完全に過去のものになったわけではないのかもしれない。

ただし一方で，特に近年，こうした「自分らしさ」の影の側面にも注目が集まるようになっている。

磯野（2022）は端的に，日本における「自分らしさ」の強調が1990年代を境に急速に登場した，時代特異的な現象だったことを指摘している。その上で，磯野はさまざまな「自分らしさ」のナラティヴが生成される過程を丹念に辿っているが，私たちにとって特に重要なのは，「自分らしさ」という価値の根本にある個人主義的人間観が，それと相反するはずの統計学的人間観と密かな共謀関係にあるという分析である（p.193）。私たちが賛美する「自分らしさ」は常に平均値やパーセンテージといった統計によって表現される，そして実際にはどこにも存在しない「平均人」との比較でしか表現できないものなのだ。

そして，そこには落とし穴がある。「男らし

さ」「大人らしさ」などといった集合的な価値観から距離を置こうとすればするほど，それとは別の集合的な価値観の一部に深く取り込まれ，自由な選択の余地がよりいっそう狭まってしまうということだ。磯野はそれを「自分らしさ」の内実が「私たちらしさ」（p.212）の発現になることだと述べている。「自分らしさ」の切実な希求の末に，破壊的なカルト教団の一部になってしまったオウム真理教の信者の体験は，そうした「私たちらしさ」のもっとも暗い影の姿だと言えるだろう（村上，2001）。

興味深いことに，磯野が指摘する「自分らしさ」の爆発的流行は，オウム真理教による一連の事件だけではなく，日本における臨床心理学ブームの時期とも完全に一致する。東畑（2022）は日本における臨床心理学の急速な浸透とその後の凋落を「物は豊かになったが心はどうか？」という集合的な問いをめぐる，一種の社会的現象として分析してみせた。心理療法やカウンセリングをつうじて「自分らしさ」を探究することは，まさにこの「心はどうか？」という問いに答えを提供する手段として，熱狂的に歓迎されていったのである。

あの時代，日本における臨床心理学は「自分らしさ」の申し子，もしくは救世主だった。あるいは少なくとも，そうした役割を社会に期待されていたのだ。

ところがいま，「物は豊かになったが」とは言えなくなった社会を私たちが生きている以上，「心はどうか？」という問いの前提が失われたのだと東畑は指摘している。かつてはこの問いの先に期待された「自分らしさ」という価値もまた，それに伴って輝きを失ってしまったのだ。

さらに重要なのは「自分らしさ」の追求が他の，そしてより優先すべき問題解決の方法を覆い隠してしまうというリスクである。たとえば，いままさにいじめや虐待，暴力などの被害にあっている誰かに，「自分らしさ」を追求する

よう促すことは文字通りの意味で致命的な間違いだ。安全な場所を確保し，そこで信頼できる他者と共に，「ただ居るだけ」（東畑，2019）の時間を過ごすことがもっとも優先されなければならない。「自分らしさ」の追求は原理上，解決の責任を自分自身に帰属させ，それによって他者からのケアという重要な機会を奪ってしまうのである。

このように比較的近年になってから，「自分らしさ」を追求することの負の側面がさまざまな側面から取り上げられるようになってきた。ただしここでは，それが臨床の知の内部に古くからある認識だということも指摘しておきたい。

一例のみ挙げておこう。「パーソナリティは対人関係と同じ数だけある」というテーゼで有名なH・S・サリヴァンは，晩年の講演の中で「個性などというものは幻想である」とまで言い切っている（Sullivan, 1944/1950, p.329）[註1]。個性，すなわち「自分らしさ」を想定するよりも，その人の対人関係のパターンを理解し，それに具体的に介入することの方がはるかに現実的かつ有益だということだ。一人の患者をその人の人間関係や文化から切り離して理解することなど不可能である以上，内在的な個性なるものを想定すること自体が治療に，あるいは患者本人に，不必要な，場合によっては有害な影響さえ及ぼす可能性がある。個性や「自分らしさ」のナラティヴに，サリヴァンが言う，有効ではない側面があるのは確かだ。

ユング心理学と個性

「自分らしさ」の希求には深い影がある。それに加えて，私たちがいま生きているのは，もはや「自分らしさ」を無邪気に称えることのできる世界ではない。

にもかかわらず，ユング心理学はいまもなお「個性化」や「自己の元型」について語りつづけ

ている。そのことはこの世界のリアリティに反している　のだろうか？　ユング心理学もまた，「個性など存在しない」という前提をもとに，理論と実践を再構築するべきなのだろうか？

　この大きな問いに取り組むために，ここからは「自分らしさ」に関連するユング心理学の二つの言葉，すなわちペルソナと個性化について考えてみよう。

ペルソナ

　ペルソナとは「他者との関係の中で露わになるもの」（Stein, 1989, p.105）を意味する言葉だ。私たちが仕事や私生活のあらゆる場面でいつの間にか被っている仮面，あるいはもっと簡単に，状況ごとに変化する社会的役割のことだと言ってもいい。関わりを持つ他者によって，あるいは当該の状況によって，ペルソナはたえず変化する。それによって私たちは無数のペルソナを持ち，そして失うことになる。ペルソナという言葉は社会的存在としての「わたし」の複数性を意味しているのだ。

　ただし，このペルソナをもっぱら「外的」なもの，すなわち表面的かつ偽物の仮面と見なすのはよくある誤解である。ペルソナを外せばその奥に「自分らしさ」や「本当の自分」が見つかるわけではないということだ。

　見つかるのは同じく無数の影，すなわち「他者との関係の中で隠されるもの」（p.105）である。影はペルソナと相反する関係にあり，ペルソナとして取り入れられることのなかったすべての可能性が影となって，ペルソナの背後に隠される。ただし，この影もまた，もっぱら「内的」なものではない。相手や状況によって，ペルソナと影は簡単に入れ替わるのだ。一定の期間，影が完全に表面化して，周囲の人に，場合によっては自分自身にさえ，パーソナリティの主要な特質のように思えることも，それほど珍しくはない。

　ペルソナと影というユング心理学の語彙は，社会的存在としての「わたし」がそのときの状況，とりわけ自分にとって重要な他者との関わりによって，完全にその性質を変化させるものだという理解を反映している。エベレストの山頂で誰にも会わずに生涯を過ごすのであれば，ペルソナが生まれる余地はない。他者が存在しない場所にはペルソナも影も存在しないのだ。

　このように，ユング心理学は「わたし」が固有の「自分らしさ」を無条件に持つ，独立した，個別の存在だとは考えない。それは常に，他者との関わりの中で新たに作られるものなのである。

個性化

　ところが一方で，ユング心理学は間違いなく「個」に最大の価値を置く心理学でもある。「個性化」という概念を抜きにしたユング心理学は考えられない。そのことは先ほど述べたばかりの「わたし」の複数性，他者依存性と矛盾しているようにも思える。

　個性化とは文字通り，私たちが「個」になっていくことを意味する言葉である。この「個」であること，つまり個性について，C・G・ユングは「複数の個人からなる大集団ではなく，一人の個人だけに本来的に属するもの」（Jung, 1922, p.470）だと述べている。じつに厳しい定義ではないだろうか。たった一人でも他の誰かが持っているのならば，それは個性ではないというのだから。少なくとも，私たちの社会が賛美してきた「自分らしさ」がこの定義の基準を満たすものではないのは明らかだ。

　では，ユングの言う「個性」とは，普通に生きている私たちには無縁のもの，あるいは——ユング自身のような——例外的な人物だけに与えられる特権なのだろうか？

　私たちが「個」になっていくこと，すなわち個性化を，ユングは生涯続いていくプロセスとして記述している。つまり「個性」とはその先

にある，ただしおそらくは生きているあいだには到達することのない，はるかかなたにある目的地のようなものだということになる。

この個性化のプロセスを促進する体験のことを，ユングは変容と呼ぶ。この言葉が意味しているのは，私たちの生き方そのものが抜本的に刷新される体験のことだ。実際のところ，変容はユング心理学の本質そのものを表す言葉である。ユングが「変容の心理療法」（Jung, 1929）と述べたとおり，いわゆるユング派の心理療法で問題になるのは生き方そのものの本質的な変化なのだ。

心理療法の中での患者の体験，そして自分自身の危機を通じて，ユングはこの変容のための方法論を確立していった（Jung, 1925/1989/2012, 1961/1971）。夢分析やアクティヴ・イマジネーションのなかで，さまざまなイメージとして姿を現す「こころ」と「わたし」が出会い，対話を重ねていくという技法，すなわち今日「ユング派の心理療法」と呼ばれているもののことだ。

ここで言う「こころ」は無意識的内容，つまりもっとも自分らしくないものの姿でもある。「影の統合」や「アニマとの結合」といった風変わりな表現が意味しているのは，「わたし」がそうした「こころ」を内的な客体として，つまり他者として経験するということだ。生きていく中で「わたし」はたえず誰かと出会い，衝突し，交わり，それを通じて変化していく。それと同じように，「わたし」は他者として姿を現す「こころ」と出逢い，その出逢いを通じて，もっとも自分らしくない何かを自分の一部として受け入れ，それを実際に生きていく。ユングがそれを変容と呼んだのは，そこで問題になっているのがより適切な適応の方法を見出すことや，それまで気づかなかった自分に気づくことに留まらず，生き方そのものを本質的に変化させることだからである。そして，そのような変容は「わたし」だけでは起こりえない。変容に

は影やアニマ／アニムス，つまり他者としての「こころ」が必要なのだ。

ただし，ユングの言う個性化は夢やアクティヴ・イマジネーションなどの内なる体験において完結する作業（オプス）（Jung, 1955/1956）ではない。内なる体験と外なる体験のタイミングが重なる偶然の出来事，すなわちシンクロニシティ的体験がこれに並行，もしくは先行し，重要な役割を果たすのである。ユングが晩年に物理学者W・パウリと共同で練り上げた複雑なシンクロニシティの理論的背景，すなわち自己の元型の越境性（Jung, 1958 ; Main, 2004 ; Stein, 2017）については，ここでは論じない。そうではなく，シンクロニシティ的現象と呼ばれるもの，たとえば誰かとの思いもよらぬ出会いや別れ，あるいは信じられないような偶然の出来事が，自分の人生の転機そのものだったと後でわかるという経験は多くの人にとって身に覚えのあるものだ，とだけ述べておこう。起こる前と起こった後では人生が一変しているような経験，それがユング心理学の考えるシンクロニシティの体験だ。その偶然は自分の人生の今後の方向をはっきりと指し示すものとして体験される。これこそが意味のある道，他ならぬ自分が生きるべき人生なのだ，と。

だとすればシンクロニシティの瞬間に，私たちは個性を垣間見ているのかもしれない。ただし，それだけでは変容は起こらない。驚くべき偶然の一致が起こったというだけでは，ひととおり新鮮な気分を味わったというだけで，後には何も残らないのだ。それが意味のある変容の体験になるためには，シンクロニシティの瞬間に垣間見られた個性を「わたし」が受け入れ，その方向に向かって実際に生きていかなければならない。そうすることではじめて，変容の名に値する変化が生じるのである。

変容，すなわち自分の生き方そのものが根本的に変化したときのみ，私たちは個性と呼びう

る何かを発見し，それに近づいているのかもしれない。ところが，もしもそれを成し遂げたとしても，そうこうするうちに私たちは個性をすぐにまた見失うことになる。仕方のないことだ。私たちは個性だけを生きていくわけにはいかない。周囲との無益な衝突を避けることや法を遵守すること，すなわち集合的規範に同調することもまた，私たちにとってそれなりに大切な事柄なのだから。

それでも，変容の機会はきっとまたやってくる。そのたびに，私たちはそれまでの生き方を変えるべきなのか，それともそれを守るべきなのかという，重大な問いに直面することになる。個性化とは，いちど限りの変容によって完結するものではないのだ。私たちが変容を体験するたびに浮かび上がり，そしてその繰り返しによって紡がれる，生きることそのものの流れ，あるいはラインこそが，ユングの言う個性化，あるいは自己の元型の現実化なのである。

複数であり，個でもある「わたし」

「わたし」とは他者との関わりによってたえず変化する複数の存在なのだろうか？　それとも，「わたし」とは何らかの独自の個性を有する存在なのだろうか？

ユング心理学の答えは「両方」だ。

「わたし」は常に他者との関係の中で生きている。状況ごとにたえず変化する無数のペルソナ，そしてふとした拍子にペルソナと入れ替わる同じく無数の影，そのすべてが「わたし」だ。

ただし，それでもまだ「わたし」のすべてではない。「わたし」は自己の元型の現実化，すなわち個性化の可能性を秘めた存在でもある。「わたし」は生涯に何度か，自分の生き方そのものの本質的な変容という重大な課題に直面する。そうした変容のたびに，「わたし」は自分独自の個性を垣間見る。個性とは「わたし」が意図的

に作り上げることのできるものではないのだ。むしろそれは予想もしなかった偶然，すなわちシンクロニシティの出来事を通じて，「わたし」が発見し，そして実際に生きていくものなのである。

ユング心理学のこうした個性および個性化の概念は，磯野の言う「関係論的人間観の時間」（2022, p.230）を生きる個人という，人類学的理解と共鳴する部分がある。他者との偶然の出会いを引き受け，選び取るたびに生成される「わたし」は，ユング心理学的に言えば「時間と永遠を重ねる」（Stein, 2017, p.27）シンクロニシティの瞬間に立ち現れる自己の元型だと言ってもいいだろう。両者の観点に違いがあるとすれば，それはユング心理学の方法論は磯野の言う「他者」に自分自身の「こころ」まで含めているということである。心の作業を通じて生じる変容の体験が「個」として生きることを促進する可能性を，ユング心理学は肯定しているのだ。

ユング心理学は変容のための心理学である。だからこそユング心理学は個性化を，シンクロニシティを，そして自己の元型を語る。いまは自分の生き方を変えるべきときなのか？　それとも，いまはこの生き方を守るべきときなのか？　この問いが切実さを失わないかぎり，ユング心理学はこれからも「個」を語りつづけるだろう。

▶註
1　同論の原文，ならびに未発表の大切な訳稿を提供してくれた畏友，阿部大樹氏に心から感謝します。

◎文献
磯野真穂（2022）他者と生きる──リスク・病い・死をめぐる人類学．集英社［集英社新書］．
Jung CG (1922) Psychologische Typen. In : Gesamelte Werke 8. Ostfildern : Patmos Verlag.
Jung CG (1925/1989/2012) Analytical Psychology : Notes of the Seminar Given in 1925（横山博 監訳，大塚紳一郎，河合麻衣子，小林泰斗 訳（2019）分析心理学セミナー──1925年，チューリッヒ．みすず書房）
Jung CG (1929) Die Probleme der Modernen Psycho-

therapie. (大塚紳一郎 訳 (2018) 現代の心理療法の問題. In：横山博 監訳：心理療法の実践. みすず書房)

Jung CG (1955/1956) Mysterium Coniunctionis. (池田鉱一 訳 (1995/2000) 結合の神秘 [I・II]. 人文書院)

Jung CG (1958) Synchronizität als ein Prinzip akausaler Zusammenhänge. In : Gesamelte Werke 8. Ostfildern : Patmos Verlag.

Jung CG (1961/1971) Erinnerungen Traume Gedanken. Ostfildern : Patmos Verlag.

Main R (2004) The Rapture Of Time : Synchronicity And Jung's Critique Of Modern Western Culture. East Sussex : Routledge.

村上春樹 (2001) 約束された場所で──underground 2.

講談社.

Stein M (1989) Jung's Map Of The Soul : An Introduction. Chicago and La Salle, Illinois : Open Court.

Stein M (2017) Outside Inside And All Around. Chiron Publications. (大塚紳一郎 訳 (2022) ひとつの心とひとつの世界. みすず書房)

Sullivan HS (1944/1950) The Illusion of Personal Individuality. Psychiatry : Interpersonal And Biological Processes 13-3 ; 317-332.

東畑開人 (2019) 居るのはつらいよ──ケアとセラピーについての覚書. 医学書院.

東畑開人 (2022) 心はどこへ消えた？. 文藝春秋.

異文化交渉としての
スクールカウンセリング

こども・思春期メンタルクリニック
山崎孝明

はじめに

いまやスクールカウンセラー（以下，SC）は，心理職と社会の接点として，もっともありふれたものである。親を介さずに遭遇する／会うことができるし，いわゆる臨床化していない子ども，その瀬戸際にいる子どもも接触することがあるからだ。その意味ではありふれているだけでなく，最前線と言ってもいい。

これからは，人生の最初に出会う心理職がSCであるという人も増えていくことになる。第一印象がその後の印象を大きく左右するのは個人と個人の出会いと同様だ。SCによい印象を持つ人が多ければ，社会から心理職は使えると思われるし，そうでなければ逆の評価を受ける。そういった意味で，SCの責任は重大なものである。

また，心理職側から見ても，臨床心理士という資格が市民権を得るにあたって，SCという制度が果たした役割は大きいものであった。だが，そこに問題がなかったわけではない。心理職教育のなかで，SCとしていかに機能するか，SCとは何かといった問題が十分に扱われてきたかというと，首を傾げざるを得ない。制度という箱が先に定着したものの，中身が伴っていたとは言い難いのが現実である。その末路が，「財務省も国の事業の改善点を探る調査でSCの資質向上の必要性を指摘」（産経新聞, 2021）し，臨床心理士の管轄省である文部科学省も「課題解決に向けて保護者らに助言をするよう，都道府県教委と政令市教委に求めていた」（産経新聞, 2022）という事態だ。

臨床心理士は，SCとしてよく機能できなかった——ここから始めよう。

SCエスノグラフィ①

私がはじめてSCとして採用された小学校に勤務したのは，修士課程修了後すぐの，2010年のことだった。

勤務初日，副校長からひととおり説明を受け，カウンセリングルームでひとりになり，一息ついた。学校内は自由に歩いてもらって構わないと言われている。授業を観察して，そこから有益な助言をするのがSCの仕事だということは知っている。でも，1年生の平均はこう，2年生はこう，とかいうこともわかっていない私が観察に行ったところで，何がわかるだろうか。そう思うと，なかなか足が向かなかった。

私から出向かなくても，中休みや昼休みは子どもたちがカウンセリングルームにやってきた。前任のSCがそうしていたらしく，子どもたちは当然のように紙粘土をねだり，行列を作った。たぶん，理想的なSCは，ここでわちゃわちゃ過ごしている子どもたちのなかから「心配な子」を一瞬のうちにピックアップし，あとで先生たちと一緒に対応を協議したりするのだろ

うな……。そう思いながら，ひたすら紙粘土を小さくちぎり，配って時間が過ぎた。休み時間の終わりを告げるチャイムが鳴るたび，「俺，紙粘土おじさんだな。「専門家」が聞いてあきれるわ」と自嘲した。

そうした状況は時間が経っても変わらない。望ましい働きができていないのはわかっている。でもじゃあどうしたら，少しはSCとして役に立てるのか？　教員にはなく，自分にしかない強みはなんだ？　そう自問した。答えは私がオリエンテーションとする精神分析が教えてくれた。

「無意識だ」。

思わずそう口にしていた。無意識の力動を読む。自分にはこれしかない。じゃあその力を知ってもらうにはどうしたらいい？　個人療法だ。個人療法をさせてもらって，先生方には見えない力動を読み取れることを示すことさえできれば──

とはいえ，ただ座しているだけの何ができるかわからないSCに仕事はやってこない。ものの本にも「雑談をして関係を構築することが第一歩」と書いてある。仕方ない。カウンセリングルームで食べてもよいと言われてそうしていた給食を，職員室で食べることにした。だがいかんせん，同じテーブルを囲んでいても，話題についていけない。先生方は文化を共有しているのに，こちらはしていないのだから当たり前だ。先生方も私の扱いに困っているようで，あえて話を振ってくれるような先生もいたが，空気のように扱う先生もいた。まさしくイルツラだった。出勤時間は遅めだというのに，朝もなかなか起きられなくなった。毎週火曜日の朝，学生時代には味わわなかった，「登校したくない」という気持ちで満たされることになった。

とにかく体をカウンセリングルームに運んでいくことだけを目標になんとか出勤は維持していた。するとある日，私の働きかけとは関係なく，心理士の仕事に興味を持つ先生が，ある生徒の面接をしてほしいと訪ねてきた。複雑な家庭の子だった。たしかに，「心理向き」の子だと感じた。千載一遇のチャンスだ。ここを逃したら，もう未来はない。二つ返事で引き受けた。

でも，うまくいかなかった。それは私が「精神分析」をやろうとしたからだ。「なんでも話していいよ」。私がそう言っても，その子は何も話すことはなかった。むろんうまくいかなかったのは私の力不足によるところが大きい。でも，少なくともそのとき，彼に必要なのは「精神分析」ではなかったのだ。私は担任と相談し，彼がもっと自由に遊べるように部屋を設えた。それは，当時私が軽んじていた「日本式プレイセラピー」に適した部屋だった。私とその子は，そこでフリスビーを投げ合った。修士を出て1年目の私に細かなことはわからなかったが，でも，フリスビーをしながら，なにげなく大事な話がされることくらいはわかった。

「俺の仕事って，精神分析って，なんなんだろう」──

そういう疑問が湧いたころには，3学期も終わろうとしていた。翌年には，希望通り精神科病院と自費カウンセリングルームでの採用が決まっていた。私は更新を希望せず，逃げるようにして小学校を去った。特段送別されることもなく定刻通りに退勤した最終日，もう二度とSCをやることはない，と思いながら，私はバスに揺られていた。

＊

入職時，私は自分の属する心理職文化にこだわり，それをそのまま学校文化に持ち込もうとしていた。私は大学院で，個人療法こそ心理職の中心的な業務であり，そこにこそクライエントの心の宇宙があり，心理職のアイデンティティがある，というエートスを学びとっていた。だから，選んでそうしていたというよりも，単にそのやり方しか知らなかったという方が実情に

即した表現だろう。ゆえに，なぜうまくいかないのかも十分に考えることはできなかった。

それに加え，ここには自身の心理職アイデンティティが未確立であるという問題も存在していた。私は誰よりも自分に対して，自分が心理職であるということを証明せねばならないという衝迫に駆られていた。いきおい私は，自分のアイデンティティを保証してくれると思っていた個人療法にこだわることとなった。むろんそれは学校文化のなかで求められていることではなかったし，何より私のアイデンティティを確たるものにしてくれることもなかった。

SCエスノグラフィ②

小学校を退職した私は，その後，単科精神科やリワークなど，いろいろな経験を重ねていった。多くの場合，そうした職場では個人心理療法は求められていなかった。だが同時に，週1回は自費カウンセリングルームで個人心理療法を実践できていたことも大きかった。その週1回の臨床で，私は自分の思い描いていた心理職アイデンティティを手放さないで済んだからだ。

多様な体験を積むなかで，私のなかでなんとなく心理職とはこういうものだ，というイメージが改定されていった。それは，「心理学的にものを見る人」というものであった。どこでも精神分析的心理療法の実践をするわけにはいかない。だが，どこででも精神分析的見方をすることはできる。経験をし，それを仲間と語ることで，私は自分の心理職アイデンティティを構築していった。

そんなある日，私の携帯に知らない番号から電話があった。誰だろうと思って電話を取ると，電話口の相手はこう言った。「お前の母校のSCの○○だよ。お前，うちのSC興味ない？　俺，そろそろ定年だからさ」。

修士修了時，職のなかった私は，在学中にSC

がいなかったので母校に営業に行ったのだが，私が高校を卒業してからの間に，SCが赴任していた。その際，電話番号を交換し，「何か仕事があったら連絡するよ」と言われていたのだが，私はそれをすっかり忘れていたのだった。経験を積んだ今なら，心理職として学校で機能できるかもしれない——そう思った私は，その打診を受けることとした。

私を誘ってくれたSCは，まさに河合隼雄時代を生きた，力動的な心理士だった。校舎ではない離れにあるカウンセリングルームで，別空間を提供する。そうしたことを目指している方だった。だから連携ということはほとんどされていなかった。

私が卒業して10年以上経っていて，さすがにSCの存在を知らない教員はいなかったが，話したことはおろか見たこともないという人がたくさんいる，だからあまり使い方はわかっていないと思う，と養護教員から聞かされた。まずは認知されないといけない。そう思って私は，教員向けにSCだよりを書いたりした。

だがそれでも，私はやはり「心」を大事に思う心理職である。まるでカウンセリングルームが矯正機関であるかのように，「カウンセリングを受けることを進学の条件としたのでよろしく」とか，「アンガーマネジメントをやってください」とか言われた際には，「心」が軽視されているように感じ，強く意見したりもした。

だが，SCとして働けば働くほど，心理職のできることは微々たるものだという思いを強くしていった。これは自虐でも卑下でもない。子どもにとって，毎日接触する担任や顧問，ともに暮らす家族といったものが，多くても週に1度しか会わないような心理職より影響力がある，という当たり前のことに気づいたにすぎない。これは，成人と密室でのみ会い続けていた頃には実感としてはわかっていなかったことだった。

私が生徒として在籍していた頃との変化も感

じられた。とにかく，教師が生徒の家庭の問題に口を出すことが憚られるのだ。生徒には心理的な面も含めて教育することは可能だとしても，親に対して「指導」するということはなかなか難しいようだった。そもそも，親の職業なども「個人情報」というマジックワードでブラックボックスのなかに入れられているような状況だった。そこは，SCだからこそ扱える領域のようだった。

私は，校長をはじめとした管理職とも，そしておのおのの先生方とも，双方の仕事は何か，特に重なる部分と重ならない部分はどこか，そして学校とは何か，教育とは何か，心理職とは何か，といったことをよく話した。そうした活動をするなかで，「学校という文化のなかで活動する心理職」として働くことが可能になっていった。

これは男子進学校という私の勤務校の特質も大きく影響しているが，SCを利用する生徒は少ない。訪れるクライエントの多くは親だったり，教員だ。もちろんそこで私が精神分析を行うことはない。行うのは，精神分析的な知見に基づいたガイダンスやコンサルテーションだ。

それはたしかに，私が学生時代にやりたかったことではない。でも，今の私はその仕事の重要性が理解できる。それどころかこの仕事にはこの仕事の楽しさがあることを知っている。そしてそれは精神分析にはないものだ。

＊

小学校を退職した後，私は，重要なのは個人療法という実践の型ではなく，心理的な理解であると思うに至った。その理解は型の違いを超えてどこでも使えるものであった。これにより私の心理職アイデンティティは安定した。

ゆえに，再度SCとして入職した際の課題は，私が築いた心理職アイデンティティを保ちながら，いかに学校文化という異文化と交わるかというものであった。

これはアイデンティティを刷新せねばならないという話とは似て非なるものである。ここで学校文化に染まり，人類学でいうところのgoing nativeとなり心理職アイデンティティを失ってしまっては，私たちがSCとして学校のなかにいる意味はなくなってしまう。

求められるのはあくまで更新であり，「決まった信条なりイデオロギーなりをただ守り続けるのではなく，かといって原理原則なしに新規参加者を受け入れるのでもなく，変化する状況に柔軟に対応し，「守るべきもの」をたえず「訂正」しながらも，それでも「同じもの」として再定義し続けるという逆説的な態度」（東，2021）なのである。

2校目の学校で私が体験したことは，いわゆる「チーム学校」なのかもしれない。だがそれは，はなから目指されていたから実現したわけではなく，都度必要と判断したことをこなしていった結果として訪れたものである。やはりここでも，先にアイデンティティが存在しており，それを獲得したという順番ではないのだ。日々臨床に取り組むなかで，異文化と交わり，結果的にアイデンティティを更新し，再構築していく。それが私がSCとして働くなかで起こっていたことだ。

異文化交渉の場としてのスクールカウンセリング

こうした事態は私に特有の現象というわけではない。下山（2011）が「今，臨床心理学に求められていること」という特集記事のなかで「現在の日本の臨床心理学の課題を人間の発達段階に喩えるならば，さまざまな理論を学習して，曲がりなりにも思春期まで育ってきたが，自己の内面の気持ちに心を奪われ，他者や社会の動きが見えないナルシステックな青年期を脱しき

れずにいた若者に喩えることができる」と指摘しているように，それは「平成のありふれた心理療法」[註1]（以下，HAP）（東畑，2020）を基礎として発展を遂げた臨床心理士，よりひろく言えば心理職全体が抱える問題であると捉えることが可能である。

SCは当初「黒船」と呼ばれていた。ここには，SCを受け入れる学校側の，異文化を持ち込まれることへの拒否感が見て取れる。当時SCは大学教員という「権威」がいわば出向する形も多かった。その結果，SCは学校側が心理職文化を尊重しなければならない形で誕生した。だからこそ，黎明期のSCは「助言をしない」HAPオンリーでも許されたのである。「マレビト」として存在し，学校のなかにカウンセリングルームという異空間を創出する。それがSCの仕事だとされてきた。当時は費用対効果の検証という概念もなく，仕事を評価され，「結果」を出していないのであれば予算を削減するといった話になることもなかった。「課題解決に向けて保護者らに助言をするよう」要請されることもなかった。

そうして学校やクライエントにもたらされたのは，決してよいものばかりではなかったと言わざるをえない。にもかかわらず，現実としてSCは枠を拡大することとなった。そしてそれは，臨床心理士という存在が人口に膾炙することを大いに助けた。個人療法をその核とする臨床心理士は，自文化を保持したまま，SCの増枠という社会的成功を収めたのである。

だが，時代が下り，SCに求められることは変化した。いまや，生徒個人の心の問題に取り組むことよりも，生徒が周囲に及ぼす迷惑や害を小さくするといった，公序良俗の管理的な仕事が求められる。平たく言えば，SCに個人療法はあまり求められていないことが明らかになってきたのだ。それにすんなり適応できる心理職もいれば，そうでない心理職もいるだろう。人によっては，社会の要求に敏感になることは，理不尽な社会にクライエントを適応させる悪の手先になるかのような感覚をもたらすかもしれない。それは特に，HAPをオリエンテーションとする，「心」を大切にする心理職に強いものかもしれない。

だが，ここで立ち止まって考えるべきは，クライエントは本当に「自己実現」を望んでいるのだろうか，ということだ。「適応」はそんなに悪いことなのだろうか。そう思っているのは，「自己の内面の気持ちに心を奪われ，他者や社会の動きが見えないナルシステックな青年期を脱しきれずにいた若者」たる私たちであって，クライエントではないのではないだろうか。

社会に求められることに敏感になるのを，即心理職としての堕落と感じてしまうのは，私たちが「社会は悪である」と決めつけているからかもしれない。だが当然のことながら，社会にはよい面もあれば悪い面もある。社会＝悪と切って捨てられるほど単純なものではないのだ。それと同様，クライエントもまた単純ではない。クライエントの考える「治癒」「幸福」は複数あり，それはクライエントの住まう社会との函数であって，普遍的なものではない（山崎，2021）。

スクールカウンセリングにおいては異文化交渉の側面を見出しやすい。だが，実はそれは，従来中心業務とされてきた個人療法のなかでも，クライエントの持つ文化との異文化交渉という形で，ミクロには起こっていたことである。私たちは，自文化が持つこうあるべきという像，すなわち治癒像は，あくまで自文化内のローカルなものであることを肝に銘じておく必要がある。そうやって自文化を相対化したうえで，他文化と交渉すること——それこそが普遍的に私たちに求められることである。

おわりに

心理職の専門性，アイデンティティは非常に

脆弱なものである。社会的に弱者である場合が多いことも，その脆弱さに寄与している。だからこそ私たちは，自文化に拘りがちになる。だが私たちは，社会のなかではじめて意味を持てる存在である。社会には社会の文化がある。そこで有用な存在となるためには，他文化との交渉が欠かせない。だが同時に，自文化を失ってもならない。

　公認心理師が誕生して数年経つが，いまだに心理職はアイデンティティを確立しているとは言い難い。HAPの時代，心理職が社会から乖離していたことは事実であり，改める必要性があることは間違いない。とはいえ，HAPを全否定すればいいわけでもない。HAPに自己批判が不足していたことは事実だが，それは「自己と向き合っていない」がゆえに生じることではない。社会に開かれること，そして異文化と交渉すること。それこそが，私たちに自己批判の視点をもたらしてくれるだろう。

▶註

1　ユング心理学的な理解を行いながらも，それをクラ

イエントと話し合うことなく傾聴に徹する，「サイコロジカルトーク抜きの心理療法」のこと。「深いところでつながる」「耳を傾ける」「寄り添う」「抱える」「関係を作る」といった常套句によって治療方針が立てられ，「一緒に考えていきましょう」というキラーワードで治療の今後が約束されるのが一般的。東畑は臨床心理士という資格の根底にこのHAPが埋め込まれている，としている。

◉文献

東浩紀（2021）訂正可能性の哲学，あるいは新しい公共性について．In：東浩紀 編：ゲンロン12．ゲンロン．

産経新聞（2021）スクールカウンセラー配置3万件も不登校減少つながらず（https://www.sankei.com/article/20211104-HV6WFMXVHZMQLF7I6OIIY-U2SGM/［2022年5月10日閲覧］）．

産経新聞（2022）「スクールカウンセラーは助言を」文科省が全国教委に要請（https://www.sankei.com/article/20220429-5ELXL64IJZOANOMHYVFSMVCYQ4/［2022年5月10日閲覧］）．

下山晴彦（2011）特集にあたって．臨床心理学11-1；3-8．

東畑開人（2020）平成のありふれた心理療法──社会論的転回序説．In：森岡正芳 編：治療は文化である──治癒と臨床の民族誌（臨床心理学増刊第12号）．金剛出版，pp.8-26．

山崎孝明（2021）精神分析の歩き方．金剛出版．

法と心理
臨床心理学と司法との葛藤

大正大学心理社会学部
門本 泉

法と社会

法（法律を含む，さまざまな法令・法規）は世の中の至る所に張り巡らされている。そして強い。我々の日常生活は信じられないくらい多くの法により影響を受けている。毎日口にする食べものだって法により多様な基準が定められているし，水や電気の安定した供給も，法がなければ成り立たない。通勤で我々が利用する公共交通も交差点の信号も，法にのっとって運用されている。法は，我々にその遵守を求める。破った場合，法的に，社会的にさまざまな制裁を受けることもある。多くの心理職が待ち望んでいた公認心理師資格も，法によって規定されている。

筆者が長く実務の場としてきた司法の世界では，特に法の影響力が大きい。捜査から裁判，そしてその後の刑罰の執行などに至る手続きはもちろんのこと，受刑者の食事，髪型，彼らが施設の中に持ち込める私物の種類，数量などについてまで細かに定める規定がある。国家の作用として，人の自由を制限したり，罪を問うたり，刑罰を執行したりするわけだから，それは至って当然のことであり，法は国民の行動を統制するだけでなく，国家が国民などの権利をむやみに侵害しないようにする役割も負っている。

ジレンマ

矯正施設における加害者支援でのキャリアを積み始めてしばらくの間，筆者には，「法」と「臨床心理学および心理臨床活動」（以後，両者をまとめて「臨床心理学」と表記する）という2つの間に生じるギャップは，率直に言って「厄介」だった。片足ずつ違う靴を履いて働いているように感じることも多く，進みにくかった。たとえば，アセスメントの過程で，担当する非行少年の処遇を考えるにあたり，「こうしたらどうか」というアイディアや指針を上司に進言しても，法の根拠がないからという理由で取り上げられなかったことは幾度もある。少年鑑別所に入ってしまったことを自分の唯一の心の支えである共犯者（恋人）に伝えてくれないかと食い下がる女子少年に，「規則だからできない」と断る場面では，自分がその上司に少し重なって感じられた。長く虐待被害に遭って身も心も傷だらけという非行少年に手錠を掛けることに，抵抗感を禁じ得ないこともあった。刑務所では，教育プログラムや個別面接を通して自分の罪に向き合い，内省が進みつつある受刑者が，長く関係を紡いだ専門家と共に，この作業をもう少し続けたいと希望したとしても，あらかじめ設定された刑期が終わればそこで矯正施設の専門家の介入は終わり，という枠組みも残念であった。出所の際，精神薬の継続服用のため，特定の医

療機関に紹介状をしたためたり，帰住先近くの医療機関を紹介したりすることもない。保護観察所に対象者の継続的心理支援の必要性について引き継ぐのが精一杯である。いずれも，「法の裏付け」の有無が大きいのである。さらに，対象者との人間的なやりとりを目指し，自分なりの誠意をもって関わってきたつもりでも，当の対象者から，「そんなふうに私に関わってくれていても，先生はどうせ仕事で（会っているんで）しょ」と片付けられてしまうこともあり，なんとも切ない気持ちになったものだった。

しかしながら，そもそも，家庭裁判所や矯正施設で心理職と会うということ自体，互いの自由意思ではなく，法で決められたことなのだから，法なしには心理職としての対話も出会いもあり得ないわけである。そうなると互い違いの靴を頑張って履きこなす（よう頑張る）しか道はないということになる。心理支援や援助の実践を「適法」的に突き詰める努力を維持していくことが，司法領域で働く臨床家や研究者の日常とも言える。

法と心理学の異質性

法と臨床心理学は，相当に異質である。特に，司法の領域では，この2つの間には厳然としたギャップ，緊張，葛藤が存在することを，多くの専門家が指摘してきた（Haney, 1980 ; Huss, 2014 ; Icon, 2021）。表は，法と心理学の対比に関する筆者の私見を，Huss（2014）を参考にしながら簡略に示したものである。法とは，国と社会が安定，繁栄すること（それをもって市民が平和に暮らせること）を目指すものだが，心理学は，人間一人ひとりの個の特徴をとらえ，個人差を前提とした分析を経て一般法則性を探究していく。そして，臨床心理学においては，こうした心理学の応用分野として，個の心の安定や自己洞察を目指していく。加えて，法があらかじめ犯罪を規定し（許されない行為の規定は，同時に「あるべき行為」をもある程度規定することになる），人間の行動を統制しようとするのに対し，心理学は人間の行動を記述し，予測するために発展してきた，とも言えるだろう。

葛藤と親しくなる

法と臨床心理学は，いずれも人間の行動に対するアプローチであり，司法においては，それらを相補的に用いることができるという意見もある。筆者自身も，一面ではこれは理にかなっていると思う。

しかし，実務にあっては，教科書に書いてあるように，両者を統合的，相補的に駆使できないこともあり，たいていの場合，葛藤は葛藤として残存する。たとえば，法の枠組みのなかでの公正性は確かに重要だが，他と同一の処遇よりも，個別的に考えて支援を展開すべきと思うケースがあるとき。あるいは犯罪（非行）について明確かつ合理的な説明が本人にも不能で，むしろ非合理としか表現できない自分の心の動きを今は抱えることこそが彼／彼女にとって重要だと解されるも，期日どおりの法的判断のために，犯因について何かしら周囲が納得できる説明をせねばならないとき。こうしたときには，悩みながらも，法が要請するところに従い対応するほうを選ばざるを得ない（ときが多い）。理想と現実，相反する学問的規範の間で，半ば苦し紛れに対応したこと，先例の追認で自分をごまかすしかなかったことだってある。今，自分のしていることは，臨床心理学の価値基準から離れていないかと自問し，これに中途半端にしか答えを出そうとしない自分を嫌悪しているのに，この葛藤を納得のいく形で切り抜ける方法を筆者はまだ明示することができない。

ただし，経験とはありがたいもので，そうした場数をまじめに積んでいくなかで，自分がな

	法	心理学
存在理由	1　国や社会の安定，繁栄 2　権力の牽制	心の理解と行動の予測
真実の性質	第一原理的，決定論的，権威的	経験（研究と実践）により新たに作られる，予測的，科学的
個の行動に対する考え方	普遍的規範（人のあるべき行為をあらかじめ規定）→事例に適用する	事例・データ（個人の行動をありのままに記述）→般的な傾向を導き出す
知の集積	先例拘束性を帯びて集積される	問いに関する情報の集合体として集積される
尊重するもの	公平性，厳格性	説明可能性，柔軟性
真実への接近法	敵対者相互による主張の精査（対審構造による真実の出現）	客観的なデータ分析を通した実験的手法
情報の扱い	（是非の）「答え」を得るために合理的なものを採用	非合理なものも受容，多様な理解に用いる
自律性への態度	自由意志という側面において，法に従う前提	成長・成熟により獲得されていくものと認識
逸脱への対処	制裁，（再犯の）予防	理解枠の提示，矛盾の機序の解明
歴史	紀元前から存在	150年に満たない

［註1］法の特徴は，あくまでも心理臨床の実務家からの視点から記述したものであり，法学者から見れば，反論があることは当然考えられる。
［註2］先例拘束性は，日本においては実務における慣行として機能している。
［註3］実際的な特徴について単純化して表化したものである。現実には，一方の領域で，もう一方の領域の特徴や作用を持つこともある（たとえば，法が人の個別性を重要視することもあれば，心理学が公平性を尊重することもあるだろう）。

すべきことについて，言葉にならないレベルの抽象化された態度はできてくる。換言すれば，法と離反しないという覚悟が形成されていくとでも言えるだろうか。法との付き合いが続くなかでは，当然，法規範に一定程度詳しくなるし，法学領域特有の用語，考え方，論法，価値体系などに慣れてくる。そうすれば，心理職としてのアイデンティティを貫きたいという自分の意思を，どのように完遂したらよいのかという道筋も，時には見えてくる。そうなると，今度は法の方が，臨床心理学の実践に味方してくれることも確かに出てくる。険しい山道の石や岩は，登山者を歩きづらくするが，場合によりそれに助けられることに似ている。そして，アスファルトで舗装され，すいすい歩けるような山道だったら（すでにそれは山道とは言わないのだろうが），司法臨床領域に特有のやりがいも消え失せ，味

気ないものに感じるのかもしれない。

　ジレンマのなかにいるときは気づくのがなかなか難しいものだが，法と臨床心理学のはざまに投じられる難問に取り組むことを通して，心理職としての自身の熱意やこの仕事を志した起源について意識的になる機会も，筆者の場合は持てたように思う。

もうひとつの葛藤

　このように，「左右だいぶ異なる一足の靴」を履いて進むスキルは徐々に身についていく。一方で，もうひとつの側面の「葛藤」は，なかなか手ごわい。

　司法システムで働く心理臨床家は，頑健であるべき法システムの一部である。それゆえ，法と臨床心理学の実践のはざまに生じる「人」とし

ての苦痛や迷いや無力感は，法システムによって顧みられることは普通ない。葛藤やジレンマのなかで生じた「受傷」は注目されず，置き去りにされやすい。周囲からも，システムからも，そして本人からも。このため実務家は，これに関連するunfinished workを，しばしば長年抱え続け，憂うつと友達になるか，次の仕事をこなすため痛みを麻痺させるか，といった選択に遭遇することになる。むろん，この手当に敏感な職場は，仲間内でこうした話題を取り上げ話し合うとか，励まし合うといった工夫をする。また，スーパービジョンを通じた内省により扱いやすくしていくこともあるだろう。ただし，これはその職場環境が，高度な保護をもって「受傷」を扱えるほど成熟している場合に限られると考えられる。

葛藤とはがんじがらめになることではなく，バランスを取ること

　法と心理学との関係に，今一度目を戻そう。Haney（1980）は，この二者の関係について，①法のなかの心理学，②心理学と法，そして③法に関する心理学という3つの形を提唱している。図は，筆者がそれをイメージ化したものである。①は，司法プロセスや刑事政策のなかで，心理学をどう有効に使うかを示し，②は，司法と心理学のそれぞれの実践を並列させ両立（時に拮抗）させること，そして③は心理学の目線で，司法システムや法そのものの姿（例えば，市民の認識など）を研究していく立場である。法と心理学の葛藤は，この3つの側面すべてに存在する。筆者にとって臨床心理学の実践は，主に①，そして部分的に②に属するものであったが，臨床心理学特有の価値体系と知識体系をもって，司法という世界に働きかけ，本来の「社会の平和」を推進していくという望み（つまり③の実現の範疇となる）は，これから特に求められるものと考

えられる。Haney（2020）は，刑事司法においてこれまで長く（少なくとも数百年）続いてきた前提を変容させていく必要性を説いている。犯罪の原因と責任を，犯罪者個人に画一的に見ようとする司法の在り方から，時空をまたいだ文脈（当事者の歴史と生きてきた環境，そして人間関係における経験）の上で罪をとらえるべきという彼の主張は，心理学をもって法を実践するために，心理学をもって法に作用していく動きと言える。

　村瀬（2015）はかつて，職権に基づく，司法領域の心理支援を，「容易ならざる関与」と呼んだ。そして，法が用意した対話の場において，対象者の話を聴くこと，自身が身を置く状況を確認し，法と臨床という相反する二要素の間のバランスについて自身に問い続けていくことの重要性を指摘している。葛藤とは，つるが絡まり合って身動きが取れなくなることではなく，少なくとも現象的には，もっと動的なものと考える方がよいのかもしれない。このバランス感覚について考えるとき，筆者には，糸でつながった2つの玉を振り子のように振って遊ぶアメリカンクラッカーのイメージが連想される。お互いに異なる（対称的な）軌道を描き，衝突し，そして互いのエネルギーを利用してまた跳ね上がる。どちらかの動きがずれれば，もう一方の動きもくるってしまう。法という玉と臨床心理学という玉がリズミカルに動き続けるには，それを持ってコントロールしている人の技量と集中力が必要である。

　法も臨床心理学も，実は不完全な学問領域である。Canter（2010）は，法と（臨床）心理学の相互作用によって，それぞれがそれぞれの限界を超えて発展することができるという。法と心理学は，近年，学際的な領域というよりは，学融的な実体をなしてきていると言える側面があるほか，治療的司法（therapeutic jurisprudence）などと呼ばれる動きがあることは，法と臨床心

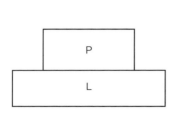
①法の場で活かす心理学

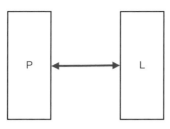
②心理学と法（相互作用）

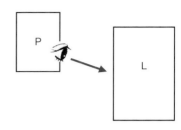
③法に関する心理学

［註1］図中のPは心理学を，Lは法を表す。
［註2］原語は，①が psychology in law，②が psychology and law，③が psychology of law である。

図　法と心理学の関係

理学の関係がより強化されることを物語っている。心の世界と，法が寄与する社会という世界との間を往還することで，我々は，どのように司法領域の臨床心理学という，ひとつの文化を作っていくことができるだろうか。

　こんな風に考えても，葛藤は依然としてそこにあり続けるだろう。これからも，法と心理学は，互い違いの靴のままだと思う。しかし，だから歩けない，走れないということもきっとなく，不格好でも，目の前のケースに伴走することが，現場の日常であり続ける。もう一度，前掲の表を眺めてみる。法の特徴には，尊いと思えるものが確かにある。法が何千年も存在しているゆえんである。一方，新参の心理学は，まだ150年程度の歴史しかない。我々には，謙虚にしかし大胆に心理学を実践し，法と渡り合っていく責任がある。

◉文献

Canter D (2010) Forensic Psychology : A Very Short Introduction. Oxford University Press.

Haney C (1980) Psychology and legal change : On the limits of a factual jurisprudence. Law and Human Behavior 4 ; 147-199.

Haney C (2020) Criminality in Context : The Psychological Foundations of Criminal Justice Reform. American Psychological Association.

Huss MT (2014) Forensic Psychology : Research, Clinical Practice, and Applications. 2nd Edition. John Wiley & Sons.

Icon CCO (2021) Law and Psychology/Legal Psychology. ALSA School of Legal Studies.

村瀬嘉代子 (2015) 司法・矯正領域において求められる心理職の活動．臨床心理学 15-4 ; 431-434.

データから見る心理職の賃金と雇用形態

フリーランス IT エンジニア
千葉一輝

はじめに
——「心理士は儲からない」ってホント?

心理士の間で囁かれる噂がある。**「心理士は儲からない」**という噂である。

心理士に憧れて指定大学院に入ると、先輩から次のように脅されるらしい。「就活を始めると、すぐに正社員の募集が見当たらないことに気づく」「良い求人は数年の臨床経験を要求するものばかりで、最初はコンビニバイトのような時給で臨床経験を積むことから始めなければならない」「少ない給与からSVや資格更新のための費用などを払うと、手元には生活費しか残らない」「心理士の昇給制度が整っている職場は少なく、経験年数を重ねても給与が上がらない」などなど……。Twitterを見れば、ことあるごとに心理士による労働環境への愚痴や待遇改善を訴える声が拡散され、大量の「いいね」を集めている。にもかかわらず、実際のデータに基づいて心理士の労働環境を分析した資料はほとんど見当たらない。

今までは、心理士の労働環境に関する公開データ自体がほとんどなかった[註1]。しかし、2021年3月に一般社団法人 日本公認心理師協会から「公認心理師の活動状況等に関する調査」（以降、本調査と呼ぶ）が出たことで状況が変わった。**本調査のデータを他の公的統計と比較することで、「心理士は儲からない」という噂が本当かどうかを検証しよう！** というのが本稿の趣旨である。

国民全体との賃金比較

本調査では、第1回の公認心理師試験の合格者で、かつ2019年に通年で心理士として活動した人の主な勤務先での年収の分布を、常勤者・非常勤者に分けて掲載している（図1）。これを日本国民全体の賃金分布と比較してみよう。

常勤者と非常勤者では賃金分布が大きく異なる。そもそも労働時

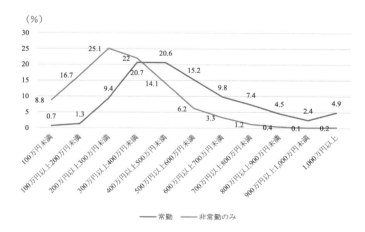

(%)

図1　2019年度年収（常勤・非常勤比較）
（一般社団法人 日本公認心理師協会，2021，p.90）

凡例：常勤　非常勤のみ

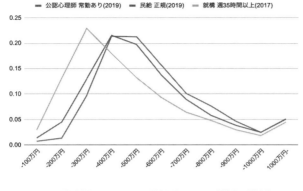

凡例: 公認心理師 常勤あり(2019) / 民給 正規(2019) / 就構 週35時間以上(2017)

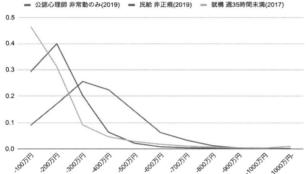

凡例: 公認心理師 非常勤のみ(2019) / 民給 非正規(2019) / 就構 週35時間未満(2017)

図2　公認心理師と民間の賃金分布の比較

間が異なるのだから当然だろう。そのため，常勤者・非常勤者は群を分けて比較する必要がある。

しかし，「常勤／非常勤」は医療・福祉業界では頻繁に使われるものの，法的に統一された定義はなく，職種によっても微妙に定義が異なる言葉である[註2]。そこで，便宜的にではあるが，民間給与実態統計調査の「正規雇用／非正規雇用」と，就業構造基本調査の「週35時間以

表1　公認心理師の常勤／非常勤の割合
（一般社団法人 日本公認心理師協会, 2021, pp.55-56）

	人	%
常勤（含。休職中）	7,572	55.3
非常勤（含。休職中）	5,237	38.3
その他	191	1.4
この1年間，「公認心理師の専門性に基づく活動」を行う就労をしていない	688	5.0

上／未満」の群を比較対象とした（図2）[註3]。

　常勤の公認心理師の**賃金**は，民間の正規雇用者の給与分布とほぼ一致し，ほんの少しだけ高い。非常勤（非正規）の場合は，民間の非正規雇用者と比べても，民間の非常勤（週35時間未満）と比べても，明らかに公認心理師の方が給与が高い者の割合が多い。

　常勤者の割合についても検討しておこう。先のグラフから「常勤の心理士」と「民間の正規雇用者」は賃金分布のよく似た集団であると想定できるので，心理士の常勤率と民間の正規雇用率を比較してみる。本調査では，回答者の「主たる勤務先での就業形態」のデータがある（表1）。その他や心理士として就労していない人を除外すると，常勤者の割合は約59％となる。労働力調査によれば，2019年の国民全体における「役員を除く雇用者に占める正規雇用の職員・従業員の割合」は，約62％である。このことから，心理士の常勤率は，民間の正規雇用率と同等か若干低いくらいだと推定できる。

この比較でいいのか?

　さて，本調査と国民全体の賃金分布を簡単に比較してみたが，これで答えは出たのだろうか？これは非常に単純な比較のため，ほかにも考慮すべき要素がたくさんある。

　まず，**心理士集団の属性の偏りが統制されていない**。心理士は，国民全体と比べて女性の割合が非常に多い集団である。労働者全体で女性の占める割合は42％であるのに対し，心理士では女性が75％近くを占める。民間給与実態統計

調査によれば，日本国民全体で男性と女性を比較すると，女性の方が平均年収は約200万円ほど低く，非正規雇用者の割合は約30％高い。特に年齢が高い層では差が顕著なため，今回のように全ての年齢層を比較するのであれば，女性の割合の多さを統制する必要がある[註4]。

もう一つ，**比較対象の選定**も検討する必要がある。市井の心理士が「心理士の待遇は悪い」と不満を口にする時，その比較対象は誰だろう？ 多くのケースでは国民の平均と比べているわけではないだろう。「これだけの教育を要する専門職なのに，それに相応しい待遇を受けていないのではないか？」という不満なのだから，無意識のうちに，国民全体の平均よりも労働環境が良い集団，例えば，同じく大学院を出た友人や，職場の他の専門職と比較しているのではなかろうか。

残された問題1
——性別と年齢の統制

まず，性別と年齢の影響の統制について考えてみよう。本稿のように性別や年代の分布が異なる集団の賃金を比較する場合，一般に**ラスパイレス比較**という方法を用いる。簡単に言えば，各集団の性別や年代の分布を統計学的に揃えて比較する方法である。

ところが困ったことに，本調査のレポートには，各性別・年代の賃金分布どころか，常勤・非常勤の群ごとの性別・年代の分布が掲載されていない。それゆえ，性別や年代の影響を統制して，本調査の結果を他の賃金分布データと比較することは難しい。

代替策として，本調査の年収や非正規率をどの程度差し引いて考えればいいのか，概算を試みてみよう。各年代における性比は同じであると仮定することで，本調査の公開データから，各性別・年代の割合を推定できる。そして，民間給与実態統計調査および労働力調査を用いれば，国民全体がもし心理士集団と同じ性別・年代の分布になったと仮定した場合に，給与や非正規率にどの程度の影響があるのかを算出することができる。細かな計算過程[註5]は省いて結論だけ述べると，国民全体が心理士集団と同じ性別・年代の分布になれば，**平均給与は約60万円下がり，正規雇用率は約5％下がる**。

先ほど，公認心理師の常勤率は民間の正規雇用率より約3％低いと述べたが，これは公認心理師に占める女性の割合の多さだけで説明されてしまうのである[註6]。

残された問題2
——比較対象の選定

次に，**比較対象の選定**について考えてみよう。一体，どの集団と比較すれば，「心理士の待遇は悪い（or良い）」と結論づけられるのであろうか？

とりあえず，大学院を卒業した人の賃金について見てみよう。2020年の賃金構造基本統計調査によれば，**大学院卒と大学卒の平均賃金には，男性で月約7万円，女性で月約12万円の差がある**。このデータを見る限りでは「大学院を出ているのだから，もうちょっと良い待遇でもいいのではないか」という意見は妥当に思える。

とはいえ，注意しなければならないのは，**大学院卒の場合は，出身学部によって大幅に状況が異なる**点である。2018年の学校基本調査報告書に掲載されている修士課程修了者の分野別の進路状況のデータを見てみよう（図3）。一見してわかるように，**教育系や人文科学系の修了者は「一時的な仕事に就いた者」「正規の職員ではない者」の割合が圧倒的に多い**。学部卒業者と比べても3〜4倍多い。修士課程修了者の半数近くを占める工学系の修了者とは雲泥の差である。大学院修了者の中のどの集団と比較するかで，結果が全く変わってしまうのだ。

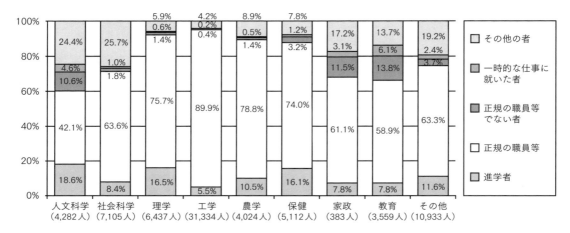

図3　修士課程修了者 分野別の進路状況（文部科学省，2019，p.9）

　さて，心理士の賃金を比較する場合，どの集団と比較するべきなのだろうか？　心理士は教育分野と見なすべきか？　それとも保健分野などのより待遇の良い分野と比較するのが妥当なのだろうか？　「心理士とは何者なのか？」という問いに対し，心理士の業界の中ですら議論が続いている[註7]状況下では，適切な比較対象を定義すること自体が非常に難しい。

「メンバーシップ」という要因

　さて話は変わるが，心理士の労働環境について考える上で，“新卒カード”に代表されるメンバーシップ型雇用の問題は避けて通れないように思われる。ここで，心理士が労働環境に不満を持つ最大の要因は**メンバーシップ型雇用に入れない点**にあるのではないか，という筆者の仮説を述べたい。

　興味深いデータがある。本調査には「主たる活動分野別」に年収を比較したグラフがある（図4）。これを見ると，「司法・犯罪」「産業・労働」分野の給与帯が，「保健・医療」などの他分野と比較して明らかに高い。実務経験年数による比較データを見ると差がより顕著である（図5）。

「産業・労働」分野では，実務経験10年未満と10年以上でピークの位置が右に動いており，年功序列型の賃金体制になっているのが読み取れるのに対し，「保健・医療」分野は実務経験10年未満と10年以上でピークの位置が変わらない[註8]。

　日本はメンバーシップ型雇用社会と言われ，“メンバーシップ”の中核である大企業の正社員が国民全体の給与を押し上げている。戦後の日本の賃金制度は，労働者の家族を含めた生活を賄えるだけの給与を世帯主である壮年の男性労働者に支払うべきとする生活給思想に基づいていた（濱口，2021）。この名残として年功序列の給与テーブルがいまだに生き残っている。

　しかし，このような年功序列のメンバーシップに入れる心理士は非常に限られている。一般に，メンバーシップ型雇用社会においては，“真っ白なキャンバス”として新卒を正規雇用し，長い時間をかけて教育することで組織に適合させていく。しかし，“心理士”はすでに十分に教育されており，真っ白なキャンバスとは言えない。心理士をいわゆる“総合職”として活用するルートは，日本の企業の中にはほぼ存在しない[註9]。

　その中で例外的に，組織の“メンバーシップ”

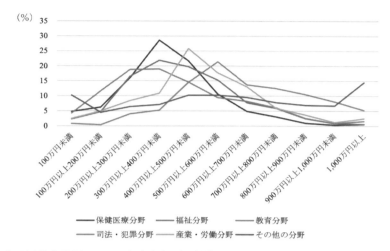

図4　主たる活動分野別の2019年度年収（一般社団法人 日本公認心理師協会，2021，p.90）

に入ることができた人々が，「産業・労働」や「司法・犯罪」分野の心理士なのではないか，というのが筆者の予想である。おそらく，この分野の心理士は他の"総合職"のメンバーと似た給与テーブルで評価されるため，実務経験年数による給与の上がり幅が顕著なのではないだろうか。

　本調査の「実務経験年数別の常勤割合」の結果を国内の大卒者全体の正規雇用率と比較したグラフ（図6）[註10] が，若い心理士の苦境を端的に示している。女性大卒者の正規雇用率は，若いうちが最も高く，年齢を重ねるにつれ徐々に下がっていく。これは若いうちは"新卒カード"を使うことで正規雇用に入れる一方で，出産などで一度正規雇用を離れると元に戻りにくいからだと考えられる。しかし，心理士の常勤率は，女性が75％を占めるにもかかわらず，期待される動きと真逆の動きを示す。若いうちが常勤率が最も低く，その後は定年近くまで上がり続ける。心理士は「キャリアを非常勤勤務でスタートし，経験を重ねる中で常勤勤務が増えていく」（一般社団法人 日本公認心理師協会，2021，p.50より引用）のである。メンバーシップ型は若者に優しく，ジョブ型は若者に厳しい雇用システム

だとよく言われるが，まさにその差が表れた結果と言えよう。

　このように，心理士の労働市場はどちらかといえばジョブ型に近く，"新卒カード"に代表されるような日本型メンバーシップ雇用社会の恩恵に与れないため，特に大学院修了直後は過酷な労働環境に置かれやすい。

　一方で，心理士が理想的なジョブ型雇用の枠組みに入れているかというと，それもまた疑問がある。ジョブ型雇用社会では，資格が非常に重視され，「資格＝スキル」という前提で採用が行われるとされるが，日本社会は資格だけでは測れない「能力」を重視する傾向にある。心理士の採用は紹介やコネに頼っているケースが多く，"ジョブディスクリプション"を明確に用意できているケースは皆無と言ってよい。それゆえ，1年目の心理士は社会に出ようとした瞬間に**「メンバーシップ型雇用には入れてもらえないが，だからといって理想的なジョブ型雇用社会のように，資格だけで採用してもらえるわけでもない」**という二重苦に遭遇することになる。この点が若手心理士の不満につながっているのではないだろうか。

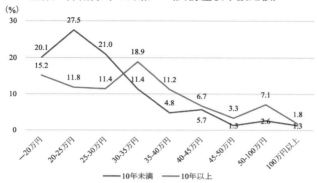

産業・労働分野の月給　（実務経験年数比較）

保健医療分野の月給（実務経験年数比較）

図5　活動分野別 常勤者の月給の実務年数比較
（一般社団法人 日本公認心理師協会，2021, pp.98, 100）

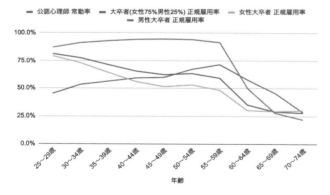

図6　年齢と常勤率（正規雇用率）の関係
（一般社団法人 日本公認心理師協会（2021）を参考に作成）

おわりに
──心理士のキャリアについて

　公認心理師の国家資格化に伴い，今後心理士に期待される役割は大幅に変わっていくことが予想される。個人的な印象ではあるが，心理士として生き残っていくことを目指すならば，心理療法や心理検査などの"切り出し可能なジョブ"ではなく，組織の"メンバー"に期待されるような役割をこなせることが重要になるだろうと思う。

　本調査の提言部には月給と業務の関係の概念図（図7）が掲載されているが，これによれば心理支援やアセスメントなどの基本業務だけではなく，マネジメントやコーディネーションなどの展開業務を行う人ほど給与が高い。

　これは，筆者の本業であるITエンジニアの業界においても同じような現象が見られる。与えられた要件に従ってプログラムを書いているだけの人は（プログラミング自体は一定の専門知識を要求される仕事であったとしても）低賃金の待遇に置かれてしまうことが多い。むしろ，実際にプログラミングをすることはほぼないが，ITの知見を用いることで解消できる問題を発見・定義し，実務に技術者が解消に取り組めるところまでの"お膳立て"を担当している人の方が（技術力そのものは低くとも）高給取りである[註11]。

　心理士も同様で，現在の日本社会の状況では，「依頼された内

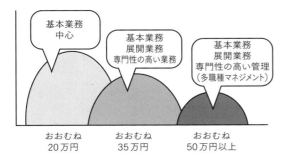

図7　月給と業務の関係
（一般社団法人 日本公認心理師協会，2021，p.205）

容を適切にこなせる」という意味での専門家（specialist）像にこだわり続ける限り，ジョブ型雇用の枠組みに囚われてしまい，安定して賃金を上げていくのは難しいのではないだろうか。「解くべき問題は何か」「どうすればその分野の知見を人々に価値ある形で届けられるのか」を考えて定義・仕組みをつくっていくことも，専門家（professional）の役割である。こういった役割を積極的に模索することで，より組織の中で安定した地位を得ることにつながり，ひいては社会の中で心理士が活躍できる場所も増えていくのではないか，と思う。

▶註

1　経年で臨床心理士の状態を追い続けている統計として，日本臨床心理士会による「臨床心理士の動向調査」があるが，公開範囲が会員に限定されている上，賃金と他の属性（勤務形態，性別など）をクロス集計したデータが全くない。他に利用可能な統計データについては筆者のブログ記事にまとめたので，興味がある方はそちらをご覧いただきたい（https://note.com/piyoketa/n/n458c7041973f）。

2　例えば医療法は週32時間以上勤務している医師を常勤医師と換算する。一方，看護師は一般に週40時間以上勤務している場合を常勤看護師と呼ぶ。

3　データの加工手続きについて示しておく。民間給与実態統計調査は，1年を通じて勤務した給与所得者のうち，正規／非正規雇用の給与階級別の給与所得者数のデータをe-statより取得し，割合に起こした。就業構造基本調査は，年に200日以上，もしくは200日未満であるが「だいたい規則的」な勤務をした人を

週間就業時間が35時間以上／未満の群に分け，主な仕事からの年間収入ごとの人口をe-statより取得し，割合に起こした。就業構造基本調査は5年ごとの調査のため，最も調査年が近い2017年のデータを使用した。本調査のデータは合計が100％になるように補正した。ちなみに，民間給与実態統計調査は事業所の支払額に基づくデータであり，被調査者が複数の勤務先を持つ場合は「1つの勤務先の分の給与」しか反映されないという問題がある点に注意したい。

4　性別に比べれば影響は小さいが，年代にも若干の偏りがある。労働者全体には，中学校や高校を卒業した後すぐに働き出した人も含まれる一方で，本調査の対象者の年齢分布は25歳から始まっている。給与の低い若年層が丸ごと除外されているわけである。そのため，この後では年代も統制して比較を行っている。

5　Web上にプログラムを公開しておく（https://colab.research.google.com/drive/1d5Wa7-o8IOdobhDzup-BvN1AmXqG_Ge3y?usp=sharing）。

6　今回は性別と年齢のみを取り上げたが，賃金を比較する上では，ほかにもさまざまな要素の影響を考慮する必要があるだろう。例えば，勤務時間の差や複数の勤務先を持つ場合の影響は，公開データだけでは十分に検討できない。

7　例えば「心理士は医療職なのか」という議論は，1960年代から始まる心理士の国家資格化を目指す歴史の中で何度も何度も繰り返されてきたが，公認心理師法の施行に至った現在も決着は付いていない。

8　ここでは賃金のみの比較であるが，勤務時間等のデータがあれば，別の側面が見えてくるかもしれない。メンバーシップ雇用では"組織への忠誠"が重要なため，「残業を含め，長時間働くことを求められる」「転勤などの要請に従うことを要求される」という悪い面もある。一般に，メンバーシップ型雇用は女性にとっては働きづらい環境であることが多い。

9　医療機関においても同様の問題がある。2019年の「公認心理師の養成や資質向上に向けた実習に関する調査」によれば，心理職が雇用されている医療機関のうち，非常勤も含めた心理士の雇用人数が1人のみの施設が29.2％，2人のみの施設が20.1％である。一つの職場に複数人所属していることが当たり前の看護師などとは異なり，心理士は職場の中に同じ役割の仲間がいることが珍しい状況にあり，上司が心理士以外の職種であることも多く，メンバーシップとはやや異なる勤務形態が少なくないと思われる。

10　データの加工手続きについて示しておく。本調査に掲載されている「実務経験年数別の常勤割合」のデータを，25歳から実務経験を開始したと想定して

年齢に直し，2017年の就業構造基本調査のデータと突合した。

11　未だに伝統的な大企業においては「ITは外注するもの」というイメージが強く，ITに全く詳しくない「総合職の正社員」が外部のIT企業に対して仕事を発注する，という構図になりがちで，それが伝統的メンバーシップ型の日本企業がデジタル化に失敗する主要な原因であると指摘されている。これを反省し，企業内部に「ビジネスとIT技術の両方に詳しく，ITの知見を用いることで解消できる問題を発見・定義し，実務に技術者が解消に取り組むところまでの"お膳立て"を担当できる」ような人材を採用する流れがあるが，供給が足りていないこともあり，彼らは非常に高級取りである。今後，公認心理師の活用

においてもこれと同様，「高い臨床技術を持つ心理士」よりも，「心理士を活用する仕組みを作れる人」の需要が高まっていくことになると予想される。

◉**文献**

濱口桂一郎（2021）ジョブ型雇用社会とは何か．岩波書店．

一般社団法人　日本公認心理師協会（2021）厚生労働省令和2年度障害者総合福祉推進事業「公認心理師の活動状況等に関する調査」（https://www.mhlw.go.jp/content/12200000/000798636.pdf）.

文部科学省（2019）令和元年度学校基本調査（確定値）の公表について（https://www.mext.go.jp/content/20191220-mxt_chousa01-000003400_1.pdf）.

心と個室

東京大学医学部附属病院精神神経科
熊倉陽介

個室がない

心を扱うためには，前提条件がある。
個室だ。

本稿の趣旨はこれだけだ。しかし，それが書けない。

すでに締切を大幅に超過した。編集者から提示された「真のデッドライン」を，今，まさに越えようとしている。この原稿は，1週間以上前から自分の臨床以外のTo Doリストの最上位にある。それにもかかわらず，書けない。

理由はわかっている。週7日のうち，6日と半分ほどを，臨床に費やしているからだ。週に1晩以上，当直しているからだ。1日が終わる頃には，気力も体力も残っていない。時々訪れる休日は，泥のように眠って睡眠負債を解消することに費やされる。集中して原稿と向き合うことのできる時間と場所が，今の自分にはない。一人で落ち着いて，深く考え抜くことができない。

自分には，個室がない。

大学病院の病棟には，今日も白衣を着た人達があふれている（以下，本稿で書かれたケースはすべて架空である）。これだけ人がたくさんいるのだから，さぞかし手厚い医療が行われているだろう。素人目には，そう錯覚するかもしれない。

しかし，この業界の玄人が見れば，すぐに気が付くはずだ。あふれかえっているスタッフの大半が素人である，ということに。

もちろん，ここに立っているという事実だけで，過酷な選抜をくぐり抜けた人材であることは保証されている。ここにいるのは，あまねく優秀な人材だ。人柄もいい。けれども，現時点で，まぎれもなくこの業界における素人だ。

今月から新たに精神科にやってきた，初期研修医と挨拶をする。はじめまして。1カ月，よろしく。閉鎖病棟の鍵を決してなくさないように。今週から新たに精神科にやってきた，医学生と挨拶をする。はじめまして。2週間，よろしく。患者の個人情報を決してSNSに拡散したりしないように。

研修マニュアルは，病棟の鍵を絶対になくさないようにという注意書きから始まる。歴史上積み重ねられてきたトラウマに駆動されたリスク管理の文言が，マニュアルを埋め尽くしている。それに従い，オリエンテーションを行う。

皆でぞろぞろと病棟を回診する。今日からやってきた医学生が，電子カルテを読むことができるように登録をする。電子カルテの動きが，今日も亀のように遅い。

新しい入院患者がやってきた。皆でぞろぞろと移動し，迎え入れて診察する。診察が終わると，入院のための大量の手続きを遂行していく。「その同意書は，コピーをとって，原本を電子

カルテにスキャンして，コピーを患者にお渡しするんだ。そっちのお知らせは，コピーをとって，原本を患者にお渡しして，コピーを電子カルテにスキャンしてくれ」「すいません。病棟のコピー機の使用権限が，まだ自分には付与されていないようです」。研修医と一緒に，数々の摩訶不思議なトラップをクリアして，形式を整えていく。官僚制の地獄の中で，折れそうになる自分の心を見つめてしまわないよう，必死でマネジメントする。ようやく，治療方針について皆で話し合う。

　そうこうしているうちに，外来の時間になる。ほんの少しだけ，ホッとする。一人の患者と話し合う。診察室から患者を送り出し，次の患者を迎え入れる。その合間の，ほんの一時，一人になることができる。次の患者が診察室に入ってくるまでの一瞬，自分一人だけの時間が生じる。狭い診察室が，自分のため息で満たされる。

　なんとか外来を終える。夕方に面談を予定していた，入院患者の家族の元へ走る。お待たせして申し訳ありません。19時からすでに始まっていた勉強会のため，会議室に滑り込む。端っこのほうに座って，居眠りする。脳が少しだけ回復する。病棟に戻る。終電までの残り時間で，カルテと書類を書く。初期研修医の書いたカルテを「承認」する作業をしていく。カルテの記載内容は評価されない。あらかじめ決められた期限内に，指導医が研修医のカルテを「承認」したかどうかが，病院によって定期的なモニタリングの上で評価される。相変わらず，電子カルテの動きが，絶望的に遅い。

　虚脱した帰りの電車の中で，今日も100通以上溜まっている未読メールを，片っ端から読んで打ち返していく。添付ファイルを読んで何らかの対応が求められるメールは，星印をつけてひとまず一旦放置する。家に着く。眠い。その日のメールを処理しきれないまま寝てしまうと，朝起きたと同時に絶望感に満たされる。それを

回避すべく，なんとかメールを返し終えた頃に寝落ちする。

　週7日のうち，4日間をこうして過ごす。

　自分には，個室がない。心に向き合うための場所と時間がない。心について考え，心についての文章を書く時間がない。だから，この文章を書くことができずにいる。

　締切が迫っている。仕方がないので，スマホを駆使して書き進める。会議中。食事中。移動中。トイレ。ふとした隙間時間にできあがった，数行の断片を重ね合わせて，まるでケータイ小説のように書き進めていく。

路上の臨床

　水曜日と土曜日は，外勤に出る。午前中に簡易宿泊所（ドヤ）街で外来診療をして，午後にはホームレス支援の仕事をしている。ホームレス支援には，大別すると2つの形式がある。巡回（アウトリーチ）と，炊き出しだ。

　移動に時間を要するため，大学病院勤務の日よりも，一人の時間が多くある。公園や河川敷を延々と歩き，そこで暮らしている人に「アパートに入りませんか」と声をかける。「ありがとう。まあ，働けなくなったらね」。いつものようにそう言うおっちゃんから，最近のアルミ缶の値段を教えてもらう。たわいもない雑談をして，元来た道を歩いて戻る。汗がじっとりとにじむ。昨日までの空調のきいた職場から一転，季節感を取り戻す。同時に，自分の自律神経失調を自覚する。

　路上では，文書を管理する必要性がない。お知らせや同意書といった，形式が存在し得ない。ただいつものようにそこで暮らしている人のところへ，勝手に訪れる。単にそれだけのことだから，文書を必要としない。文書を厳格に管理することによって付与される権力もまた，ここ

では成立し得ない。

東京都豊島区の東池袋中央公園で，毎月第2・第4土曜日の夕方，炊き出しがひらかれている。配食や衣類配布と同時に，生活福祉相談，医療相談，はりきゅうマッサージなどの相談支援も行われる。路上で生活している人のみならず，生活保護を利用して暮らす人や，年金で生活している人など，さまざまな人達が炊き出しを訪れ，そこで行われている相談を利用する。

2020年4月に1回目の緊急事態宣言が発出されて以降，さまざまな形で困難を抱える人が増加していく状況のなか，少しでも役に立てることはないかと考え，「こころと身体のよろづ相談」のブースを医療相談のなかに作った。メンタルヘルスのことや，住まいのこと，身体的な不調，薬物やアルコールやギャンブルなどのアディクションをめぐることなど，内容を問わず，ゆっくりと話を聴くことを心がけている。

「こころと身体のよろづ相談」を訪れる人のなかには，いわゆる複雑性PTSDに該当するような，トラウマティックな体験を重ねてきた人が多い。原家族から提供される「安全」を享受することができる人は，基本的にホームレス化しない。ホームレス状態であるということは，住まいがないことに加えて，心理的な安全性や居場所感を失っていることを意味している。

原家族から長年にわたって重ねられた，激しい虐待やネグレクト。親密圏からの失踪や，関係性の断絶。誰にも頼ることなく，新自由主義的な社会のなかを，孤独な自助努力によってなんとか生き延びるなかで培われたエートス。ホームを失いながらも，サバイブしてきた人達の語りに耳を傾ける。酒に酔った父親から毎晩のように暴力をふるわれ，逃げるように上京してきた。父親と似たような上司から，パワハラを受けて逃げ出した。子どもができたので，結婚した。両親と同じように，離婚した。生活が困窮して，集団生活を求められる寮に入居すること

を余儀なくされたが，隣の利用者とトラブルになって逃げ出して再び路上に戻った。ゆっくりと話を聴くうちに，再演によって居場所を失うパターンが少しずつ見えてくる。

加えて，医療や福祉など，本来的には安全であるはずの支援の現場において，傷つけられた体験を語る人が後を絶たない。精神科病院への強制入院や，そこで行われた行動制限が，トラウマになった。病院での医師からの高圧的な態度に傷ついた。客観的には医療が必要な状態に見えるものの，そうした医療トラウマから病院受診を拒絶し，結果として生活が立ち行かなくなっている人も少なくない。

生活保護のケースワーカーと関わるなかでの被害の体験を語る人も多い。生活保護を利用するなかでは，あらゆる制度を利用しようとする際にケースワーカーとコミュニケーションをとらなければならないため，一度恐怖を覚えてしまうと，生活に大きな支障をきたす。何らかの困りごとを自覚していても，ケースワーカーと関わる機会をなるべく減らすために，援助希求をためらっている人も少なくない。

多職種でゆっくりと話を伺った上で，まずは暮らしの基盤を整えるための方法を一緒に模索する。生活保護の利用の申請にスタッフが同行することによって，見通しが立つ方もいる。もちろん，そう簡単にはいかない方と，月単位や年単位で関わり続けていくことになる。

個室の提供から始める臨床

生活困窮者支援の現場でこうした活動を行うなかで，ハウジングファースト（Housing First）という支援のパラダイムと出会った。鍵のかかる本人だけの個室を，条件なしに提供するという，極めてシンプルな支援の方策だ。

ハウジングファーストは，「安全な住まいを得ることは基本的な人権である」という価値観に

立脚している。その概念の根幹は，「住まいを得ることと，治療や支援を受けることを，完全に分離・独立させる」という点にある。つまり，住まいを得るために，精神科で治療を受けることや断酒断薬をすることは求められないし，「良くなる」ことを求められもしない。治療や支援を受けることは，住まいを得るための条件にはならない。住まいは基本的な人権であり，鍵のかかる安全で安心できる空間は，誰でも条件なしで得ることができるはずだという立場に立った支援論である。

住まいが安定せずに転々と移動していると，支援関係も途切れてしまいやすい。住まいが安定することによって，本人が抱える困難の歴史や文脈を共有し，継続的に関わる人が得られやすくなる。失踪と断絶の再演のループから抜け出すことを支えるためには，複雑な背景に耳を傾ける必要がある。中長期的な視点で関わり，暮らしを取り戻すことをサポートしてくれる人達と関わり続ける上でも，住まいは土台となる。

先進諸国において取り組みが進んでいるハウジングファーストを，日本においても広く実践する必要がある。そのための方法を模索し，基盤となる社会制度のあり様を一つひとつ整えていくことが求められる。そう考え，実践を通して，仲間と議論を重ねてきた。

個室を提供することから始める臨床。単に生活の基盤を整えることが誰にとっても重要であるという話には，おそらく留まらない。社会的な側面を支援しているようでありながら，心理的な側面を支援している。心の臨床に直結する問題を扱っている。直感的にそう感じ，取り組むうちに，徐々に確信へと変わってきた。

個室を提供することから始めるハウジングファーストが，ホームレス支援における新しいパラダイムであるとするならば，古いパラダイムは何であったか。それは，大部屋を提供することだ。複数名が暮らす寮に入居し，通院して

病気を治療し，就労支援を受けて仕事に就き，生活習慣を整えながらお金を貯め，準備ができたらアパート生活が可能となる。そうした，「ステップアップモデル」のパラダイムだ。

もちろん，「ステップアップモデル」の支援で，うまくいく人もいる。しかしながら，深い困難を抱えた人ほど，ステップアップのプロセスの途中でつまずき，再び路上生活に逆戻りしやすい。大部屋のなかで，隣人とトラブルになって，退所した。そうした話を，生活困窮者支援の現場のいたるところで，頻繁に耳にする。

人間関係のなかでの深い傷つきを抱えた人達が，大部屋での暮らしを余儀なくされて，そこで更なる傷つきを深めて，立ち去らざるを得なくなっていく。

大部屋のなかでは，一体何が起きているのだろうか。

大部屋の臨床

また今日も，大学病院の病棟に出勤する。月曜日の朝から頭痛がしている。缶コーヒーを飲み干して頭痛をつぶし，働きはじめる。

病棟には，個室と大部屋がある。病状の重い人のために，保護室といくつかの個室が準備されている。それ以外には，個室代を支払うことができる人が，個室に入院している。個室代を支払うことができない人が，大部屋に入院している。病棟に個室と大部屋があり，個室代が設定されている以上，そこには厳然と社会経済的な格差が存在している。

大部屋に入院している患者同士が，数日前からとても距離が近い。いつの間にか意気投合して，四六時中，話している。笑いが絶えず，仲が良さそうに見える。いつもの朝回診は，皆でぞろぞろと訪れて，ベッドサイドで話す。「今朝の朝回診は，面接室でいかがでしょうか？」。心配になって，ベッドサイドから，病棟内の個

室へと移動してもらい，患者と話す。

「この数日，病棟の人間関係がしんどいです。いい人達なんですけど。ずっと話していると疲れちゃって。かといって，一人で暇に過ごしているといろいろ思い出しちゃって。それもそれでしんどいので，助かってもいるんですけど」

カーテンを閉めて自分のベッドで過ごしたり，病院内に散歩に出て一人で過ごす時間をなるべく作ることについて話し合う。大部屋のベッドサイドでの診察だけでは，患者は，同室の患者との関係性についての悩みを口にすることができない。

そもそも，関係性の悪い家族から離れて，休むために入院してきた。家族と顔を合わせること自体が，フラッシュバックの引き金になっている。そう気がつきはじめたから，ここにやってきた。

不安定で，しばしば不機嫌な家族のことを，ずっとケアしてきた。本音を話したら，家族を傷つけてしまうのではないか。子どもの頃からずっとそう気を遣ってきたから，「いい人」になった。入院することで，家族から数週間離れることができた。気が楽になった。自分の感情を，冷静に見つめることができる自分に気がついた。家族との関係性が自分にとって大きなストレスであったということが，入院して離れてみて，確信に変わった。

同室の患者のいびきがうるさい。気になって，眠れなくなる。自分の立てる物音を，他の患者が気にして眠れなくなっていやしないだろうか。物音を立てないように，息を潜めて眠れぬ長い夜を過ごさなければならなくなってくる。

誰かが限界を迎えた。大部屋でトラブルが起きた。それぞれの担当医が，個室に招き入れて，話を聴く。

「あの人も，私と同じような苦しみを抱えてる人だと思うんです。私よりもしんどいのかもしれない。だから，あの人が悪いわけじゃない

のは，わかってます。だけど，一緒の部屋で過ごすのが，限界です。しんどい。あの人が退院してくれればいいのにって，正直思っちゃいます。だけど，無理なんだったら，私が退院するしかないのかなって。そう思っちゃいます」

他者のことを気遣う。自分が我慢をすることによって，自らをその場から排除することによって，トラブルをやり過ごす。それ以外には，同じ部屋に住む人同士の諍いをおさめる術が，これまでなかった。家族のなかで重ねられてきた傷が，大部屋のなかで姿をあらわす。

今，この瞬間に，個室が必要だ。それは医師も患者もわかっている。個室代を払うことができない患者に対して，今，個室を提供することができないことを謝罪する。個室を必要としているあなたに，安全な個室を提供することができない社会の問題について話し合う。

ノートに向き合いながら，トラウマ記憶を自分なりに整理しはじめたところだった。手ごたえはある。情動を安定させるための薬も少しなじんできた。予定を早めて退院したほうがいいか，話し合う。今，家に帰っても，きっと元に戻ってしまう。

もう少しだけ，ここで頑張ってみたいと，患者が希望を述べる。

大部屋の臨床から，個室の臨床へ

出勤前。なんとか早起きして，喫茶店に入る。

この文章の趣旨は何だったのだろう。スマホにメモしてあったバラバラなことばの断片を並べ替えて，推敲しながら考える。

心の臨床を再考することだ。心と社会を往還し，心の臨床について，心と社会の両面から，立体的に理解しようとすることだ。これが与えられたオーダーだった。

そのためには，心の臨床の基盤について考える必要があると考えた。心の臨床は，何を前提

として成り立っているのか，という問いだ。心の臨床を可能とする，社会的基盤について，改めて考える必要がある。それが本稿の提案だ。

心の臨床は，常に誰かと向き合うことで成り立っている。それについて再考するためには，臨床をしながらにして，一人になって，孤独に考える必要がある。一人で考えるためには，居場所と時間を確保する必要がある。

心の臨床は，そこに個室があることを前提として考えられてきた。そう仮定するならば，私たちは，心の臨床の前提である個室を，患者に提供することができているだろうか。私たち心の臨床家達は，自分の心を扱うための個室を持つことができているだろうか。家賃は高止まりし，物価は高騰し続けるこの社会のなかで，現在の対価，現在の給与水準，現在の雇用形態は，心の臨床家達に，自らの心と向き合い，心を扱う前提条件を与えてくれているだろうか。

こうした問いを立てざるを得ないと感じたこと自体が，すでに結論を物語っている。もしも十分な個室が与えられていたならば，個室について考える必要性は生じないからだ。

少なくとも，自分には，十分な個室がない。これが不都合な真実だ。

退院の日の朝。入院中に取り組もうと予定したことを，なんとかやりきった。はじめて家族から1カ月離れて，自分一人だけのための安全な時間を過ごした。「だまされたと思って」とすすめられたストレッチに真面目に取り組み，身体をほぐすことから始める大切さを実感した。長らく避けてきたトラウマの記憶におそるおそる触れ，それを自らの物語のなかに再配置しなおすことの，手ごたえを感じた。まだ怖くてふるえて泣いてしまうけれど，その後に笑うことができる自分も発見した。

もちろん，全ては終わっていない。心の治療とは何かを知った。回復の旅路が始まった。始

まったばかりで不安もあるが，少しばかりの期待を感じることもできている。

「よく頑張りましたね」。そう声をかける。病棟の外へ，安全ではない「家」へと，送り出す。

この続きは，外来でやりましょう。月に何度か，あなたの心について考えるための「個室」を確保しましょう。その意味について，体感的に理解することができるようになった。

心を扱うためには，前提条件がある。個室だ。

2週間の精神科実習を終えた医学生を見送る。1カ月の精神科研修を終えた研修医を見送る。「あなたは何科になってもいい医者になる」。10年以上前，指導医からもらった言葉をそのままつぶやく。

医師の研修は，大部屋の臨床から始まる。大部屋の臨床では，指導医が後ろについていて，最終的には，何らかの収拾をつけてくれる。

心の臨床には，大部屋の臨床だけではなく，個室の臨床がある。個室の臨床は孤独だ。何が起きようとも，収拾をつけるのは自分しかいない。どちらが高度な臨床だ，ということでもない。大部屋の臨床のリアリティを体感することは，個室の臨床における想像力を底上げしてくれる。個室の臨床を知らなければ，大部屋で何が起きているかを認識することができない。

個室の臨床をするためには，個室を準備し，維持する必要がある。自分が臨床する場を維持することが，前提条件だ。

また次の患者がやってくる。今週の医学生と，今月の研修医がやってくる。

いつ終わるとも知れない大部屋の日常のなか，ふとした隙を見つけてMacBookをひらく。束の間の個室を，自分に与える。一人で考えて，書く。これを毎日，繰り返していく。そこに心が生まれるはずだと，ほんの少しの希望を抱いて。

男性性ジェンダーを重視した心理臨床に向けて

心理学的説明モデルによる正当化と他者化の陥穽

千葉大学社会科学研究院
西井 開

はじめに

男性性に関連するメンタルヘルスの課題として，自殺率の高さ，セルフネグレクト，ドメスティック・バイオレンス（DV）やハラスメントなどの加害性などが指摘されている。筆者はこうした男性問題に対して臨床的にアプローチしたいという思いから，臨床心理士指定大学院に入学した。臨床心理学に基づいた専門的トレーニングは大きな学びになったが，生育歴や家族関係，行動パターン，発達・パーソナリティ特性を中心にクライエントの問題を把握する傾向に疑問を感じてもいた。何より上記の課題があるにもかかわらず，日本の心理臨床において男性性ジェンダーへの視点がほぼ培われていない現状を知って驚いた[註1]。その際，筆者の拠り所となったのは，ジェンダー論などの社会学的知見と，草の根で展開されてきた男性たちの実践活動だった。とりわけ1990年代に興ったメンズリブ運動を源流とする，DV加害者男性の自助グループ「メンズサポートルーム」や，大阪府・市の児童相談所との連携事業である虐待父親のグループ「男親塾」にスタッフとして参加することで，男性問題を臨床的に扱うことや，男性間で繰り返されてきた権力的な関係性（専門家－当事者という関係性を含む）を再生産せず，共同的に問題解決を模索していくことを学んできた。

以上の蓄積をふまえ，筆者は現在，DV加害男性のカウンセリングおよびグループワークを中心として臨床活動を行っている[註2]。本論では，その内容と葛藤を描くことを通して，男性性ジェンダーの視点を臨床に取り入れることの意義と課題について考察したい。

DV加害男性への臨床の実際

DVは男性から女性パートナーに向けられる割合が高く，深刻なケースにおいても女性が被害者になる場合が多い[註3]。つまりジェンダー間で偏りがある。実際に筆者が関わる男性クライエントたちの語りには，他者とのつながりの希薄さや内面の開示の困難さ，問題解決の手法として暴力が選ばれてしまう傾向性といった，男性性の課題が見え隠れする。男性加害者臨床では，これらの傾向を踏まえ，彼らが責任を引き受け，パートナーの安全を確保することや関係の修復・改善をしていくことが目指される。しかしそのプロセスは難航する。クライエントの多くが暴力とその影響をすぐには認められず，むしろ度々正当化・矮小化するからである。「妻の代わりに家事育児をしてあげているのに感謝がない」「妻なら自分を理解してくれると思っていたのに」「これまでもそうして（暴力をふるっ

て解決して）きた」など，クライエントは自身の正当性を，筆者に，そして自分自身に言い聞かせるように滔々と語る。これらの言葉は性別役割分業や男性中心主義的な社会意識，男性に身近な暴力の文化と接続したものであり，いわば「当たり前」と認識されているために簡単には引き剥がせない。さらに社会に浸透した精神医学的・心理学的な説明モデルも，加害を免責する語彙としてはたらく場合がある。「発達障害で人の気持ちがわからない」「過去のトラウマで発作的になって殴ってしまった」「ストレスがたまって爆発する」「衝動性が高く無意識のうちにやった」。こうした説明は部分的に妥当である可能性もあるが，「だから仕方ない」という帰結を容易に呼び込んでしまうので，ただ傾聴しているわけにはいかない。

アラン・ジェンキンスは，加害者を責任に向かわせず，これまで繰り返してきた行動や関係性に留めおく一連の信念や言説を「拘束理論」と呼び，セラピストはそれらを外在化させる必要があるという（Jenkins, 1990/2014）。これまで扱ったケースでは，「トラウマはわかったが，ではなぜ妻に対してのみ発現するのか」「パートナーや子どもからの愛情や尊敬の念を失っているのではないか」などの問いを向けたり，ジェンダーバイアス，男性と暴力の文化との近似性，ケア依存などの知識や，それに伴う筆者自身の男性としての経験を提示したりすることで，男性を取り巻く社会構造の問題を共同的に見つけるアプローチをとってきた。この作業を通じて，クライエントは自己を特殊で固定的なものとしてではなく，さまざまな要因で変化する可塑的な存在であると捉え直していく。社会的な視座を組み込むことで，変化の風穴が開くのである。

セラピストによる他者化

ところで，社会的な背景を踏まえて個人の問題を把握するまなざしは，当然セラピスト側にも折り返してくる。ナラティヴ・セラピーを拓いたマイケル・ホワイトは，男性の加害者臨床に取り組む際の姿勢について以下のように言及している。

> 暴力をふるい続ける男性に会う時，私には，彼らを逸脱者と見なす資格などないのです。［…］彼らを逸脱者と見なせば，私はひとりの男性として，この手のドミナントな在り方や考え方の再生産に自分が共犯している，そのやり口に直面せずにすむでしょう。　　（White, 1995/2000, pp.252-253）

セラピストが自身の立場性を棚上げすることを戒めるこの言及には，セラピストがクライエントを逸脱者として他者化（othering）しうるという含意がある。筆者も加害男性との関わりを通じて，自らも男性として，暴力を呼び込んでしまう思考，感情，欲望を経験してきたことに気付き，にもかかわらず／同時に，そこから距離をとって冷静に「彼ら」と関わろうとすることが幾度となくあった。その時，共感的な理解というテーゼは後景に退き，専門家としての役割意識ばかりが前面に出てくる。この他者化の問題について，筆者はマジョリティ研究にふれることで省察してきた。その担い手の一人であるグッドマンは，マジョリティ集団が自身の偏見や特権性に気付いていく過程において，「正常」であるという自己認識が崩れることへの恐怖から，抵抗的な反応，例えば「他の特権集団の人と自分を区別し，自分は特別で「いい人」だと思おうと」すると指摘している（Goodman, 2011/2017, p.67）。なかでも知的職業に従事している者は，「優秀で，有能で，洗練された自己イメージを持っている」場合が多く，偏見などが晒されることで「自分が無知，愚か，あるいは未熟だと見られる」事態をできるだけ避けよ

うとするという（ibid., p.88）。筆者がクライエントたちと同じ男性としての当事者性を引き受けた場合，自身が有しうる性差別的な偏見や暴力の文化への親和性を同時に引き受けることになり，そうなれば「正しく」「優秀な」自己ではいられなくなってしまう。セラピストの他者化とは，自身を有徴化されることの恐怖であり，正常性への縋（すが）りの現れなのである。

この他者化を促進させるものとしても，前述した精神医学的・心理的な説明モデルは機能する。つまり，DVをクライエント個人に内在する傾向性の結果として解釈し，彼を「適応させるべき他者」に格下げすることで，男性セラピストはクライエントと自身との社会的な共通性を断ち切ることができる。結果的に，顕在化した暴力とそれを指摘された個人のみが問題視され，日常のなかに潜む社会の問題は不問となって，再生産される。ホワイトの提言には，ジェンダー関係におけるマジョリティとしての自己と，セラピー場面において相手をラベリングできてしまう権力者としての自己の立場を引き受けていく，いわば社会的存在としての自己一致の姿勢が示されている。

最後に

ここまで筆者の実践をもとに，心理臨床に男性性ジェンダーの視点，ひいては社会的な視点を導入する意義について論じてきた。ただしこの視点は，加害者臨床や，（性的マイノリティなど）特定の社会的属性を持つクライエントを対象とした心理臨床に限ってのみ必要というわけではない。私たちの前に座るクライエントは，相手が開示せずともすでに何らかの社会的属性を有しているのであって，だとすれば心理学的な説明モデルだけに依拠することで面接が立ち行かなくなったり，セラピストの他者化や意図しない偏見・差別[註4]によって治療関係が危機的

な状況に陥る可能性は常に潜んでいる。当事者運動や近接する学問領域に学びながら，心理臨床はさらなる更新が目指されるべきだろう。それは筆者自身の挑戦でもある。

▶註

1 APA（アメリカ心理学会）では，民族・人種的マイノリティ，女性・少女，性的マイノリティ，そして男性・少年を対象とした心理臨床のガイドラインが次々と作成されている。

2 本事業は立命館大学人間科学研究所臨床社会学プロジェクト「男性問題相談室」が委託を受けて実施されており，筆者はその職員として関わっている。

3 2021年の内閣府「男女間における暴力に関する調査報告書」によると，配偶者から暴力を受けたと答えた割合は，女性回答者の25.9%，男性回答者の18.4%であり，被害者のうち「命の危機を感じた」と答えたのは女性で18.2%，男性は5.0%であった。

4 Sue（2010/2020）では，セラピストによるマイクロアグレッションの問題が指摘されている。マイクロアグレッションとは，社会的なマイノリティ集団に対する差別の一形態であり，明確に意図して行われるヘイトと異なり，多くの場合，加害者側が相手を貶めたことに気付いていないことにその特徴がある。

◉文献

Goodman DJ（2011）Promoting Diversity and Social Justice. 2nd Ed. Routledge.（出口真紀子 監訳，田辺希久子 訳（2017）真のダイバーシティをめざして――特権に無自覚なマジョリティのための社会的公正教育．上智大学出版）

Jenkins A（1990）Invitations to Responsibility : The Therapeutic Engagement of Men Who Are Violent and Abusive. Dulwick Centre Publications.（信田さよ子，高野嘉之 訳（2014）加害者臨床の可能性――DV・虐待・性暴力被害者に責任をとるために．日本評論社）

Sue DW（2010）Microaggression in Everyday : Race, Gender, and Sexual Orientation. John Wiley & Sons.（マイクロアグレッション研究会 訳（2020）日常生活に埋め込まれたマイクロアグレッション――人種，ジェンダー，性的指向：マイノリティに向けられる無意識の差別．明石書店）

White M（1995）Re-Authoring Lives : Interview & Essays. Dulwich Centre Publications.（小森康永，土岐篤史 訳（2000）人生の再著述――マイケル，ナラティヴ・セラピーを語る．ヘルスワーク協会）

臨床心理学の「樹海」へ／から
インサイダーとアウトサイダーの狭間で，足踏みしながら考える

島根あさひ社会復帰促進センター 社会復帰支援員
岩下紘己

洗　礼

ピリピリと張り詰めた厳粛な空気感。スクリーンに映し出される「クライエント」の記号化された膨大な個人情報と会話の記録——これを「逐語録」略して「チクゴ」と呼ぶ。担当「セラピスト」である発表者の学生が読み上げるそれを必死に目と耳で追う学生たち。もちろんわたしもそのなかのひとりである。腕と足を組んで背もたれに体重を預け，難しそうな顔をして耳を傾ける教授たち。発表者のモノローグが終わると同時に，パソコンのキーボードを打ち鳴らすカタカタという音が薄れ，厳しくも愛のある質疑の嵐を潜り抜けると，発表者は今後の展望について一言残し，安堵とともに席を立つ。

週に一度，2コマ3時間の講義時間で2つの事例をじっくりと全員で検討する「ケースカンファレンス」——通称「カンファ」と呼ばれる事例検討は，臨床心理学実習の要であると同時に，専門家の卵としての洗礼であり通過儀礼であった。

まったくの門外漢から臨床心理学の世界に足を踏み入れたわたしにとって，それはなんとも新鮮で，かつ奇妙な光景でもあった。ひとりのクライエントとひとりのセラピストの会話を巡る，果てしない解釈の応酬。投げかけられた／投げかけたひとつの言葉を巡る，枯れてゆく一輪の花をいたわるような繊細さ。そして徹底的にクライエントの言葉と意味世界に自らを重ね合わせ，その内に留まろうとする姿勢。修士課程の2年間，わたしはそんな臨床心理学の世界に触れ，違和感を覚え，反発し，けれども惹かれ，身の置き所に悩み続けてきた。

本論は，専門的な議論はさておき——まだ駆け出しの臨床心理士でインサイダーとして語る立場には当然なく，かといって社会学や人類学などのアウトサイダーとして語るほどの術も持ち合わせていないどっちつかずのわたしが，いずれにしても専門的な議論を展開できるはずはなく——，何処を目指してきたわけでもない，右にふらふら，左にふらふら，前へ後ろへ足踏みし続けてきた，わたしの2年間のふみあとである。

そのふみあとが，現在地も方角もわからず樹海を彷徨う誰かにとって僅かでも希望となること。それが，同じく行く当てもなく樹海を彷徨うわたしの願いである。

なぜ生きられないのか，問う

振り返れば，わたしの臨床心理学への最初の入り口となったのは自立生活介助の経験であった[註1]。「障害」も「福祉」も「臨床」も，まったくと言っていいほど知らなかったわたしが，重度身体障害者・脳性麻痺者である上田要さんと出会い，専属の介助者となったのは，大学2年

生の頃だった。食事を作ったり寝支度をしたり，洗濯物を干したり，部屋の片付けをしたり，電車で一緒に出掛けたり買い物をしたり，まさしく生活をともにするような週に1回の泊まり介助をしながら，上田さんは夜な夜ないろんな話をしてくれた。わたしは上田さんから本当にたくさんのことを学んだ——いや，過去形ではない。いまも，当時上田さんの介助をした経験と，そのとき上田さんがわたしに語ってくれたことを時折振り返っては，ああ，あれはこういう意味だったのか，とわたしは学び続けている[註2]。

一文でまとめるならば，それは，「障害者」であり「いらない存在」であると社会からみなされていることを強烈に自覚した上田さんが，その障害者の歴史を仲間とともに背負い，社会を問い直しながら自らの道を切り拓いてきた人生そのものであった。「なぜ生きるのか」と答えのない問いに迷い悩んでいたわたしに，いつも上田さんはその生き様で示し続けてくれていた。問うべきは，「なぜ生きるのか」ではなく「なぜ生きられないのか」，そして「どのように生きることができるのか」であると。いつの間にかわたしは，上田さんに引き込まれた世界から抜け出せなくなっていた。

これらの問いをめぐるなかで，当時のわたしを摑んで離さなかったのが臨床心理学であった。心理主義化と批判されることもあるけれども，生老病死を巡る人間の葛藤と叫びに，何よりも真摯に向き合ってきた実践の学であるように，わたしには感じられたのだった。そのような生々しさは，他のどの学問にも見出すことのできないものであった。

学部時代からの極端な反動だったのかもしれない。真実や本質などはない，あらゆるものは歴史的社会的言説によって構築されているとして，それらを徹底的に解体していく社会構築主義を学んでいた。わたしを取り囲むいくつもの狭い枠がガラガラと崩れ落ちていった。「日本」

「男性」「健常」「家族」「労働」……，それはわたしが知らず知らずのうちに身につけ，自らを縛ってきた様々な枠からの解放であった。けれども同時に，自らの経験や感情，記憶までもが，ばらばらと解体されていくような感覚に陥った。一体わたしはどこにいるのか。わたしとは何者なのか。何に価値を置いて，何を大切にして生きていくことができるのか。わたしの生きる世界が根底から揺らぎ，あらゆるものの価値が信じられなくなった。それでも，世田谷のマンションの一角で上田さんと笑って過ごしたあの時間は，たしかに間違っていない気がした。こうしてわたしは大学院の門を叩いた——途端にわたしは樹海に迷い込む。

反転図形の諸相

大学院に入って一番最初に行う，学生同士でセラピスト役とクライエント役を演じ，カウンセリングを疑似体験しながら学ぶ演習——その名も「ロールプレイ」で叩き込まれたのは，受容的かつ共感的な応答とともに徹底的にクライエントの抱える葛藤と問題を明示化／言語化することであった。わかったつもり，という安易な理解と思考停止は許されない。満開の桜の花ひとつひとつをじっくりと眺めて，それぞれの花独自の美しさを見出していくような繊細な作業であり，例えば「かなしみ」と名指されるものはこんなにも多様なのだと驚かされる。

カンファレンスで検討されるのは，クライエントの放ったひとつひとつの言葉，行為，表現の意味と，そこから見えてくるクライエントの本質的な苦しみである。同時に，語られたものの輪郭から，未だ語られていないものがかすかに浮かび上がってくる。消えかかった雲のような，その曖昧模糊としたものを逃さずに摑み取る，深さと鋭さと柔らかさに，目を見開かされる。

しかし，何事にも表裏がある。上述のような

繊細なやりとりのなかで，「あなたはどんなことを感じましたか／感じていますか」と焦点付け，個人の感情，認知，身体感覚，そして行動へとものすごい勢いで解像度を上げていくことによって，知らぬ間に，具体的な社会のなかで生きる具体的なひとりの人間は一般的な個人へと，現実における唯一無二の葛藤は抽象的な内的葛藤へと，変換される。こうして個別性を掘り下げることによってこそ普遍性へと通じる，とされる（例えば，伊藤（2009））。けれどもそこにはもう，上田さんはいない。上田さんの対峙してきた，障害者を「いらない存在」とみなしてきた具体的な歴史と社会も，見えない。

　歴史と社会というマクロな視点から眺めることで解体されるひとりの人のかけがえのない経験や記憶，個人というミクロな視点へと焦点付けることで見えなくなる具体的な歴史と社会。一方にピントを合わせようとすることによって，もう一方がぼやけてしまう。まさに反転図形であった。どこに向かって歩けばいいのか，そもそも自分はいま一体どこにいるのか，気付けばまさしく，コンパスも狂う樹海のなかを彷徨っていた。

　それからわたしは，実習と講義，ゼミと読書を通じて多くのことを学んだ。とてもここでは書き切れない，いくつもの学術的議論に多くを負っている[註3]。簡潔に言えば，次のようになる。「わたし」は切り離されて独立した個人を生きているのではない。家族／友人などの他者，周囲を取り巻く物理的環境，明示化の有無にかかわらない規範／慣習／制度の束……これら無数の関係の網の目のなかで「わたし」は生きている——というよりもむしろ，それらの関係の結節点として，朧げに立ち上がってくる「わたし」が在る。この「わたし」はただの受動的な社会的構築物なのではない。関係の一端として，「わたし」はそれらの関係に働きかけ，働きかけられて生きている。いま，ここで，関係を創

造／再創造しながら生きている。この関係の総体を歴史的／社会的「現実」と呼ぶのだとすれば——「わたし」は「現実」を創造／再創造することもできる。同時に「わたし」もまた創造／再創造される。ここに，個人と歴史／社会の境界はない。ならば人の苦悩や葛藤を扱う臨床心理学とは，セラピーとは，隔絶された空間において個人の心理的問題に取り組む一対一のカウンセリングというだけでなく，セラピスト自らもその関係に片足を突っ込みながら，関係の総体としての「わたし」と「現実」に同時に働きかけ，創造／再創造していく学問であり実践である，とすることもできるはずである。

戯言，あるいは道標？

　これは世間を知らない学生の，あるいは学問の，戯言だろうか。わからない。とは言え，わたしもこの4月から働き始めた。島根あさひ社会復帰促進センターという官民協働の刑務所で，民間の支援員として就職し，この文章を書いている4月現在は研修を受けている真っ最中である[註4]。この刑務所には回復共同体（TC）と呼ばれる教育プログラムが存在しており，かつその理念を基礎としたサークルが全教育プログラムを貫く柱となっていることが，他の国内の刑務所と一線を画している[註5]。それは訓練生[註6]の更生と人間的成長を目的とするのみならず，刑務所の在り方，ひいては罪と罰の文化そのものを変えようという試みでもある，とわたしは理解している。けれども，それ自体空気のように当たり前に存在しているわけではなく，内外の関係者の努力によって辛うじて繋ぎ止められているものでもある。坂上（2022）はTCプログラムについて，ため息が出るほど劣化していると指摘し，多くの課題を提起している。夢を描いてはるばる島根へとやってきたわたしは，希望を抱きつつこうして出鼻をくじかれている。

　＊

　さて，わたしには一体何ができるのだろうか。この問いは，わたしのふみあとの行く末が懸かっていることをも意味している——これまで辿ってきたふみあとが雨風や落ち葉にかき消されてしまうのか，あるいは樹海を潜り抜ける道標となるのか。

　かつて，ほんの数十年前まで，障害者が地域で暮らすなんて不可能だ，と誰もが思っていた。上田さんたち，脳性麻痺者をはじめとする障害者は，声をあげ，体を張り，不可能だと思われていたいくつもの現実を塗り替えてきた。わたしが出会った自立生活という上田さんの日常は，その到達点だった。仲間とともに，不可能を可能と信じること。ともに夢を描くこと。行く末を左右するのは，案外そういうことなのかもしれない。

▶註

1　障害者が実家や施設を出て，暮らしたい場所で暮らしたいように生活することを自立生活という。それは障害者が自分たちの地域生活の権利を訴える運動でもあり，実践そのものでもあった（安積ほか，2017）。
2　詳細については，岩下（2020）を参照されたい。
3　例えばガーゲン（2004），熊谷（2020），多賀・三脇（2008），ニューマン・ホルツマン（2020），Katz & Shotter（1996）など。
4　本論が公刊される頃にはおそらく研修も修了している。進路選択におけるいくつかの理由については，長くなってしまうので岩下（2022）を参照していた

だきたい。
5　取り組みの内容については藤岡（2014），坂上（2022）などを参照されたい。
6　島根あさひ社会復帰促進センターでは，受刑者のことを訓練生と呼んでいる。

◉文献

安積純子，立岩真也，岡原正幸 ほか（2017）生の技法——家と施設を出て暮らす障害者の社会学［第3版］．生活書院．
藤岡淳子（2014）非行・犯罪心理臨床におけるグループの活用——治療教育の実践．誠信書房．
K・J・ガーゲン［永田素彦，深尾誠 訳］（2004）社会構成主義の理論と実践——関係性が現実をつくる．ナカニシヤ出版．
原一男（1974）さようならCP．ディメンション．
伊藤良子（2009）臨床心理学——全体的存在として人間を理解する．ミネルヴァ書房．
岩下紘己（2020）ひらけ！モトム——大学生のぼくが世田谷の一角で介助をしながらきいた，団塊世代の重度身体障害者・上田さんの人生．出版舎ジグ．
岩下紘己（2022）だから，ぼくは問い続けたいと思った——『ひらけ！モトム』によせて』（https://jig-jig.com/serialization/special/motomu_202203/［出版舎ジグウェブサイト内／2022年4月30日閲覧］）．
Katz AM & Shotter J (1996) Hearing the patient "VOICE" : Toward a social poetics in diagnostic interviews. Social Science & Medicine 43-6 ; 919-931.
熊谷晋一郎（2020）当事者研究——等身大の〈わたし〉の発見と回復．岩波書店．
フレド・ニューマン，ロイス・ホルツマン［伊藤崇 訳］（2020）革命のヴィゴツキー——もうひとつの「発達の最接近領域」理論．新曜社．
坂上香（2022）プリズン・サークル．岩波書店．
多賀茂，三脇康生 編（2008）医療環境を変える——「制度を使った精神療法」の実践と思想．京都大学学術出版会．

ロビイングする心理士

制度にはたらきかけること

SUKIMA GENERATIONS 代表

日野 映

「スキマ世代救済ワーキングチーム」の萩原巴絵さん，市川幸一さん，泉佑樹さん，小松周平さん，佐々木優さん，高澤佐織さん，今井たよかさん，岩倉拓さん，腰英隆さん，松森基子さん，米田愛子さん，萩原政幸さん，そして私たちの活動に賛同し支援してくださる方々にこの場を借りて心より感謝を伝えさせていただきます。

*

まず当団体の紹介をさせていただきたい。

2018年9月，心理職待望の国家資格である公認心理師資格試験が実施され，多くの心理職が公認心理師資格を取得していった。しかしそのなかには，公認心理師資格を得た多くの心理職と同程度の技術を備えながら，受験資格を得られなかった人が一定数存在している。卒後や履修登録後に受験に必要な科目が公表されたため科目が足りない，キャリアの中断，もしくは大学院を卒業したばかりで実務経験が5年未満で移行措置適用外など，受験資格を得られない理由は様々だが，制度の隙間にこぼれ落ちたという点では共通している。

以上のような理由で受験資格を得られなかった心理系学生，心理職，通称「スキマ世代」の救済活動を目的に設立されたのが，当団体SUKIMA GENERATIONS（以下，SG）である。私はそこで代表を務めており，本稿の文責も活動の責任も私にあることをここに明記しておく。

当団体は現在ロビイング中である。今回「ロビイングする心理士」というテーマでの執筆依頼を受けたわけだが，なかなか書くことが難しい。当団体の活動が現在進行中で，活動の総括ができる段階に至っていないことも理由だが，取り組むイシューによってロビイングの中身が千差万別であるため，理論的，体系的に語ることが難しいのである。実際「ロビイング」に関する本の多くは，取り組むイシューに関連した制度的な話が延々と綴られた事例集であったりする。それも，最も重要な実践については「ロビイングを行った」とまとめられており，実際に何を行ったのかが書かれていないことが多い。私たちがロビイングを始める際に一番頭を悩ませたのもここである。「具体的に何をどうすればいいのか」。そのため，本稿では今後ロビイングを始めようとする誰かに宛てて，なるべく具体的に私たちの実践を記そうと思う。

「名前のない問題」を 「特定のイシュー」にする

始まりはTwitterであった。スキマ世代の友人がいることを呟いたところ思いのほか反応があり，それぞれ理由は異なるがスキマ世代が各地に一定数点在していることが分かった。さらに当事者の多くが，不安定な経済基盤，ワンオペ

育児，病気などの問題も抱えており，この問題がインターセクショナルな構造を持つことが分かった。また，国家資格「公認心理師」という大物ルーキーの登場でこれまでの心理職業界の生態系が大きく変わることも予測され，既存の資格への安心感も失われていた。私自身は非当事者であったが，運よく安全圏に居る者の責務として見てみぬふりもできない。

孤立する当事者に居場所が必要だ。

まずは「名づけること」が重要であった。「スキマ世代」とは，私がTwitterの文字数制限のために使用した当事者の略称であるが，この言葉は意図せずTwitter内で当事者に浸透していった。「名前がつく」ことは，世界に自らを定位する拠り所ができるという意味でも，不可視化されていた「名前のない問題」が議論可能な「特定のイシュー」として可視化されるという意味でも当事者をエンパワーする。歴史上の社会運動を見てもそうだ。

仲間を集める

続いて行ったのはコミュニティの作成である。私一人で完成度の高いプラットフォームや持続可能なコミュニティを作成することは難しい。そのため注目を集め，仲間を集めるために簡易的なコミュニティサイトを作り，SNS上で五月雨式にコンテンツを発信していった。協力してくれる同業者の情報拡散力で，多くの当事者に繋がり，そのなかで積極的に参加したいという数人の人材を得ることができた。当事者の希望から，コミュニティの目的は「受験資格を得る」ことに設定され，ロビイングに挑戦することとなった。

2019年6月，初めてのSG集会が開かれた。集まったのは私を含め5人だった。全員が20代，業界の右も左も分からない心理士や大学院生であった。そこで，恐らく心理士業界のロビー活動団体としては歴代最も力のない，「スキマ世代救済ワーキングチーム」（以下，WT）の前身にあたるSG事務局が立ち上がった。しかし，ここから何をすればいいのか，皆目見当もつかない状況であった。

幸い，心理士業界には国家資格化を実現したロビイングの歴史と実績がある。ロビイングをこなしてきた先人たちの知恵を借りよう。そう思った私たちは，ロビイング経験のある心理士たちが所属する心理職支援ネットワークに協力を要請した。二つ返事でミーティングが設定された。そこで，さまざまなロビイングのノウハウを伝授してもらい，いよいよ活動が具体的に動き始めた。手始めに，SG事務局と心理職支援ネットワークから13名のWTが編制された。「10名程度のワーキングチーム」と聞いた時，直観的に「少ないのではないか」と思ったものの，ロビイングを実働してみると十分な人数である。多すぎると意思決定の手続きに時間がかかり，展開の早い局面での対応が難しくなる。

その後，問題の全貌を摑むため，SNS上と各都道府県臨床心理士会や大学院宛にWebアンケートを配布し実態調査を実施した。その後，結果を分析し提言書を作成した。

後になって分かったことだが，提言書の内容はその問題点を強調するより，そのイシューへの取り組みが如何に公益，国益に繋がるのかを示した方が国や関連団体もスムーズに動けるようだ。

ロビイングの作法

いよいよ議員や関連団体への働きかけだ。取り組むイシューにもよるが，おおむね超党派の活動のため，議員は与党，野党，衆・参議院議員，全体的に訴えに行く方がいい。取り組むイシューに関わる経歴を持つ議員はマストだ。

また，議員への訴えには暗黙の作法がある。

まずは議員事務所へ活動の概要と面会の依頼，アポイントの電話をかける旨をFaxで送り，電話をかける。断られることもあるが，おおむね丁寧な対応で面会の日程調整をしてくれる。だが，多忙故にピンポイントに時間を指定されることが多く，日程調整にとても苦労した。

当日は，簡単な菓子折りと提言書，多忙な議員が短時間で概要を把握できるようA4紙1枚の提言書要約を持ち2，3人で訪問する。面会は秘書が対応した後に議員に伝えられることが大半だが，議員直々に面会をしてくれる場合もある。また，選挙シーズンには街頭演説後の政治家にアプローチする方法もある。選挙期間ということもあり有権者の声を積極的に聞いてくれた。

こうした活動のなかで，ありがたいことに活動に賛同，協力してくれる議員が現れる。この段階に来ると，協力してくれる議員が国政でのロビイングや交渉を進め，どの議員や関連団体にどうアプローチするか，救済案の骨子をどう作成するか，取り組むタスクを明確に示してくれて事態が大きく動き出す。ただ，政界や業界の複雑な相関図のなかでは，情報の取り扱いや立ち回り一つで大きく局面が変わるため，慎重を有した。こうして議員や関連団体との連携を通して，団体の主張が実現可能になっていく。

議員への働きかけの段階は活動の規模も大きくなり，仕事終わりの活動やミーティングの頻度も上がるため，経済的，時間的，精神的負担がかかる。特にSGはメンバーの多くが社会経済的基盤の不安定な若手心理職のため，負担は大きかっただろう。そのため，随時活動参加への意志確認を行うことや，大儀を推し進めた結果，個々の事情への対応がなおざりになったスキマ問題と同じ轍を踏まないよう，一人ひとりの生活を優先し適宜サポートし合った。活動費の問題もある。活動にはお金がかかるが，SGでは寄付金プラットフォームを作成し心理職から支援を得るシステムを作った。

＊

以上が私たちのロビイングの具体的な中身である。まだ道半ばだが，振り返るとロビイングは非常に面倒なものだった。アクティビスト全般に言えることだが，さまざまな期待と批判に曝され，個人の能力を超えた権力とリスクが付与される。また，個人のミクロな物語を聞く心理士業と，国や制度など規模の大きい枠組みを相手にするロビイングでは，マインドが大きく異なるためバランスを取ることが難しく，不健康だ。

「文句より行動を」と社会運動を勧めるマッチョなロビイストもいるが，皆，日常を生きることに精一杯だ。さらに，社会からこぼれ落ちたミクロな物語を拾い上げ力を与える私たち心理士の仕事は，それだけでも十分社会運動的な側面がある。ただ，それでもやはりルールメイクに関わる必要性を感じ，余力のあるもの好きな方に，本稿が役立てば幸いである。20代の無力な5人が，多くの幸運と協力に恵まれながら，国と交渉をするところまでこぎつけた。案外，変わることもあるのかもしれない。

最後に，スキマ世代の皆さま，良い報告を待っていてほしい。

V

エッセイ

Essay

占星術研究家・翻訳家
鏡リュウジ

心理学と占いのビミョーな関係

　確か粋なフランス映画の中だったと思う。こんな印象的なシーンがあった。

　アフリカからパリに出てきた，「いかにも」な出でたちの有色人種の男性シャーマンが，スタイリッシュなスーツに身を包んだフランス人の精神分析医の女性に，「よう！　同業者！」と挨拶するのである。一瞬，答えに窮する都会の精神分析医の見事な表情の演技が心に強く残った。随分前に観たものなので，作品名その他は記憶の彼方で，残念ながら出てこない。もしかしたら記憶違いもあるかもしれない。

　しかし，このシャーマンと精神分析医の対照（それは「治療行為者」という点での対称性と，さまざまな点での社会的地位の非対称性でもある）は，占いと心理学に共に興味を持っている僕にはとりわけ強いインパクトを与えたのだった。

　エレンベルガーが近代の力動精神医学のルーツを古代の宗教的，呪術的治療行為に見てとり，また事実上の近代力動精神医学の立ち上がりを「磁気治療者」メスマーによる悪魔祓いとの対決に置いたことは本誌読者のみなさんならよくご存知だろうし，中井久夫の治療文化論やレヴィ＝ストロースのシャーマニズムと精神分析の構造論的分析について僕がここで紹介しようものならそれこそ釈迦に説法だろう。非近代的な宗教呪術的な癒しと臨床的な心理学は普通に考えられているよりも地続きにあることはよく知られていることである。

　しかし，知っていることとその中に身を置くことは異なる経験である。

　それこそ何の運命のいたずらか，僕は幼いころから占いの世界に関心をもち，大学院で教育を受けながらも気が付けば「占い師」として仕事をしている。個人客から料金をとって占うことこそないものの，メディアで「星占い」を提供して糊口をしのいでいる身の上である。好むと好まざるとにかかわらずメディアでは「占い師」としてカテゴライズされる。かつてほどではないものの，「占い師」というアヤシサ満点のレッテルを貼られるのである。そこで僕が頼りにしたのがあのユングだった。

　ユングは錬金術や占星術，易といった世界にどっぷりとつかり，研究した。しかも単に客観的に距離を取って象徴研究をしたばかりではなく，その中に相当入り込んで「実践」していたのである。海外に目を向けてみれば，ユング派の分析家で占星術家のビッグネーム，リズ・グリーンもいたし，また日本でも人気が高く影響力が大きなジェイムズ・ヒルマンも占星術のカンファレンスに顔を出すこ

とがあった。僕は「心理学者の占星術家」の手つきに魅了された。彼らはホロスコープを神話的素材と心理学の用語の美しい織物へと錬成する。ユングの象徴解釈の手法は従来の具体的な予言中心の占星術本を「心理学化」し，洗練された……ときとしてスノビッシュな著作物へと変容させていったのである。1990年代にあのペンギン叢書の中にそうした一連の「心理占星術」書が収まったのもその流れの中のことである。

　ただ残念ながら，現在そのような「心理占星術」の勢いはかなり削がれている。心理学的に再編成した占星術よりも，ギリシャ語やラテン語，アラビア語の原典からより古い時代の占星術を発掘し，それをもとに占星術の技法を再構築しようとする動きのほうが，若い世代の占星術家たちの間では活気がある。そのような「古典占星術」派からみると「心理占星術」は「心理主義」化した現代のエートスが生み出したまがい物だとみなされることさえあるのである。

　しかし，僕から見るとそうした宿命論的な古典占星術もある種「心理学的」だ。古代の宿命占星術はストア哲学を思想的基盤にしていた。この思想は，変えられることは変えられる。しかし変えられぬ宿命には従う。宿命的なるものには認知を変えよ，それが幸福の道だ，という一種認知論的な処方箋を提供するからである（もっとも占星術が宿命を示せるという，僕には受け入れがたい前提を鵜呑みにすればだが）。

　一方，実践としての心理占星術はやや静かだとしても，リズ・グリーンのユング研究はここへきて新たな局面を見せている。グリーン著［拙監訳］『占星術とユング心理学』（原書房［2019］）はユングの蔵書や書簡など新資料を利用して，ユングの思想の醸成そのものに歴史上の，そして同時代の占星術が色濃く影響を与えていたことを論証している。ユング心理学から占星術への影響ではなく，占星術からのユング心理学への影響が明らかにされつつあるのだ。

　このように占いと心理学の交差路は外から見ているよりもずっと複雑なのだ。

　冒頭で紹介した映画では，件のシャーマンと精神分析医は葛藤に満ちつつ恋に落ちたような記憶がある。他者の人生に実際的に関わるという「同業」（？）である以上，占いと心理学との複雑な交差路はいかに否定しようと存在するだろうし，僕はその中をこれからもさまよい続けていくに違いない。

Essay

個人開業

金の話をすること

藤山直樹

　高校生2年生の終わり頃，星や宇宙空間から人間性やこころに私の関心は移った。いわゆる文転も考えた。哲学や心理学に進もうか。だが大学を数年前に出た従兄から「あれは食えない」「哲学や心理学を出た友人はみんなサラリーマンだ」と言われたのが大きかった。私の家は裕福でなかったし，小学生の頃から会社員にはなりたくないと思っていた。私は妥協として精神科医というのを思いついた。あれなら食いっぱぐれないだろう。

　そういう私が45歳から65歳まで臨床心理学コースの教員だったのだから不思議なものだ。そして私にとって不思議だったのは，臨床心理の大学院に進む学生たちがあんまり，「食いっぱぐれ」るかどうかを考えていないことだった。場合によっては，それはあまり本質的なことではない，と考えているようにさえ見えた。

　45歳で開業したが，それで生計を立てられると予測して開業した。大学の給料と最低同じだけはそこで稼ごうと決意して，開業後数年してから大学を辞めるまでの15年間それを実行した。自分が何をして食っているのか，それは想像以上に内側から人間を規定していると思う。自分と患者とのあいだも，お金という下部構造によって下支えされていることを，開業精神分析家としてはいやというほど実感してきた。

　精神分析家になって，自分のオフィスで若い人たちをいろいろな機会に教えてきた。あまりに安い料金しかとっていないケースをよく見聞きした。なぜもっともらわないのか，彼らに問うと，「まだクライエントの役に立てそうにないから」という答えが返ってきた。驚いた。お金をもらうのは役に立っているときだけなのか。自分が食うためではないのか。役立てないあいだは霞を食って生きていくのか。お金を十分に支払ってくれない人をほんとうに大切にできるほど，あなたは高潔なのか。私は彼らに尋ねたものだった。そして私はしばしば問うた。「あなたは金の話をするのが嫌なのではないのか」

　日本の精神分析のパイオニアのひとり，古澤平作がウィーンに行ってフロイトの精神分析を受けようと書簡をやりとりしていたとき，料金の交渉をするフロイトの手紙には「私にはまだ現金収入の必要性があります」というフレーズが入っていた。フロイトは金の話を患者とすることを大事なことだと考えていた。「自分の現実的要求や必要性をはっきり示す方が，無私無欲な慈善家を演じるよりも」「倫理的」であると彼は言う。患者からもらう金で生きていることが明示的に前提

になっているところでこそ，生きた交流が得られる。患者も分析家を食わせているという立場にいるからこそ，分析家に正面切って不満や不信をぶつけることができるだろう。

　日本の心理臨床家があまりにわずかな収入しか得られていないことに，ゼミの卒業生の話を聴くたびに私は打ちのめされる。40代50代になって学歴や修練に見合う収入を得る道は，大学教員か開業くらいしかないのではないだろうか。きわめて構造的な問題がそこにある。だが，心理臨床家はきちんと声を上げているのか，心配になることもある。「金の話をすることが嫌なのではないか」

　心理の教員になってしばらくして，医療機関で心理検査の所見をまとめて報告書を書くことを家に持ち帰って行うことが常態化していると知ったとき，私は唖然とした。完全なサービス残業である。報告書作成までのすべての時間が労働なのだから給料が支払われるべきではないのか。この実態を知りながら心理検査をオーダーしている医者は心理臨床家を搾取しているのだと思った。よほど必要性がないと心理検査はオーダーできないな，と私は思った。

　心理検査は心理臨床家の生命線のひとつだろう。すでに引退した，あるいは引退しようとしているパイオニアたちは，このような事態をそのままにしてそれを次世代に引き継ぐことに何も感じなかったのだろうか。声をあげようとしなかったのか。心理臨床家のギルド（よくわかっていないが臨床心理士会とか公認心理師協会などの職能団体があるのだと思うが）はそれを問題にしていないのか。「金の話をすることが嫌い」なのは，上の世代からの悪しき遺産なのだろうか。

　クライエントに対しても，社会に対しても金の話を率直にしていくこと，それこそが自分の幸福だけでなく，次世代の幸福につながるのだろう。その意味で私はフロイトに感謝している。

編集後記
Editor's postscript

　共同編者の東畑さんがどこかで「理性に癒される」とつぶやいている。そしてストア派の賢人たちの言葉に触れる。古来，人は皆，悩み苦しんできた。古代ギリシャの人々と私たちも同じ地点に立っていることに気づき心強い。「心理学者の仕事が始まるところで，歴史家の仕事は終わる」と，ある思想家（ゲルショム・ショーレム）が述べた。この号を含む治療文化をテーマとした3冊の『臨床心理学』増刊号は，治療と文化に関わる「歴史家」たちの徹底した論考を基盤にしている。ここで私たちはまさに，心理学の起点に立っている。過去が現在との関係で甦り，未来への展望が開けるように心理学の仕事に向かいたい。本増刊号がそのための一縷の手がかりになるならば，編者としてこれ以上の喜びはない。

　ご依頼から短日にもかかわらず才気あふれる論考の数々をお寄せいただいた執筆者の皆様に御礼を申し上げたい。また介添え役をいつも担っていただいている金剛出版の藤井裕二さんに，この場を借りて深く感謝申し上げたい。

（森岡正芳）

　心理療法を再考する。博士号を取り，フルタイムの臨床職に就いたころからのテーマだ。心理療法をインストールしながら，アンインストールする。そういうことをしてきたし，今も続けている。そのときに補助線になり，導きの杖になってきたのが，人類学であり，社会学であり，そして人文学だった。だから，今回の特集は，私が断片的に学んできた人文知を総覧できるものにしたかった。そうすることで，心理療法を外側から見るための視点を確保しようと目論んだのだ。素晴らしい原稿が集まり，いい特集号ができたと思う。多忙な中，協力してくださった各分野の第一人者の執筆者たちに深く感謝したい。ああ，大学院生だった頃にこの特集号が存在していたならば，私はどれだけ遠回りをせずに済んだことか。

（東畑開人）

心の治療を再考する
臨床知と人文知の接続

臨床心理学 増刊第14号　2022年8月10日発行
定価：2,640円（本体 2,400円＋税10%）

発行所…………（株）金剛出版
発行人……………… 立石正信
編集人……………… 藤井裕二

〒 112-0005　東京都文京区水道 1-5-16
Tel. 03-3815-6661 / Fax. 03-3818-6848　振替口座 00120-6-34848
e-mail　rinshin@kongoshuppan.co.jp（編集）
eigyo@kongoshuppan.co.jp（営業）
URL　https://www.kongoshuppan.co.jp/

装丁…永松大剛　　本文組版…石倉康次
印刷・製本…音羽印刷

好評既刊

Ψ金剛出版　〒112-0005　東京都文京区水道1-5-16　Tel. 03-3815-6661　Fax. 03-3818-6848
e-mail eigyo@kongoshuppan.co.jp　URL https://www.kongoshuppan.co.jp/

マインド・フィクサー
精神疾患の原因はどこにあるのか?

[著]アン・ハリントン
[監訳]松本俊彦　[訳]沖田恭治

第1部では，主にアメリカとヨーロッパを舞台として生物学的精神医学の役割が明確化されていく過程がまとめられ，臨床診断基準の構築に関する問題点を提示する。第2部では代表的な3つの精神疾患，統合失調症，うつ病，双極性障害（躁うつ病）を通して，精神疾患の生物学的基盤を見出してきた歴史について説き，薬剤の発展から患者家族や世論までも含めた多角的な考察を展開する。第3部では数十年以上に渡って精神医学の主流だった生物学的精神医学に差す陰と，蔓延りだした危機感を扱う。　　　　定価4,840円

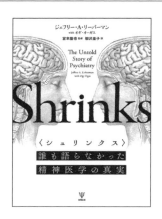

シュリンクス
誰も語らなかった精神医学の真実

[著]ジェフリー・A・リーバーマン
with オギ・オーガス
[監訳]宮本聖也　[訳]柳沢圭子

なぜ精神医学はかくも強烈な疑念や批判にさらされ，「医学の異端児」とされてきたのか?——精神医学に名を残す英雄と偉大な詐欺師の錯綜したストーリー物語，精神医学の光と影を成す歴史秘話，精神力動的パラダイムと生物学的パラダイムとの抜き差しならない葛藤と相克，そして1980年の刊行とともに精神医学のパラダイムを一新した『DSM-III』特別委員会委員長ロバート・スピッツァーの行動と思惟が，膨大な文献と個人的体験を交えながら，一般の読者にも読みやすいトーンで語られていく。　　　定価3,080円

気分障害のハード・コア
「うつ」と「マニー」のゆくえ

[著]内海 健

今や「うつ病」は，すり減った貨幣のごとく，ありきたりのものとして世に流通し，それが医療の現場に還流され，臨床概念を侵食している—軽症化と操作的診断により，安易な了解を拒む「病」を語る臨床知は散逸し，患者のなかに鬱滞した苦悩は「罪悪感」から「空虚感」へとさまよい出ている。気分障害をめぐる精神医学の静かな危機のなかで，主体の成立に刻印された空虚を追跡し，その核心を再度豊かな言葉で描き出す精神病理学論集。
神庭重信氏推薦／社会学者大澤真幸氏との討議「うつ病と現在性」を収録。
　　　　　　定価4,620円

価格は10%税込です。

好評既刊

Ψ金剛出版
〒112-0005 東京都文京区水道1-5-16　Tel. 03-3815-6661　Fax. 03-3818-6848
e-mail eigyo@kongoshuppan.co.jp　URL https://www.kongoshuppan.co.jp/

複雑性PTSDとは何か
四人の精神科医の座談会とエッセイ

[著] 飛鳥井望　神田橋條治　高木俊介　原田誠一

複雑性PTSDとは，心身への組織的暴力，家庭内暴力や虐待など長期反復的なトラウマ体験の後にしばしば見られる，感情などの調整困難を伴う心的外傷後ストレス障害（PTSD）である。その診断基準は，否定的自己概念，感情の制御困難及び対人関係上の困難といった症状が，脅威感，再体験及び回避といったPTSDの諸症状に加えて認められることとされる。本書は，四人の精神科医による座談会の記録と書き下ろしエッセイを収録したものであり，複雑性PTSDに関する最新の正確な知識・経験を読者に提供しようとするものである。日常臨床への有効なヒントを提供する。　　　定価2,860円

複雑性PTSDの臨床
"心的外傷〜トラウマ"の診断力と対応力を高めよう

[編] 原田誠一

複雑性PTSD（CPTSD）は，いよいよ国際疾病分類（ICD-11）における公式診断として登場することになり，わが国のトラウマ臨床において，そして一般の臨床においても広く使われることが予想される。本書は，CPTSDに関する基礎知識から臨床応用までを網羅した，現在数少ない本格的な臨床書である。昨今，日常臨床において，親による心理的・身体的虐待や学校でのいじめ・体罰，各種ハラスメントなど，CPTSDと関連性の深い事態・病態が多く見受けられるが，本書は現場で対応の難しいケースについて治療への有効なヒントを提供することだろう。　　　定価3,960円

複雑性PTSDの理解と回復
子ども時代のトラウマを癒すコンパッションとセルフケア

[著] アリエル・シュワルツ
[訳] 野坂祐子

本書では，ソマティック・アプローチとマインドフルネスを基盤としたトラウマ臨床で成果を上げている著者が，自分にコンパッション（思いやり）を向けることに焦点をあてて，身体と心を癒していくセルフケアのスキルを紹介しています。よくみられる症状や感情調節，対人関係の問題などへの対処法，また，複雑性PTSDをかかえる人の体験談を自分のペースで読み進め実践していくことで，子ども時代のトラウマから自分の人生を取り戻すための道を歩むことができるでしょう。　　　定価3,080円

価格は10%税込です。

精神療法

増刊第9号　2022 Japanese Journal of Psychotherapy

平島奈津子＋「精神療法」編集部〔編〕　B5判 220頁 定価3,080円

こころの臨床現場からの発信

"いま"をとらえ、精神療法の可能性を探る

はじめに：平島奈津子

第1部
臨床現場からの声

I　精神療法の視点から"いま"をとらえる

臨床で抱えていくもの：岩宮恵子／「子ども臨床」に戻って思うこと：山登敬之／創造を導く制約の再構築：遠藤裕乃／児童養護施設から社会と個人を眺めてみた：大塚斉／社会適応という自己不適応：野坂祐子／悩みの多様性とその回復をめぐって：北西憲二／21世紀の人格構造をめぐって：牛島定信／「成長」の終わりと「人格」の消滅：高木俊介／温故知新：大西守／コロナ禍と精神療法：対立をこえて：北村婦美／境界線に関する考察：林公輔／「悩みがあったら相談に来てください」：この呼びかけの弱点は何か：岡檀／僕の臨床：田中康雄／臨床の現場はいつも騒々しい：信田さよ子

II　精神療法の可能性を探る

コロナパンデミックによるグループ実践の変化：鈴木純一／本邦における集団精神療法の現状と課題：藤澤大介・田島美幸・田村法子・近藤裕美子・大嶋伸雄・岡島美朗・岡田佳詠・菊地俊暁・耕野敏樹・佐藤泰憲・髙橋章郎・中川敦夫・中島美鈴・横山貴和子・吉永尚紀・大野裕／「ひきこもる能力」を育む：加藤隆弘／精神療法についての個人的感想：原井宏明／精神療法としてのアドボケイト：井原裕／日常臨床に生かす認知行動変容アプローチ：大野裕／アメリカ精神療法最新事情：大谷彰／お別れの時間：笠井仁／性別違和の臨床において私が悩むこと：針間克己／精神医学のいまに精神分析を活かす：鈴木龍

／こころの臨床，現場から：山中康裕／統合失調症を併存するがん患者の臨床：岸本寛史／探求方法としての書くこと：小森康永／精神分析的精神療法と未来：富樫公一／情緒が息づく空間 その温もり：森さち子

第2部
こころの臨床とメディア

精神科医がSNSで発言することの社会的意義について：斎藤環／専門家として情報発信すること：松本俊彦／テレビの作り出す非適応思考にどう対処するか：和田秀樹／こころの臨床現場と，その外の現場から：星野概念（俊弥）／疾患啓発か疾患喧伝か，そのぬかるみに足を取られて：香山リカ／ジャーナリストも心を傷つけている：松井豊

第3部
座談会

平島奈津子／井原裕／信田さよ子／藤澤大介

Ψ金剛出版

東京都文京区水道1-5-16　電話 03-3815-6661　FAX 03-3818-6848
https://www.kongoshuppan.co.jp/

価格は10％税込です。